英汉修辞对比及翻译

朱艳菊　著

中国水利水电出版社
www.waterpub.com.cn
·北京·

内容提要

本书是基于英汉语言对比基础上的翻译研究，在对基础理论进行适当综述后，重点对英汉交际修辞、美学修辞的具体内容进行了对比分析，并研究了相应的翻译方法，扩大了本书的研究范围。

图书在版编目 (CIP) 数据

英汉修辞对比及翻译 / 朱艳菊著. -- 北京 : 中国水利水电出版社, 2016. 10 (2022. 9重印)

ISBN 978-7-5170-4782-7

Ⅰ. ①英… Ⅱ. ①朱… Ⅲ. ①比较修辞学－英语、汉语②英语－翻译－研究 Ⅳ. ① H315 ② H15

中国版本图书馆 CIP 数据核字(2016)第 235548 号

责任编辑: 杨庆川　陈　洁　封面设计: 马静静

书　　名	英汉修辞对比及翻译 YINGHAN XIUCI DUIBI JI FANYI
作　　者	朱艳菊　著
出版发行	中国水利水电出版社 （北京市海淀区玉渊潭南路 1 号 D 座 100038） 网址：www.waterpub.com.cn E-mail：mchannel@263.net（万水） sales@mwr.gov.cn 电话：(010) 68545888(营销中心)、82562819（万水）
经　　售	全国各地新华书店和相关出版物销售网点
排　　版	北京鑫海胜蓝数码科技有限公司
印　　刷	天津光之彩印刷有限公司
规　　格	170mm × 240mm　16 开本　18.75 印张　336 千字
版　　次	2016年10月第1版　2022年9月第2次印刷
印　　数	1501-2500册
定　　价	56.50 元

前　言

修辞是一门关于语言使用的艺术，它可以减少语言交际的冲突、增强语言表达的效果，无论说话还是写作，都离不开修辞。虽然英汉两种语言中都存在修辞格的使用，而且包含很多相同的修辞格，但这些修辞格并不完全一致，其中有些细微的差别，若不加以对比分析就很难发觉。而这种不易觉察的差别却对翻译活动有着极大的影响，译者往往会在如何还原原文修辞、保留原文风采的问题上手足无措，进退两难。因此，英汉修辞格的对比分析是做好修辞翻译的基础。然而，作者在对市场相关书籍进行调查后发现，英语修辞研究、英汉修辞翻译的选题居多，而在英汉修辞对比的基础上研究修辞翻译的书很少。因此，作者精心策划并撰写了这本《英汉修辞对比及翻译》，希望对英语学习者、教学者、研究者有所帮助。

本书共有十二章。第一章和第二章分别对修辞和翻译进行了综述，首先解决了基本的概念问题，然后对这一概念下的几个主要问题进行了论述。第三章对修辞和翻译的主要理论进行了总结，完善了本书的理论体系。第四章至第六章分别对英汉词汇修辞、句子修辞、语篇修辞进行了对比分析和翻译研究，完成了本书关于交际修辞对比与翻译的论述。第七章至第十二章重点就美学修辞格——比喻、类比、借代、夸张、通感、双关、委婉语、移就、拟人、矛盾、反语、仿拟、排比、对比、反复、倒装、修辞疑问句、拟声、头韵、尾韵、叠词进行了英汉对比分析，在此基础上研究了各自适用的翻译方法，并加以举例说明，使所述内容能够被更好地理解。

总地来说，本书理论扎实、实践丰富。对英语修辞学习者来说，本书不仅可以使他们形成一个完整而清晰的修辞构架，而且提供了丰富的理论知识和实践参考来填充这个构架，最终使他们形成完善的修辞理论与翻译知识体系；对英语教育者而言，书中大量的翻译实例可以成为课堂教学资料的有效补充，从而提高教学效果；对于英语修辞研究者而言，本书基于英汉对比分析的翻译研究也为他们提供了一个较具前景的研究视角。因此，本书具有极高的实用价值。

在撰写本书的过程中，作者参阅了大量资料，引用了不少专家学者的观点，在此谨对他们表示衷心的感谢。由于时间仓促、作者水平有限，书中难免有疏漏之处，在此恳请广大读者批评指正。

作者

2016 年 7 月

目　录

第一章　修辞综述

人类的日常交际离不开语言。语言的使用不仅要准确、合乎语法、清晰、流畅，还要通顺、鲜明、生动形象，更要能令人信服，这样才能达到最佳的交际效果。这就要求人们在口头交际和书面交际时，应注意语言的选择，充分发挥语言各因素的作用，通过对语言的加工润色，扩大语言表达的效果，因此产生了修辞（rhetoric）。下面我们就对修辞的性质与功能、修辞学的内容与分类以及与其他学科的关系进行简单的介绍。

第一节　修辞的性质与功能

一、修辞的性质

（一）修辞的意义

1. 修辞的定义

“修辞”最早来自《周易》中的“君子进德修业。忠信，所以进德也；修辞立其诚，所以居业也。”“修”表示“修理”，“辞”表示“文教”，二者合起来表示“修理文教”，即提高自身的言谈举止等外在素养水平。语言演变之后，“修”表示“修饰”，“辞”表示“辩论的言词”，后引申为一切的言词。

修辞是中外语言学家研究的一个重要课题，对于修辞（rhetoric）的定义，修辞学家和语言学家们有着不同的看法。例如：

理查兹（I. A. Richards）的《修辞的哲学》（*The Philosophy of Rhetoric*）对 rhetoric 的定义是：Rhetoric should study the misunderstanding in human communication and find a solution to it.

布赖恩特（D. C. Bryant）的《修辞：功能与范围》（*Rhetoric: Its Function and Scope*）中对 rhetoric 的定义如下：Rhetoric is the theory of informative and persuasive discourse.

马丁·斯坦曼(Martin Steinmann)的《新修辞》(*New Rhetoric*)对rhetoric如此定义:What rhetoric concerns is how to make an effective choice between two synonymous expressions.

布鲁克斯和沃伦(C. Brooks and E. P. Warren)的《现代修辞》(*Modern Rhetoric*)中对rhetoric的定义如下:Rhetoric is a kind of art which deals with how to manipulate language effectively.

Random House Webster's College Dictionary 对rhetoric的定义如下:The art of effectively using language in speech or writing, including the use of figures of speech.

The World Book Dictionary 对rhetoric的定义如下:The art of using words in speaking or writing so as to persuade or influence others.

张弓在《现代汉语修辞学》一书中指出:修辞是适应现实语境,利用民族语言各因素来美化语言,从而保证有效表达意旨、交流思想。

陈望道在《修辞学发凡》一书中指出:修辞是一种通过调整语辞来实现语言传情达意的努力。

《当代中国修辞学》(杨鸿儒,1997)一书中指出:修辞是通过对语言材料的选择、调整、修饰,使语言美化,以更好地交流思想、表情达意。所谓"调整",主要指依据题旨情境的需要,对词语、句式、段落篇章做恰当的选择和安排;所谓"修饰",主要指恰当地选择一些修辞手段、修辞方法,增强语言表达的艺术效能。调整的目的就是要求语言准确、鲜明,没有丝毫的模糊,也没有丝毫的歧义,使人家清楚、明白。

《辞海》中指出:修辞是指根据题旨语境,利用各种语文材料和表现手法,恰当表现发话人所要表达内容的一切活动。

《现代汉语词典》中指出:修辞就是修饰文字、词句,是利用语言的各种表现方式使语言表达更加准确、生动的方法。

《语言学名词解释》中指出:修辞是有效运用语言以更好地传递思想感情的一种技巧。

通过上面的定义可以看出,修辞涉及的范围极广。尽管上述专家学者、研究机构以及一些词典对修辞的定义不同,但这些定义无不揭示了修辞的实质问题。著名学者吕煦(2004)对中国诸多学者给修辞的界定做了很好的总结,认为"修辞是最有效地运用语言以期更充分、透彻、鲜明地表情达意的一种艺术。研究这种艺术的学问,就叫作修辞学。修辞学就是研究在一定的题旨和条件下如何对语言素材进行调整、加工、润色,如何运用修辞方式以提高语言表达效果的学科。它旨在探讨修辞规律和方法,并将它们上升到理论高度以具体地指导语言实践。”① 而对于英语中的 rhetoric,我们仅能粗略地概括为: the art of effectively using language in speech or writing, including the use of figures of speech and the cultivation of different styles, so as to persuade or influence others。

2. 修辞的内涵

rhetoric 既是一个普通词,也是一个专业术语。在正式研究修辞之前,首先探究其内涵。

(1)作为普通词语

rhetoric 作为一个普通词语的时候通常带有一些负面含义,常和“巧辩”、“虚夸的话”等意义联系在一起。产生这一现象的原因很可能与修辞传统上的诡辩派有关。因为诡辩派多鼓励使用华而不实的文体风格和演讲技巧。如今, rhetoric 的这种诡辩用法常见于报刊杂志中, 如 a rhetoric masking vicious exploitation; the exaggerated rhetoric of presidential campaigns; the loquacity of long-winded rhetoric 等, rhetoric 的这种含义是消极的。

rhetoric 还可以指“言语”、“辞令”,此时 rhetoric 一词是中性词,不会让人产生好或不好的联想。例如, glowing rhetoric (热情洋溢的说辞), stirring rhetoric(激动人心的说辞), soothing rhetoric(令人宽慰的说辞)等。

有时, rhetoric 还可以指“艺术语言”,此时 rhetoric 也是一个中性词。例如, body rhetoric (肢体语言), the rhetoric of fiction (小说的艺术语言), the rhetoric of film (电影语言)等。

(2)作为专业术语

rhetoric 作为一个专业术语的时候通常有以下四种含义: 第一,指“写作教程”。有一段时期, rhetoric 一词常见于美国大学一年级学生所用的与写作有关的教材上。如今, rhetoric 在美国也仍然可指“写作课程 / 教材”; 第二,指“演讲”。在词典中查 rhetoric 一词可以发现,其拉丁词源是 rhetorica,希腊词源是 rhēotrikē ,均表示“演讲”。由此可见,西方修辞与演讲艺术有着莫大的关联。这种对演讲传统的研究就是演讲修辞,也是现代英语修辞学的一个重要研究对象; 第三,指“作文修辞”。中世纪以来,西方修辞就与书信写作联系紧密。到了 19 世纪中期,对作文的研究成为修辞研究的一个重要分支,即作文修辞; 第四,指“文体修辞”。古罗马民主政体衰退后,演讲修辞被打入冷宫,不能研究演讲的内容,只能研究演讲的文体风格和技巧。这种对文体风格研究的潮流最终形成了文体

① 吕煦. 实用英语修辞 [M]. 北京: 清华大学出版社, 2004: 4.

修辞。

（二）语言与修辞

语言的存在大大提高了人们做事的效率和效果。借助语言，人类创造了整个人类世界，并使之得以超越自然，无限延伸。鉴于语言的强大力量，掌握和操纵语言的人往往能够获得极大的利益。因此，在人类历史上，对语言进行垄断的企图也发生过无数次。但由于语言无所不在的属性，无论哪个利益集团对语言的垄断都不可能是彻底的，只能是相对的。

现代社会中，对语言的垄断体现为对话语方式和传播渠道的垄断。一旦垄断这两个方面就意味着掌控了信息与知识，意味着掌握了解释真相和真理的权力。因此，当利益左右了真理与真相的诠释时，人们的思想、认识，乃至行为很大程度上就会被垄断语言的集团左右。

古代很多修辞学家都意识到了语言是能够驱使人行动的强大力量。高尔吉亚（Gorgias）认为，语言对人精神产生的驱动力就像药品对人的身体所产生的作用一样强大。语言拥有的说服力强大到可以令人神魂颠倒，可以使人忘记恐惧、摆脱悲伤、滋生怜悯、平添乐趣。伊索克拉底（Isocrates）则认为，语言是社会的基础，是思想和行动的指南，是人类区分事物、理解抽象概念、理解世界的根本。

我们常常为文学作品中的人物形象、故事情节或是情感抒发所感染，而这便是修辞的魅力。前面我们说语言有巨大的力量，原因也在于修辞。

英语中的 rhetoric 和汉语中的"修辞"虽然对应，但却并非完全对等，并在起源、发展过程以及现状上都存在很大的差异。在当代，二者的差异更为巨大，主要表现在以下几个方面。

（1）修辞界限的区别。在汉语中，修辞的研究范围虽然不断在拓展，但其界线仍然十分清晰。而当代西方修辞研究的界限已经十分模糊，甚至没有人能够给出一个令所有人都信服的定义，也难以找到一部《修辞学概论》以帮助了解西方修辞学的全貌。修辞学在西方文化中已经和传播学、哲学、心理学、社会学、政治学，乃至生物学、医学联系在一起。

（2）修辞研究范畴的差异。在我国，修辞研究还基本上停留在语言研究范畴内。而在西方，修辞研究包括一切使用符号进行交际的行为。修辞对于西方社会的影响极为深远。可以说，修辞学实践和理论已经成为构筑西方，特别是美国政治社会的基础。例如，每四年一次的美国总统大选演讲、辩论中到处充斥着修辞的影子，好像是古希腊、罗马公共辩论的延续。科技的发展使这些辩论以及更多充满修辞的话语遍及世界的各个角落。而西方的政治辩论、新闻自由、个人言论自由等概念已经成为西方民主政体的有力支撑。

然而，我们不能被西方修辞和政治中那些冠冕堂皇的话语所迷惑。从西方的政治辩论中我们不难看到西方修辞的诡辩身影。修辞学诞生之初，柏拉图（Plato）曾对修辞可能被一些心怀不轨者所利用表示出了担忧。他在《高尔吉亚篇》（*Gorgias*）中，假借苏格拉底之口道出，修辞只能说服无知的人产生一种盲从的信念，但不能给予他们知识，因而修辞只是一种取悦人的把戏。事实上，柏拉图的担心很有道理。因为当修辞罔顾伦理、只服务于一己之利时，其真实性就大打折扣。某些掌握了“语言标记权”的集团为实现自己的利益而借助修辞来打击反抗者，将“恐怖主义”或“恐怖分子”等标签强加于对立者身上，对其迫害，这不能不说是修辞危险的一面。

二、修辞的功能

学习修辞不仅仅是掌握一门知识，而且要掌握一些修辞的方法和技巧。学习修辞可以促进口语表达能力和语言运用能力的提高，促进写作能力的提升，促进语言分析、理解能力的提高，激发学习欲望，促进交际素养的提升。以下是对修辞功能的具体阐述。

（一）提升口语表达能力

修辞本身就是一门语言艺术。恰当的修辞手段的运用，如排比、比喻、夸张、仿拟等，可以将语言表现得生动形象，并充分展现个人的语言才华。古人非常注重口才的训练，将口才视为必备的修养。在我国历史上，圣人孔子曾开设口才课。他在《论语·泰伯篇》中就论及君子修养的三个方面，其中之一是“出辞气，斯远鄙倍矣”，意思是：说话的时候，要注意修辞和语气，这样就可以避免粗鲁和错误。[①]孔子的教导和训练使其弟子中不乏雄辩之才。从古代的埃及、巴比伦、希腊、罗马，到现在欧美各国，也一直把口才当作一门学问来看待。各级学校学生甚至高层的政治家都会参加口语演讲课，所以现代西方人都很擅长口头表达。

随着经济全球化的日益发展，跨国间的文化交际越来越多，开放的社会对人们口语表达的要求也越来越高，不善言辞已经不适合这个时代的趋势。在口语表达中，通过借用修辞这种语言的技巧和艺术，人们可以在交际的过程中提升语言表达的层次，将所学的理论知识应用到日常的口语实践中，在实践中逐步提高自身的口语表达能力。

---

① 吕煦．实用英语修辞[M]．北京：清华大学出版社，2004：9.

（二）增强语言运用能力

很多文学大师，都算得上是修辞大师。鲁迅的修辞、钱钟书的比喻，都为一些修辞学家提供了灵感来源。毛泽东的修辞也非常有特色。懂得修辞的规律并自觉地运用，就有利于增强语言运用能力。例如：

A friend in need is a friend to be avoided.

危难中的朋友是避而远之的朋友。

此句是仿拟英语中一句著名的谚语“A friend in need is a friend indeed”（患难见真情）而形成的。对这条谚语稍加改动，则巧妙而生动地道出了世态炎凉。

通过举例可以看出，一个民族的语言是否具有更广泛、更深刻、更生动的表现力，很大程度上取决是否具有丰富完备的修辞手段。因此，在演讲或者写作的时候，恰当地使用修辞手法可以使文章生动感人，从而起到独特的语言效果。对于学习者来说，只有通过提高修辞素养，才能拓宽文化视野，增强阅读欣赏能力，才能提高说话艺术和写作水平。

（三）提升写作能力

修辞是写作的必要手段。在写作的过程中，人们会接触到丰富多样的语言材料，其语言表达形式是多种多样的。如何选用合适的材料及表达形式构建富有感染力的文章，修辞或许能够在一定程度上回答这一问题。

从写作实践来看，修辞贯穿于整个写作过程之中，渗透在写作过程的各个阶段。词语的选择、句式的安排、段落的衔接、主题的确定以及风格的形成，都与修辞有着密不可分的联系。只有掌握了修辞的理论知识和相关技巧之后，在写作时才能够自觉地对语言素材进行加工和润色，从而达到最佳的表达效果。例如：

The boy said that he was thirsty and could drink a big bottle of water.

这个男孩说他很渴，可以喝下一大瓶水。

The boy said that he was dying of thirst and could drink up the whole sea.

这个男孩说他渴得要死，能将整个大海里的水喝干。

很显然，前者合乎语法和逻辑，但后者更为形象生动。所以在写作的过程中，通过词语的选用、句式的斟酌，语言表达可以变得更为生动。在这种情况下，人们就能欣赏到语言之美、文化之妙、交际之奇。

（四）提高分析、理解能力

中西方有很多经典的文学作品，如鲁迅的经典文章和莎士比亚的小说、诗歌等经典名著。但是，当读者起初接触这些文章的时候，如果没有相关的修辞理论知识，可能无法理解鲁迅和莎士比亚作品中优美语言的运用，缺乏分析语言的能力便会影响对文章内容的理解。因此，掌握修辞方面的知识和技巧有利于提高分析语言、理解语言和欣赏中西方经典文学作品的能力。例如：

In November a cold, unseen stranger, whom the doctors called Pneumonia, stalked about the colony, touching one here and there with his icy fingers. Over on the east side the ravager strode boldly, smiting his victims by scores.

（O. Henry: *The Last Leaf*）

十一月间，一个冷酷的、肉眼看不见的陌生人偷偷地在这个艺术家聚居区里游荡，这个人被医生称作肺炎，他在各处用冰冷的手指往人身上碰一碰。到了本地区东部，这个蹂躏者肆意横行，猖狂地横冲直撞起来，受害者成批被击倒。

作者为疾病肺炎赋予了人的感情色彩，stranger, ravager, fingers, stalk, touch, stride, smite, boldly 本来是用于描写人的词汇，在这里却用来描述昔日令人谈之色变的肺炎，将肺炎的恐怖与猖狂展现得如此逼真形象、惟妙惟肖。拟人的运用给静态的肺炎疾病赋予了动作、行为和情感，使其拥有了动感的真实。同时，作者匠心独运的描述将疾病的传播转换成了一种直观的景象，使读者如临其境，给读者无限想象的空间。可以说，通过学习修辞，人们可以提高分析语言、理解语言的能力，并从中欣赏语言之美。

如果缺乏相关的修辞理论知识，就无法对文学作品或者其他的文章内容进行简要的赏析与评述，无法理解其中的语言运用之美感，还可能无法顺利地理解文章内容及作者的思想。因此，具备相关的修辞理论知识，对于提高理解能力和欣赏能力都是非常有利的。

（五）激发学习欲望

运用修辞的目的是突出语言的优美。当学生阅读优美的句子、散文、小说和诗歌的时候，优美的音韵和铿锵的节奏自然更有吸引力。并且，优美的语言也易于传诵和记忆，有利于激发学生对知识的浓厚兴趣与渴望。例如：

Twinkle, twinkle, little bat!
How I wonder what you're at!
Up above the world you fly!
Like a tea-tray in the sky!
小小蝙蝠眨眼睛,
你在干嘛我说不清,
高高在上把翅展,
好似空中一茶盘。

该诗歌是根据 *Twinkle Twinkle Little Star* 仿拟过来的,音律和谐优美,读起来朗朗上口,便于吸引学生对其语言的运用进行分析与评论。再如:

No one can be perfectly free till all are free; no one can be perfectly moral till all are moral; no one can be perfectly happy till all are happy.

(Herbert Spencer: *Social Statics*)

没有一个人能完全得到自由,除非所有的人都得到自由;没有一个人能变得完全高尚,除非所有的人部变得高尚;没有一个人能得到完全幸福,除非所有的人都得到幸福。

(余立三 译)

该句运用排比的修辞手法,语言表达得铿锵有力,有理有据。当学生读到这种句子的时候,会更容易产生感情的共鸣。

教师在进行教学的过程中,应该注意从修辞的角度引导学生欣赏语言、分析语言。适当地给学生讲解一些修辞现象,不但能增加课堂的趣味性,让学生更容易理解和记忆,还能提高学生的学习积极性,同时也会呈现很好的教学效果。

(六)提升交际素养

善于运用修辞手段有利于达成交际目的和塑造自身的美好形象。人们在言语交际中选用什么样的修辞手段和表现手法组建话语,显示出什么样的语言风貌、格调和能否正确理解话语,都体现出一个人的思想境界、精神风貌和形象。

人们在日常交际中,常常会不自觉地用到修辞。例如,上班族早上乘坐的地铁在快速的运行中,突然遇到突发故障,列车司机采取了紧急刹车,站在靠近列车门位置的一位男士不小心碰到了他旁边的一位女士的手提包,女士很不高兴,对着男士甩出两个字:“德行”,为了缓解尴尬与委屈的情形,男士机智巧妙地回答说:“不,这是惯性!”逗得女士哈哈大笑，本来有可能出现的一场矛盾就被男士诙谐的话语给化解了。男士没有运用任何高深奥妙的绝招，仅仅运用仿拟的修辞手段就将这场矛盾化解了。所以，修辞的运用有利于实现礼貌、友好的交际，展现良好、高尚的个人修养。

第二节　修辞学的内容与分类

一、修辞学的内容

一般来讲，修辞学的内容包括修辞总论、锤词炼句、修辞方法、篇章结构以及语体。

（一）修辞总论

修辞总论应该涉及修辞学的性质、任务、原则、方法、研究对象、指导思想、修辞学与其他学科的关系以及修辞简史等内容。修辞总论是修辞学的基础理论，应该贯穿于锤词炼句、修辞方法、篇章结构以及语体各部分之中。

（二）锤词炼句

修辞要重点突出锤词炼句的意义和原则。锤词炼句的基本原则是注意同义词语、结构的多样化，并进行精心的选择、组织。锤词可以通过分析词的意义、词的感情色彩、词与词的配合关系、词的音韵等方面进行。炼句主要针对句式选择和句子的组织安排两个方面展开。锤词炼句是修辞学的基础知识部分。

（三）修辞方法

修辞方法是实现表情达意的目标、增强语言表达效果的各种方法。对修辞方法的了解可以提高人们的语言鉴赏能力。人们应该根据不同的语言环境灵活使用各种修辞方法，重点突出修辞格的特点、修辞功效、辞格辨异等内容。认识和掌握辞格的基本规律，并对新出现的修辞现象进行整理、研究、总结，提出新例证，认识新规律，开拓新境界。修辞方法是修辞学研究的重要内容。

修辞方法分为以下四种：择语、调音、用格和谋篇。择语包含同义词语的选择以及同义结构的选择，如长句和短句、整句和散句、主动句和被动句、肯定句和否定句、常式句和变式句。另外,择语应该遵循准确贴切和灵活协调的原则。调音要遵循富于变化和匀称协调的原则。根据修辞手段的性质,辞格分为一般表现手段的辞格和语言描绘表现手段的辞格。最后,谋篇要遵循三大原则,即中心突出、层次分明、首尾完整。

(四)篇章结构

篇章结构是修辞学和文章学共同研究的对象,当然它们研究的重点有所不同。修辞学是从语言运用的角度来研究用于段落、篇章中的各种表达手段和技巧,使语言形式前后衔接自然,使整篇文章条理清晰、脉络连贯、照应周密、繁简得当,成为一个有机的整体。

(五)语体

语体是全民语言的言语功能变体,和交际领域分化是同时出现的。交际活动分为不同的领域,交际目的也不同,不同的交际目的要求有不同的语言基调。它是历史演变而形成的相对稳定的语言风格类型,与其他风格类型的区别主要体现在以下两个方面。

(1)它受不同的交际功能性因素制导,在不同的历史时期都相对稳定。

(2)它是某一时代同一语言社团的人在同类语境中的共同语言特点。按照目前通行的分类方法,语体分为谈话语体和书卷语体,书卷语体再分为政论、公文、科技和文艺四体。

二、修辞学的分类

关于修辞学的分类,中西方修辞学界有着不同的观点。其中,西方修辞学界把修辞分为美学修辞(aesthetic rhetoric)和交际修辞(communicative rhetoric)两大类。

这两种修辞各有各的特点和任务。在交际中,语言表达不仅要求清晰通顺,而且要生动形象,富于说服力和感染力,给人以美的享受,这就是美学修辞。无论在口语交际还是写作中,我们都要先把思想感情表达得明白、通顺,这样才能正确地说明客观事物,表达主观的意愿,完成交际的任务。这一基本要求就是交际修辞。它要求在锤词炼句时,语意要明确,文理要通顺,结构要妥帖,语言要简单易懂。交际修辞是基础,是普遍的;美学修辞是提高,是专门的。在很多修辞著作中,美学修辞占了大部分的篇幅,但是交际修辞也很重要。美学修辞是一种很高的境界,但如果没有交际修辞也无法实现美学修辞。因此,两者在语言的历史发展过程中,是互相促进、共同提高的。

我国修辞学家陈望道从功能的角度,将修辞分为积极修辞和消极修辞。前者的功能是有力、动人,后者的功能是明确、通顺。

"积极修辞"和"消极修辞"仅是修辞学中的两个术语,它们有着特定的内涵,同我们日常生活中使用的"积极"、"消极"这两个词的含义不同。"消极修辞"并不意味着这类修辞是消极的、被动的、无用的;相反,它是指一种最基本的、最普通的、非常有用的修辞手段,时刻存在于人们的交际和写作中。

在英汉修辞学中,美学修辞和积极修辞、交际修辞和消极修辞是完全对应的。事实上,在言语交际过程中,不论是美学修辞还是交际修辞都要求明确、通顺、鲜明、动人、有力。美学修辞和交际修辞往往是交叉的、重叠的,在写作实践中,二者常常并用,密不可分。只要适合交际场合、交际目的、交际任务的需要,就应采用一切可采用的语言表达手段,从而提高语言表达效果。

(一)美学修辞

美学修辞指的是修辞格,它形成于人们的长期语言实践。美学修辞注重的是拨动对方的心弦,激发共鸣。有的辞格侧重突出词语的形象感,追求词语表达的多样化;有的辞格着力呈现句式结构的均衡美,或通过句式结构的变化实现修辞的某种功效;有的辞格则表现语言的音韵律动美。根据这一特征,可以将美学修辞分为词语修辞格、结构修辞格和音韵修辞格三大类。

词语修辞格包括明喻(simile)、隐喻(metaphor)、拟人(personification)、类比(analogy)、移就(transferred epithet)、夸张(hyperbole)、双关(pun)、委婉语(euphemism)等。

结构修辞格包括排比(parallelism)、对比(antithesis)、反复(repetition)、倒装(anastrophe)和修辞疑问句(rhetorical question)等。

音韵修辞格包括头韵(alliteration)和拟声(onomatopoeia)等。

(二)交际修辞

交际修辞的目的在于打开读者或听者的心扉,进入对方的心灵。交际修辞包括词语选用和句子锤炼。

1. 词语选用

词语选用包括以下四个方面的内容:词语选用的意义、词语选用的前提、词语选用与语境、词义辨析。

（1）词语选用的意义

古今中外的语言学家们都非常注重词语的选用。词语的选用在中国古代称为“炼字”，因此它一直被视为造句、谋篇的关键。词语选用的意义主要包括以下三种。

第一，词语选用折射出执着的修辞态度，执着的修辞态度是修辞活动的灵魂，它使成功的修辞实践得以实现。很多著名的文学家、思想家不惜花费大量时间去寻找需要的字句。

第二，词语选用有助于鲜明、生动地表达思想感情。词语选用不是单纯的词语运用问题，还涉及句意、语篇以及文风。在运用语言的过程中，人们应该使平常的语法规则呈现出新的形态和审美价值，这样才会获得崭新的语言视野，平常的事物也因此变得生意盎然。

第三，以词语选用为基础的修辞研究促进了语义、句式等方面的修辞艺术的发展。修辞的美应该是深远而大气的美，表现出文化个性和生命境界。

（2）词语选用的前提

词语选用的前提是丰富的词汇量。如果头脑中的词汇本来就非常稀少，那么选择的可能性就非常低，自然难以满足自己的表达需要。英语词汇浩如烟海，只有具有了丰富的词汇，才能使自己的表达更加灵活而自由。

（3）词语选用与语境

语言必须从环境中获得意义，因为词语的意义和语言环境是不可分离的。选用的词语必须适合上下文的具体语境，这样才能准确地表情达意。语境制约着词语的选用，反过来，词语也因为语境的映衬而更加有表现力。

（4）词义辨析

只有先弄清楚词义，然后才能正确地选用词语。完全相同的词语几乎没有，因为词语的价值正是体现在它与其他词语之间的差异上。词义辨析应该涉及以下三个方面。

第一，准确理解词语的概念意义和引申意义。

第二，分析对比意义相同或相似的词语。在选词炼字的过程中，人们必然要仔细斟酌同义词或近义词之间的细微差别，然后选择最适合的词语。语言的精确性通常就体现在细微的差别上。

第三，进行英汉文化对比。文化的不同使得两种语言之间难以存在对应的词语。

2. 句子锤炼

为了表情达意,不仅要注意词语的选用,还应该对句子进行认真锤炼。锤炼句子主要应考虑以下五个方面的内容。

(1)要想避免句式的单一,必须灵活使用简单句和复合句、长句与短句、圆周句与松散句以及陈述句、修辞疑问句和排比句。

(2)要想使句子开头多样化,可以变换主语和句子开头方式。

(3)要想写出生动活泼的句子,可以借助词汇手段和修辞手段。

(4)要想达到简练,应该使用省略句、短语复合句、单音节词,避免冗赘、重复,并且注意功能转换。

(5)要想进行强调,可以使用词语手段、句法手段、省略手段、倒装手段以及修辞手段。例如:

With all the possible benefits of vitamin C, should you be swallowing ascorbic-acid pills by the handful? Definitely not, say many doctors.

(Lowell Ponte)

维生素 C 既然有这么多好处,我们就该大把地吞服抗坏血酸丸吗?许多医生回答说:绝对不行!

语篇是实现语言交际的基本单位。为了进行有效的沟通与交际,人们常常会采用有效的言辞策略,这种策略即为语篇修辞。要想构建一个有效的英语语篇,需要考虑许多要素,其中最基本的要素有五个:目的、内容、统一、连贯、强调。这五个要素完整,才能确保语篇的统一性、连贯性和强调性,从而实现语篇的修辞效果。

第三节 修辞学与其他学科的关系

修辞学是一门边缘性的学科,这是因为语言在选择、调整、润色的过程中,修辞学与心理学、逻辑学、美学等邻近学科发生了密切的关系,涉及了语言的各个要素。在此过程中产生的问题有直接、间接的关系,也有交叉、重叠的关系,有些问题虽属同一性质,但由于观察的角度、研究内容的不同,因此具有相对独立的个性。为了更好地学习修辞学,在划清学科界限的同时还要注意理论上的联系。下面简要地讨论修辞学与其他学科之间的关系。

一、与语言学的关系

语言学(linguistics)是研究语言的一门科学。它的主要任务就是研究语言的形成、结构、功能,揭示语言的本质和发展规律。语言是由语音、词汇、语法三个部分构成的。语音是语言的自然物质材料;词汇是构成语言的建筑材料;语法是语言的使用规则。语言学包括语音学(phonetics)、词汇学(lexicology)和语法学(grammar),而修辞学也是语言学的一个分支,因此研究修辞学必然要研究它与语音学、词汇学、语法学之间的关系。

(一)与语音学的关系

修辞学要研究的语音问题主要是如何利用语音条件和规律构成各种不同的表达手段,从而提高语言的表达效果。头韵、元韵、辅韵、尾韵、拟声等语音修辞手法可使语音和谐悦耳,语意突出,增添韵律美和节奏感。例如:

Sea, sun, sand, seclusion—and Spain.

海滨,阳光,沙滩,幽静——更有西班牙风情。

这是一个十分生动的旅游广告。广告语巧妙地使用了清辅音 /s/,给人以微风吹过的感觉,令人凉爽惬意。此广告构思新奇,语言幽默诙谐,极大地激发了读者的审美情趣体验,在增强广告的感染力和表现力等方面做出了巨大的贡献。

(二)与词汇学的关系

词汇学研究的主要任务是了解词汇的起源、构成方式、演变规律等。修辞学并不对这些问题予以探究,而是探讨如何结合具体情况,利用词汇、词义的条件提高语言的表现力和感染力,以达到最佳的交际效果。

(三)与语法学的关系

语法学是研究语言结构的科学。它的任务是揭示词与词的结构规则和各类句型的结构规律。修辞学则是在语法规律的基础上,研究如何调整、安排句子的结构形式以充分地表情达意,从而获得最佳的修辞效果。

二、与写作学的关系

（一）修辞与写作的“同一”

在西方，修辞传统盛行，“同一”作为主要的修辞思想和环节贯穿英语写作的始终，“同一”既是认同也是劝说。写作的过程就是读者和作者“同一”的过程，两者需要依赖共同的经历进行交流。交流是指读者和作者之间分享思想，这需要读者和作者之间存在共同点。

传统修辞中的道德、理性和情感诉求也源自于“同一”。道德诉求的产生取决于读者是否能够从作者的言语中发现道德和博学，因为道德和博学能够体现读者和作者的价值观共性。理性诉求的产生取决于作者的文章是否体现出理性，一篇理性的篇章能够使处在相同语境下的读者感受到共同的信仰和态度。人类是有理性的社会动物，通常如果两个人拥有近似的价值观，他们会认为符合这些标准的论述是理性的。情感诉求的产生取决于是否能够诱发读者的情感。情感直接体现出人们对事物的判断，而对事物的判断也直接体现出评判标准，因此如果文章具有与读者类似的标准，作者的情感诉求就能达到。

传统写作评价也要求作者为读者创造一个能轻松理解的世界，从而实现作者与读者之间的同一。

但是，中国学生大多将语言的机械操练当作写作重点，没有寻求与读者的认同，所以就难以创造出修辞到位的佳作。

（二）“同一”催生英语写作互动模式

“同一”引导着作者在写作中与读者发生交互作用，从而使互动作用下的英语写作模式得以产生，这种模式的理论渊源来自于亚里士多德，他将修辞视为辩证法的对应物，修辞的议题是可以争辩的，因此劝说者应该预想受众的反应，并据此做出相应的反应。该理论也证明了写作的互动性，亚里士多德认为写作交际是以读者为中心，为了传达信息，作者必须了解读者。英语写作可以分为构思、起草和修改三个环节，这三个环节互相影响，形成了作者与读者的互动模式。在这个模式中，构思不仅展示了作者的想法，还向读者展示了作者如何进行写作。起草是建立文本的过程和构思相互渗透。修改是指对文章进行调整和创造的过程，它也与构思、起草相互渗透。

总之，构思、起草和修改在写作过程中没有明显的界限，三者相互依存和渗透。这种写作互动模式在作者、读者和文章主题之间形成了动态的三维关系，该模式突出读者与作者之间的交互作用，这种交互作用贯穿写作的始终。这种交互作用具有以下几个特点。

（1）作者渴望与读者沟通交流。

（2）在写作过程中，作者与读者形成一种积极的对话模式。

（3）作者在写作过程中考虑读者的观点和感受。

作者努力与读者寻求认同，并不是要违背自己的思想而屈服于读者。作者可以尝试通过寻求认同的方式，让读者接受一些东西，甚至是读者起初并不认同的观点。读者和作者之间的“同一”不仅可能，而且必要。

（三）修辞与遣词

遣词是写作的基础，又是修辞学的主要研究内容。写作如同建筑，词汇就是砖石，选择恰当的词汇并不容易。因此，可以毫不夸张地说，写作的生命在于遣词。

在遣词方面，最重要的基本原则是根据词的特性来进行选择。词的特性包括清晰、精确和有效。

要想使读者理解，清晰是作者必须首要考虑的因素。通俗词汇或简单词汇、具体词汇、外延词汇能够达到清晰的要求。

要达到语言的精确，作者在遣词时必须注重以下三个方面。

（1）词义的色彩。英语中的同义词很丰富，但它们之间几乎都存在细微的差别，这是词的外延意义所导致的。

（2）词义的程度。作者需要在词义的强弱之间进行选择。

（3）词义的种类。作者需要根据词的内涵意义来遣词。

要进行有效的表达，作者必须准确灵活地使用以下词汇。

（1）惯用词汇。有的惯用语与语法、逻辑冲突，但它们都是人们耳熟能详并易于接受的词语。

（2）描述性词汇。这类词语能使情境栩栩如生。

（3）比喻性词汇。这类词汇与比喻这种修辞手段一样能使表达更加丰富。

三、与美学的关系

美学是从人对现实的审美出发，以艺术为主要对象，研究美、丑、崇高等审美范畴和人的审美意识、美感经验，以及美的创造、发展及其规律的科学。

美学是以对美的本质及意义的研究为主题的学科。美学是哲学的一个分支。研究的主要对象是艺术,但仅是研究艺术中的哲学问题,故被称为“美的艺术的哲学”。美的哲学问题包括:美的本质、审美意识与审美对象的关系等。

事实上,美学的主体就是审美心理学。在近现代美学中,审美心理学的地位越来越高。它主要是指美感的产生与体验,而心理活动则指人的知、情、意。因此,审美心理学也是一门研究和阐释人们美感的产生和体验中的知、情、意的活动过程,以及个性倾向规律的学科。美的现象无处不在,从穿衣打扮到室内布置,从大自然到艺术。可见,美是人类生活的重要组成部分,凡有生命的地方就有美。

可见,研究修辞必然也不可忽视美的价值。修辞作为一种语言的艺术,有着较高的审美价值,能达到美的境界,以悦人耳目,使人获得美的享受。修辞内容与形式的统一是美学和谐统一规律的体现。下面我们就来研究修辞学与美学之间的关系。

(一)整齐美

整齐是一种美,运用对比、排比和反复能显示出整齐美。

对比音节匀称,分量相当,看起来平匀均衡,听起来和谐悦耳,给人一种愉快、完美的感觉,符合美学的均衡美原则。例如:

An optimist sees an opportunity in every calamity; a pessimist sees a calamity in every opportunity.

乐观者在灾难中看到希望,悲观者在希望中看到灾难。

两种人生态度在对比中豁然开朗,句式统一,结构一致,加深了读者的感受。

排比是将一串内容相关、结构相似、语气一致、数字大致相当的句子排列在一起,给人一种整齐之美。例如:

And raising good cotton, riding well, shooting straight, dancing lightly, squiring the ladies with elegance and carrying one's liquor like a gentleman were things that mattered.

这些事情是他们生活中的重要内容:棉花要种得旺,骑马要骑得好,开枪要打得准,跳舞要跳得轻快,追女人要追得得体,喝酒要喝得不至坍台。

A woman's whole life is a history of the affections. The heart is her world: it is there her ambition strives for empire; it is there her avarice seeks for hidden treasures.

(Washington Irving: *The Sketch Book*)

一个女性的全部生活便是一部感情的史话。方寸柔肠便是她的天地：她的志向是在方寸之内追求至尊；她的贪婪是在方寸之内探寻隐藏的珍宝。

运用这样的排比形式叙事写人显得清晰鲜明、具体深刻；抒发感情则显得气势磅礴、淋漓尽致。如此句法整齐的排比方式，在美学上基于多样的统一与共相的分化，因此达到的效果是语意畅达、层次清晰、节奏和谐、便于记忆。

反复是指把强烈深切的思想感情充分地表达出来而故意将有关的词、句重复使用的一种修辞方式。就它的同一形式连续出现来看，反复属于整齐美的范畴，不但连续反复如此，就是间隔反复，它的各个局部所构成的整体也是整齐的。由于这些词、句有规则有秩序地反复出现，反复便增添了语言的旋律美，加强了语言的节奏感。例如：

We shall fight him by hand,we shall fight him by sea, we shall fight him in the air, until ,with God's help , we have rid the earth of his shadow and liberated its peoples from his yoke.

(Winston Churchill)

我们将从陆上与他(希特勒)战斗，我们将从海上与他战斗，我们将从空中与他战斗，直到我们凭借上帝的佑助，从地球上清除了他的阴影，从他的奴役下解放了各国人民。

Yesterday the Japanese Government also launched an attack against Malaya.

Last night Japanese forces attacked Hong Kong.

Last night Japanese forces attacked Guam.

Last night Japanese forces attacked the Philippine Islands.

Last night the Japanese attacked Wake Island.

And this morning the Japanese attacked Midway Island.

(Franklin D. Roosevelt, December 8,1941)

昨天，日本政府已发动了对马来亚的进攻。

昨夜，日本军队进攻了香港。

昨夜，日本军队进攻了关岛。

昨夜，日本军队进攻了菲律宾群岛。

昨夜，日本人进攻了威克岛。

今晨，日本人进攻了中途岛。

罗斯福为了将深切的感情、坚决的意志、紧张的情绪准确鲜明地传达给听众，有意地反复申述，这种反复申述是修辞的一种重要手段，可以造成强烈的感人效果，使层次脉络分明，展现旋律美，加强节奏感，增添了语言文辞的美感。

（二）均衡美

美学的基本原则之一就是均衡。建筑、雕塑、绘画、音乐、舞蹈等都追求均衡的美，它要求一个事物或几个事物的各成分之间形成匀称、平衡、两两相对的组合关系，给人以愉悦和谐的美感。以语言形式对比、匀称、平衡为特点的“对比”修辞就建立在这一美学原理的基础之上。例如：

A miser grows rich by seeming poor. An extravagant man grows poor by seeming rich.

（*Reader's Digest*）

吝啬鬼装穷变富，奢侈者装富变穷。

把具有明显差异、矛盾和对立的双方安排在一起，进行对照比较的表现手法叫作“对比”。对比修辞手法的使用有利于显示事物的矛盾，突出被表现事物的本质特征。它对仗工整，锦心绣口；意境高远，自然成趣，能够增进文章的华彩，具有加强文章艺术效果和感染力的作用。

均衡美不仅表现在修辞方法上，还表现在并列句式上。并列句结构工整，均衡有力。另外，它还表现于篇章结构上。虎头蛇尾、前瘪后臃等就是违背了均衡、平匀原则的体现。

（三）形象美

形象美也是修辞的一个重要美学属性。世间万事万物都是相互联系的，只要联系得自然、贴切、巧妙，体现出两者的相似点，就能使抽象的概念和平实的事物形象化，就能“蕴于内而形于外”，产生效好的形象美。

要实现形象美可采用的修辞手段有比喻、夸张、拟人和通感（synaesthesia）。例如：

婚姻像是一个被包围的堡垒：外边的人想要进去，里边的人想要出来。

Marriage is like a beleaguered fortress: those who are without want to get in, and those within want to get out.

（P.M. Guitard）

作者通过比喻的手法揭示了婚姻的本质：未结婚的想结婚，而有些结了婚的人又想离婚，所以结而离，离而结，没有结局。

事实上，“婚姻”本是一个抽象的概念，将它与“被围困的城堡”这个具体的事物联系起来，鲜明生动地体现了婚姻带给人们的束缚，语言顿时形象起来,并产生了新的意境。这个比喻在一定程度上揭示了现实生活中结婚与离婚的某种原因。

(四)变化美

一种事物或两种以上的事物之间形成不整齐、不对称、参差不齐的关系,却能给人以美的感受就是变化美。这里说的不整齐、不对称实际上是和谐美的另一种表现。它是不平衡中见平衡,无秩序中显秩序,目的是体现有变化、呈多姿、不呆滞、免单一的美学情趣。

语言的变化可以通过词语、句式的变化得以实现。表示同样意思的词如果在同一段落或一篇文章里反复出现,会给人一种单一、死板的感觉。在英语中,同义词、近义词丰富而常见。所以,为了避免语言的单调、呆滞,可以挑选两个或两个以上的同义词或近义词交替运用在同一语言环境中,这样就可以使文章的语言变得活泼生动,使内容表达得更充分、圆满。例如:

The Big Bull Market was dead. Billions of dollar's worth of profits and paper profits had disappeared.

(F. L. Allen: *The Big Bull Market*)

句中 dead 和 disappeared 是同一个概念。

We were a self-centered army without parade or gesture, devoted to freedom, the second of man's creeds, a purpose so ravenous that it devoured all our strength, a hope so transcendent that our earlier ambitions faded in its glare. As time went by our need to fight for the ideal increased to an unquestioning possessions, riding with spur and rein over our doubts. Willy-nilly it became a faith.

(T. E. Lawrence: *The Evil of My Tale*)

在该段中,近义词 purpose, hope, faith, ideal 均指 freedom。

长句与短句、同义词与近义词的有机结合会使文章活泼自然、波澜起伏、富于变化、引人入胜。

四、与逻辑学的关系

逻辑学是专门研究思维的一门科学,它的任务就是总结人类正确的思维形式和规律。修辞与逻辑有着密切的关系。掌握了一定的逻辑知识,人们就知道如何进行思维以及思维的机制是什么。思想有了条理性,人们就能更好地进行语言表达;相反,思维混乱不堪,不合逻辑,语言也就无法达到准确、完美的效果。

在学习写作的过程中，人们创作的很多句子并不是不符合语法要求，而是不符合逻辑。这就使文章在语意和结构上混乱、含糊。只有对这些病句进行修改，使其符合逻辑要求之后，才能进一步考虑如何斟酌词句，把意思表达得更加鲜明生动。

因此，合乎逻辑应该是修辞的前提，违背了正确思维的规律，就做不到合情合理，更加无法提高语言的表达效果。这是修辞与逻辑一致的一面。

当然，作为一门独立的学科，修辞也有着自己的规律，不可能与逻辑等同。所以，修辞与逻辑也存在不一致的一面。在用语言表情达意的过程中，人们可以直陈袒露，还可以迂回曲折。如果采用迂回曲折的表达，人们就可以在形式上突破思维规律的某些限制，产生形式上相悖逻辑的现象。有些修辞方式就很难完全按逻辑尺度来衡量。例如：

Haven't seen you for ages!

好久没见到你了！

The cheers reached the stars.

欢呼声响彻云霄。

She wept oceans of tears.

她泪如汪洋。

上述例句都采用了夸张的修辞手法。从字面上看都有违常识，不合逻辑。但是，人们都不会刻板地按逻辑概念去理解它们，因此也就不会产生误解。它们各自表达的意思不但是明确的、清楚的，而且还比严格按逻辑形式来表达具有更加强烈的感情和丰富的意蕴。

America has shown us too many desperately worried executives dropping into early graves.

在美国，有多少走投无路的经理过早地跌进了坟墓。

He passed many an anxious hour in the train.

他在火车上度过了许多焦急不安的钟头。

Before him there are still three weary miles.

在他前面仍有三英里令人厌倦的路程。

以上三个例句采用了移就的修辞手法，这种手法将本该属于一种事物的修饰语移用于按常规不能修饰的另外一种事物上，是特殊语言环境中词语搭配的一种临时迁就。虽然就其表面的语言表达形式而言，似乎不合规范，不合逻辑，但从逻辑深层上看，移就修辞仍然合乎事理。它使语言凝练、意蕴丰富、形式新颖、生动形象，给人留下深刻的印象。

五、与心理学的关系

语言是思维的重要工具,同时也是思维活动的成果。因此,人类语言从诞生之日起就与心理活动密切相关。近年来,人们建立了修辞心理学这一修辞学的分支;后来,人们认为修辞不仅与心理,还与使用语言修辞的社会也存在着密切的联系,于是倡导建立社会心理修辞学,旨在借助心理学的理论和知识,分析、探寻修辞活动的心理机制,开辟修辞研究的新领域。

一般认为,修辞活动与心理的联系主要表现在以下三个方面。首先,修辞本身就是一个以语言为媒介的心理活动过程,修辞主体的修辞行为和修辞对象接受修辞成果都伴随着心理活动,有时甚至是非常强烈的心理活动。其次,修辞活动会受到修辞主体和修辞对象双方心理因素,如情绪、态度、价值观、性格等的制约,从而影响修辞主体的修辞行为和对修辞的理解。最后,修辞活动是修辞活动参与者心理互动的结果。换句话说,没有这个互动,没有修辞对象的积极介入,或者介入的程度、介入的效度不理想,那么再好的修辞也毫无意义。

比喻、移觉、比拟、夸张、移就等多种修辞手法都是建立在心理活动的基础之上的,修辞主体在修辞创造时或者修辞对象在接受修辞成果时,都离不开联想、想象和情感等心理活动。以比喻为例,心理学原理告诉我们,人们接受过某种信息刺激后,这些信息可以在人们的头脑中留下印象,短时间内不会消失。即使信息所代表的事物不在眼前,人脑仍然可以将它反映为表象,并可形成记忆。在受到第二信号系统的词语刺激时,就能够唤起对词语所代表的事物的表象,产生联想。也就是说,比喻的基础是联想。例如,人们曾经接受过"鲜花"信息的刺激,在头脑中形成了相关表象和记忆。当修辞行为主体在进行修辞活动时,积极的心理活动可能会使他将"少女"的美丽与大脑中"鲜花"的美丽表象联系起来,于是创造出"少女像鲜花一样"的修辞"产品"。而修辞活动的接受者在受到"少女像鲜花一样"词语刺激时,也唤起"鲜花"的表象,并在两者之间形成联想,从而有了对"少女"形象的感知。①

再如,杜甫的名句"感时花溅泪,恨别鸟惊心",采用了"移情"的修辞手法,即将人自身的情感投射到对象物上。英国哲学家休谟认为,"人类有一种普遍的倾向,就是认为所有存在物都像他们自己一样,于是他们就把自己内心意识到的亲密而熟悉的特质转嫁到所有的对象上……人总是

① 胡吉成.修辞与言语艺术[M].北京:中央广播电视大学出版社,2005:14.

把自己的思想、理性和热情，有时甚至是把人的肢体和形状赋予这些存在物。”（《宗教的自然史》）这是比拟得以产生的心理学基础。接受修辞行为的人们根据自己的阅历、兴趣、好恶，产生或感慨、或悲壮、或豪迈、或喜悦等心情，引起相应的互动，共同完成修辞活动。

第二章 翻译综述

在当前经济全球化的时代背景下，不同国家、不同地区之间在政治、经济、科技、文化等领域的合作日益频繁与深入。在这个过程中，翻译作为一切交流活动的桥梁与纽带发挥着越来越重要的作用。本章就对翻译的定义、分类、过程、原则以及主要方法等进行综述。

第一节 翻译的定义与分类

一、翻译的定义

“翻译”一词含义众多，既可以是一种技能、一门学科，也可以是一种职业、一项活动，还可以是经由翻译活动而自动生成的产品。因此，尽管很多中外学者都对“翻译”下过定义，但仍见仁见智。下面就对其中的一些代表性观点进行阐述。

（一）西方学者对翻译的界定

18世纪著名的学者、作家约翰逊（Samual Johnson）在其编纂的《约翰逊字典》（*Samual Johnson's Dictionary*）中将翻译解释为：“To translate is to change into another language, retaining as much of the sense as one can.”这是从语用的角度对翻译的理解，意为“翻译就是在尽量保存原意的基础上将一种语言译成另一种语言”。

英国著名语言学家和翻译理论家卡特福德（J. C. Catford, 1965）认为，翻译是一种语言（源语）的话语材料被另一种语言（目标语）中的对等的话语材料替代。（Translation may be defined as follows: the replacement of textual material in one language [SL] by equivalent textual material in another language[TL].）卡特福德认为翻译主要是两种存在状态，一是源语即译出语，一是目标语即译入语。

美国翻译理论家尤金·奈达(Eugene A. Nida,1969)认为,所谓翻译,是指从语义到文体在译语中用最切近而最自然的对等语再现源语的信息。(Translating consists in reproducing in the receptor language the closest natural equivalent of the source language message, first in terms of meaning and secondly in terms of styles.)

韦努提(Venuti,1995)认为,翻译是译者依靠解释所提供的目的语中的能指链替代构成源语文本的能指链的过程。韦努提一反传统的"对等"角度的定义,否定了结构主义所信奉的所指与能指或自荐的对应关系,认为能指和所指是可以分裂的,符号与意义之间是不一致的,因此文本意义具有不确定性。在韦努提看来,翻译只是用一种表层结构代替另一种表层结构。

纽马克(Peter Newmark,2001)认为,通常翻译就是把一个文本的意义按原作者所意想的方式移入另一种文字。(Translation is a craft consisting in the attempt to replace a written message and/or statement in one language by the same message and/or statement in another language. Translation is rendering the meaning of a text into another language in the way the author intended the text.)

(二)中国学者对翻译的界定

茅盾认为,文学翻译是用一种语言,把原作的艺术意境传达出来,使读者在读译文的时候能够像读原作一样得到启发、感动和美的感受(转引自武锐,2010)。

谭载喜(2004)认为,翻译是把一种语言文字的意义用另一种语言文字表达出来的过程,它主要是一门技术,同时也具有许多艺术的特征,如它的创造性特征,但绝不是科学。谭载喜主要强调了翻译的技术性和艺术性。

张培基(2008)认为,翻译是运用一种语言把另一种语言所表达的思想内容,准确而完整地重新表达出来的语言活动。

冯庆华(2008)认为,翻译是许多语言活动中的一种,它是用一种语言形式把另一种语言形式里的内容重新表现出来的语言实践活动。翻译是一门艺术,是语言艺术的再创造。

王宏印认为,翻译是以译者为主体,以语言为转换媒介的创造性思维活动。所谓翻译,就是把见诸于一种语言的文本用另一种语言准确而完整地再造出来,使译作获得与原作相当的文献价值或文学价值(转引自何江波,2010)。

沈苏儒认为,翻译是把具有某一文化背景的发送者用某种语言(文字)所表达的内容尽可能充分、有效地传达给使用另一种语言(文字)、具有另一种文化背景的接受者(转引自武锐,2010)。

可见,无论是国外学者还是中国学者,都将翻译视作一种文字之间的转换活动。需要特别强调的是,译者的任务只是转换文字而不是改变其意思。换句话说,译者必须谨慎地遵循原作者的意思,所选用的字词和句式结构必须如实地传达出原文的思想,实现译文的准确性。

二、翻译的分类

翻译可以依据不同的标准来进行多种分类,下面就对其中一些有代表性的分类方法进行介绍。

(一)不同学者的分类

1. 韦努提的分类

在《译者的隐身》(*The Translator's Invisibility*,1995)一书中,韦努提以译者在翻译时采取的文化姿态为标准,将翻译分为以下两个类别。

(1)归化法(domesticating method)。归化法是指采用流畅的行文风格来为目的语读者减少源语中的异域化色彩的翻译方式。

(2)异化法(foreignizing method)。异化法是指在一定程度上通过破除目的语的语言规范来保留源语中的异域化特色的翻译方式。

在对两种翻译方法进行选择时,翻译动机是主要的考虑因素。当翻译的目的是为了取悦目的语读者,保持目的语的文化风格时,通常采用归化法。当翻译的目的是为了保持源语文化的风格,实现文化的传播与渗透时,通常采用异化法。

2. 雅各布逊的分类

在《论翻译的语言学问题》(*On Linguistic Aspects of Translation*,1992)一文中,罗曼·雅各布逊(Roman Jakobson)从符号学的角度把翻译分为以下三个类别。

(1)语内翻译(intralingual translation)。语内翻译指同一语言间不同语言变体的翻译。把方言翻译为普通话或者把古英语翻译为现代英语就属于语内翻译。

(2)语际翻译(interlingual translation)。语际翻译指发生在不同语言之间的翻译活动。世界上语言间的互译,如英汉互译、法汉互译等就属于语际翻译。

（3）符际翻译（intersemiotic translation）。符际翻译指通过非语言的符号系统解释语言符号，或用语言符号解释非语言符号。把语言符号用手势、图标、美术、电影或音乐来表示，或把旗语或手势变成言语表达等都属于符际翻译。

虽然这三种翻译实践早已存在，但雅各布逊从符号学的新颖角度对其进行了高度概括，将人们对翻译的认识提高到了一个新的高度。

3. 纽马克的分类

1981 年，彼得·纽马克在专著《翻译问题探讨》（*Approaches to Translation*）中提出语义翻译（semantic translation）与交际翻译（communicative translation）的分类。

语义翻译是指在译入语语义和句法结构允许的前提下，尽可能准确地再现原文上下文意义。交际翻译是指译作对译文读者产生的效果尽量等同于原作对原文读者产生的效果。

语义翻译与交际翻译的最大区别在于二者的侧重点不同。语义翻译力求保持原作的语言特点和表达方式，试图再现原文的美学价值，故而在整体结构与词序安排上与原文更加吻合。交际翻译则把原文中富有民族文化色彩的内容以符合目的语文化和语言习惯的方式表达出来，更多地考虑目的语读者的感受。

语义翻译与交际翻译虽有区别，但二者在实际使用过程中却相辅相成、互相补充。

4. 卡特福德的分类

卡特福德从翻译的等级、范围和层次三个标准对翻译进行了分类。

（1）以语言的等级（词素、词、短语或意群、分句或句子）为标准，翻译可分为逐词翻译（word-for-word translation）、意译（free translation）和直译（literal translation）。逐词翻译旨在建立单词等级上的等值关系。意译“不受限制，可以在上下级之间变动，总是趋于向较高级的等级变动……甚至超过句子的层次”。直译是介于逐词翻译和意译之间的翻译。

（2）以翻译的范围为标准，翻译可分为部分翻译与全文翻译。部分翻译是指源语文本的某一部分或某些部分可以不用翻译，只需将它们简单地移植到译入语文本中即可。全文翻译要求源语文本的每一部分都要用译入语文本的材料来替代。

需要特别说明的是，在部分翻译中，某些词因为各种原因不译或不可译，只能原封不动地搬入译文，因此部分翻译并非节译。

（3）以翻译的层次（语法、词汇、语音、词形等）为标准，翻译可分为有限翻译（restricted translation）与完全翻译（total translation）。具体来说，有限翻译指源语的文本材料仅在一个层次上被等值的译语文本材料所替换；完全翻译指源语的语法和词汇被等值的译入语的语法和词汇所替换。

5. 萨瓦里的分类

西奥多·萨瓦里（Theodore Horace Savory）将翻译分为四类。

（1）完美翻译（perfect translation）。完美翻译指纯粹传递信息的翻译，如广告、布告等。

（2）等值翻译（adequal translation）。等值翻译指不拘于形式，只管内容的翻译。译文在内容上和原文保持一致，文字上的出入无关紧要。

（3）综合翻译（composite translation）。综合翻译指文学翻译，形式与内容同样重要，故难度最大。

（4）应用翻译（translation of learned，scientific，technical and practical matter）。应用翻译包括学术、科技等方面的翻译，其翻译目的不在于语言文字上的价值，而是文字内容对于译语国家实践的借鉴价值（廖七一，2000）。

6. 西塞罗的分类

古罗马帝国时期著名的政治家、演说家、雄辩家、法学家和哲学家马库斯·图留斯·西塞罗（Marcus Tullius Cicero）在《论演说家》中把翻译分为以下两个类别。

（1）“作为解释员”的翻译。这种翻译是没有创造性的翻译。

（2）“作为演说家”的翻译。这种翻译是具有创造性、可与原著相媲美的翻译。

这个分类是建立在修辞学与演说术基础之上的，是在翻译理论层面上最早对翻译活动所做的分类，开启了西方翻译理论史，并确立了其后2 000多年间翻译理论界的基本格局。

（二）不同角度的分类

1. 以翻译手段为标准

以翻译的手段为标准，翻译可分为笔译与口译两大类。其中，笔译（written translation）是一种常见的、适用面较广的翻译手段。口译（oral translation)是一种帮助使用不同语言的人们进行有声言语交际的活动,与笔译相对。

更具体地讲,口译还可以根据不同标准来分类。

(1)按场合和内容的不同,口译可分为学术口译、技术口译、会议口译、外交口译、陪同口译、工程谈判口译、媒体口译、法庭口译、商务口译、社区口译。

(2)根据操作形式的不同,口译包括持续口译(consecutive interpretation)、同声传译(simultaneous interpretation)、耳语口译(whispering interpretation)、视阅口译(sight interpretation)、联络口译(liaison interpretation)、接力口译(relay interpretation)。其中,最常用的是持续口译和同声传译。

2. 以翻译方向为标准

从译入语和译出语的角度来分类,翻译可分为译入和译出。所谓译入,是指由外国语言翻译为本民族语言。所谓译出,是指由本民族语言翻译为外国语言。

译入与译出是相对而言的,依翻译人员母语的不同而不同。以汉译英为例,如果译者的母语是英语,那么汉译英对他来讲就是译入;如果译者的母语是汉语,则对他来讲汉译英属于译出。

3. 以原文性质为标准

以原文的性质为标准,翻译可以分为以下两类。

(1)文学翻译(literary translation)。文学翻译包括诗歌、戏剧、小说等文学作品的翻译,它侧重的是情感内容和修辞特征的表达。

(2)实用翻译(practical translation)。实用翻译包括商务、科技、公文实用等资料的翻译,它侧重的是实际内容的表达。

4. 以对译文的要求为标准

以对译文的要求为标准,翻译可以分为以下几个类别。

(1)全译。全译是将整个文献全部翻译过来,完整地保留原著的内容。对于一部科学名著、经典著作或重要文献,这种翻译必不可少。

(2)节译。节译也是选取部分内容翻译,既可以选取主要内容,也可以选取读者可能感兴趣的内容。节译的原则是针对读者需要、确切传达节选部分的原作意义、译文简洁明了。

(3)摘译。摘译是选取一种文献中部分章节或段落进行翻译,保留原文主要内容,删除那些次要内容。因此,摘译无需像编译那样对多种文献进行编辑加工。与节译为满足某种需求而进行机械、生硬的删节不同,摘译强调对全文内容进行有重点的选择。

（4）编译。编译是指在编辑原文语篇的基础上进行翻译，编译包括摘选、合并、调序、增添、删减等。编译的内容可以是一篇文章、一本著作，也可以是多篇文章、多部著作。

（5）参译。参译又称“参考翻译”，是一个以提供参考为主要目的、很特殊、很自由的翻译品种，既可以全译，也可以摘译，还可以编译。

（6）写译。写译就是“写作式翻译”或“基于翻译的写作”。在写译的过程中，译者的“串联话语”大大多于编译，但写译又不同于写作，因为写译必须以某篇原文或某些原文内容为蓝本。

5. 以工作主体为标准

以工作主体为标准，翻译可以分为以下五类。

（1）人工翻译（human translation）。人工翻译主要是指译者借助工具书，利用一定的翻译知识和技巧完成翻译的整个过程。

（2）机器辅助翻译（computer aided translation）。机器辅助翻译又称“计算机辅助翻译”，是指“译者运用计算机程序部分参与翻译过程的一种翻译策略”，它利用计算机软件和翻译记忆技术（translation memory）来实现翻译过程。

（3）机器翻译（machine translation）。机器翻译又称“自动翻译”，就是利用机械（主要是计算机）按一定程序自动进行自然语言（natural language）之间的翻译过程，它主要是建立在语言学、计算机科学技术、自动化技术和数学等多门学科的基础上。机器翻译又可以分为语料库辅助翻译、读者型机器翻译和作者型机器翻译。

（4）人机交互翻译（interactive translation）。人机交互翻译是人与机器共同来完成翻译任务。

（5）网络辅助翻译（Internet aided translation）。网络辅助翻译也称“在线翻译”（online translation），主要是指利用互联网资源、在线词典和编程协议完成翻译的一个实时查询、浏览、翻译系统。

第二节 翻译的过程与原则

一、翻译的过程

翻译的过程是一个十分复杂的心理过程,其工作的重点是研究如何才能既兼顾原文的思想,又能恰当传达出原文的意义。这一过程是由三个关联阶段组成的,即理解阶段、表达阶段、审校阶段。这三个阶段是密不可分的,但也是不能同时出现的。下面就对这三个阶段逐一进行说明。

(一)理解阶段

理解是翻译过程中的第一个环节,是表达的前提。而理解是最关键也是最容易出现问题的环节。不能透彻地对原文理解就没有办法准确表达。具体来说,理解应从以下几个方面入手。

1. 理解语言现象

理解语言现象应主要从词汇意义、句法结构、逻辑关系等方面着手。

(1)理解词汇意义

英语中存在很多一词多义的现象,同一个词在不同的语言环境中往往有不同的含义。因此,在翻译过程中除了要注意词的一般意义,还要注意词在具体语境中的引申含义。例如:

In the sunbeam passing through the window are fine grains of dust shining like gold.

细微的尘埃在射进窗内的阳光下像金子般闪闪发光。

原文中的fine一词不能译为其字面意义“好的”,而应理解为“纤细”、“微小”。

(2)理解句法结构

句子是相对完整而独立的语言单位,是一定的语法结构、语音结构和词汇意义的统一体。英汉两种语言,虽然都有单句、复句之分,但也有很大差别。因此,译者只有对原文进行深入的分析和理解,确定语义重心和分句间的逻辑关系,分清主次和事理顺序,按照汉英各自不同的语言习惯和思维方式安排句子结构,才能把原句的意思与逻辑准确表达出来。例如:

There was no living in the island.

那岛不能居住。

要想正确翻译原文,需要准确理解英语中句型“there is no... +动名词”的意思,这一句型实际上相当于“we cannot +动词原形”或“it is impossible to do...”。因此,原文如果译为“那岛上无生物”就是错误的。

(3)理解逻辑关系

有时原文里的一个词、词组或句子可能有几种不同的意思,译者应透过文字表层去挖掘文字背后的深层逻辑,通过对上下文内容的衔接、铺垫、呼应、总结等逻辑关系的分析来决定哪一种是确切的译法。例如:

It is good for him to do that.

译文1:这样做对他有好处。

译文2:他这样做是件好事。

这句话有以上两种意思,两种译文都是正确的。这时,译者必须从上下文来推理,选用一种合乎逻辑的译法。

2. 理解背景信息

理解与原文相关的背景信息应从以下几个方面做起。

(1)了解作者。了解作者的简略生平、生活时代、政治态度、社会背景、写作风格等,对全面地理解文章起着不可忽视的作用。

(2)了解作品。了解作品的创作背景,创作目的,作品内容所反映的时代背景,作品成书后的传播情况,如版本、评注、译文及社会影响等,有助于客观真实地向读者展现原文风貌。

(3)理解全文基调。每部作品都有自己的主题思想,都直接或间接地体现了作者的写作用意,如歌颂与讽刺、支持与反对、褒扬与贬低等。只有把握全文的基调,才能避免翻译活动的方向性错误。

(4)弄清文化背景。各个国家由于自然、历史、地理条件的不同而形成了风格迥异的文化,包括语言文化中的用词、比喻等习惯表达。因此,翻译时必须弄清历史文化背景的具体含义,如典故、传说、名称的来历等,切忌望文生义。

(5)理解原文所涉及的专业知识。如果文章涉及某些专业领域,如医学、生物、法律等,译者就必须了解、掌握一些相关的专业知识,补充相关词汇与专业术语并熟悉行业背景。

需要特别说明的是,理解过程应与上下文的语境紧密联系在一起。认真阅读原文的上下文,了解语言发生的环境,将文章放在一定的语境中才能理解得更为透彻。只有联系上下文,才能理解原作的逻辑关系,才能明确某个词语的特定语境意义。

通过对理解过程的分析可以发现,翻译中的理解呈现出以下三个方面的特点。

(1)以翻译为目的的理解与普通的理解思维方式是不一样的。普通的理解其思维方式大多是单语思维,简单来说就是读英语作品就采用英语的思维,读汉语作品就采用汉语的思维。而以翻译为目的的理解采用的是双语思维模式,即采用源语和译入语双向的思维模式。译者将源语与译入语思维同时在大脑中呈现,这样的理解才能更加准确,才能向忠实的表达推进。

(2)以翻译为目的理解与普通抽象思维方向是不一样的。普通抽象思维是从语言系统到概念系统一个单项的过程,如图 2-1 所示。

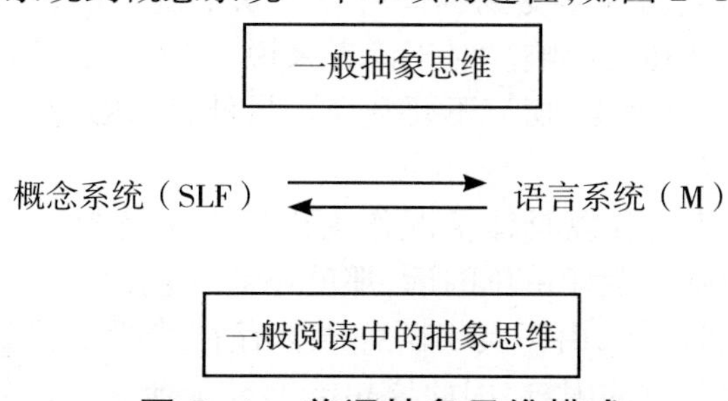

图 2-1 普通抽象思维模式

以翻译为目的的抽象思维是从语言系统到概念系统,再从这个概念系统出发构建出另一个语言系统。这是个顺向思维的过程,如图 2-2 所示。

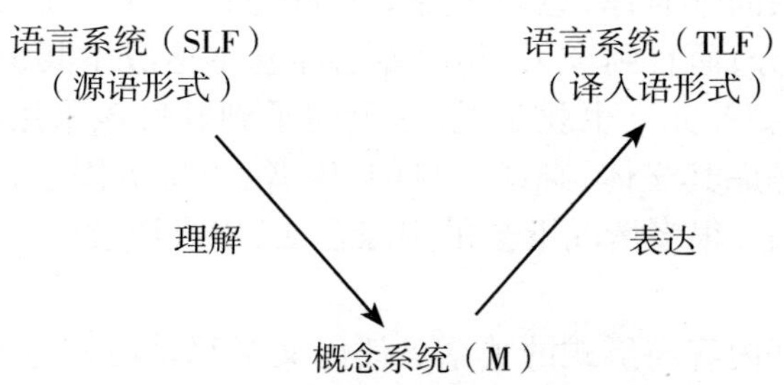

图 2-2 翻译的理解思维模式

(3)理解有其鲜明的目的性,这一目的就是忠实地表达原作的意义并再现原作展现的形式之美。因此,这就要求译者对原作的理解要比普通的阅读理解更加细致和透彻。翻译的理解系统从微观上来说要尽可能地细致到理解其语音、词形以及词语的色彩;从宏观上来说要理解原作的社会文化背景。从某种意义上来说,以翻译为目的的理解要比以消遣或者研究等为目的的理解要复杂、困难得多。以消遣为目的的理解不需要分析作品的风格以及认识词音、词形等；以研究为目的的理解也不需要面面俱到，只是要求理解的精度稍微高一些即可。

（二）表达阶段

表达阶段是翻译过程的第二个阶段。这是从源语到译入语信息转换的关键部分。之前已经提到，理解是表达的前提和基础，而表达是理解的目的和结果。表达是否得当以及程度的好坏取决于对源语是否理解以及翻译者对语言的驾驭能力。在这一阶段，译者应注意以下几个方面。

（1）理解准确并不意味着能够翻译出高质量的文章，因为翻译具有艺术性。翻译的艺术性是受到翻译者自身水平制约的，并受其在翻译过程中使用的翻译技巧的影响。对于译者来说，首先要做到用词无误，其次要考虑修辞、语体等因素，切记不要乱译。另外，表达还受到地域、方言等的影响。

（2）翻译时还需要以具体情况作为出发点来选择合适的语言单位，如果将句子作为基本翻译单位的话，那就还需要包含在句子内部的词、词组、成语、句子衔接等。由于英汉两种语言存在着明显的差异，这会给翻译中的表达造成严重的困难，因此要想能够准确地表达，还需要翻译者对两种语言进行对比，找出克服这些困难的技巧。

（3）处理好直译与意译的关系。作为两种最基本的方法，直译与意译在翻译中都起着重要的作用，但是对于两种方法哪一个更好，历来就有争议，直译派倾向于直译，意译派则更青睐意译。实际上，这两种翻译方法没有优劣之分，而且到今天，翻译界已经基本达成了共识：直译和意译应当相互兼容和补充。也就是说，一个句子到底应该采用直译法还是意译法，往往要考虑其文体、翻译的目的、读者、语境等因素，而并不是一成不变的。事实上，很多情况下会采用综合法，用直译意译相结合的方式来处理译文。

（4）处理好内容与形式的关系。任何文章都是内容与形式的统一体。内容的表达需要借助一定的形式，特定的形式往往表达特定的内容。这就要求译者既善于使用目的语表达出原文的内容，还要尽可能地保存其原有的形式如逻辑层次、全文架构、作品体裁、修辞手法等，以达到内容与形式的完美统一。

（三）校改阶段

校改或者修改译文也是翻译过程中必不可少的环节，译者就是翻译水平再高，翻译得再好，其中也会有疏漏的地方，这就需要进入到第三阶段，对译文进行补正，如遇到有些术语、译名等前后不一致的情况，也需要通过这一流程使其统一起来。具体来说，主要从以下几点着手。

（1）核对地名、人名以及方位等是否存在疏漏。

（2）核对译文中大的翻译单位是否存在疏漏。

（3）修改译文中欠妥的翻译单位。

（4）校改错误或者遗漏的标点符号。

（5）统一文体，对文字进行润色。

校改是对理解的进一步深化，通过校改可以更深层次地对原文进行推敲。一般情况下，校改需要两、三遍。当然，如果时间允许，多校几遍也是可以的。

二、翻译的原则

根据《中国翻译词典》（1997），翻译原则是翻译活动必须遵循的准绳，是衡量译文质量的尺度，也是翻译工作者应努力达到的目标。可见，翻译的原则是翻译实践过程中一个不可逾越的问题，是整个翻译工作的指导原则。

针对这一核心问题，古今中外的语言学家和翻译家们都给出了不同的意见。下面就来介绍一些比较有影响力的观点。

（一）西方学者关于翻译原则的理论

1. 奈达的“动态对等”

美国语言学家、《圣经》研究专家及翻译理论家尤金·奈达于1964年在《翻译科学探索》一书中从语言和翻译的基本原理出发，提出了形式对等（formal equivalence）和动态对等（dynamic equivalence）理论。奈达认为，由于两种语言在语法、文风与思维上的不同，采用形式对等可能会带来问题。而动态对等是指“原文信息在接受语中得以传递，以至译文接受者的反应与原文接受者的反应基本相同”。这就是著名的“动态对等”原则，有时也被称为“读者反应”或“功能对等”原则。

奈达主张把翻译的重点放在译文读者的反应上，应当把译文读者对译文的反应和原文读者对原文所可能产生的反应进行对比。他说：“翻译的实质就是再现信息。”他认为，判断译作是否译得正确，必须以译文的服务对象为衡量原则，即必须以译文读者与原文读者对所接受的信息能否做出基本一致的反应为依据。

奈达把读者因素纳入翻译原则里，拓展了翻译原则的内涵，对翻译理论的进步做出了重大贡献。

2. 费道罗夫的“等值论”

苏联的翻译理论家费道罗夫（A.V.Fedorov）是第一个从语言学角度对翻译理论进行系统研究，并向传统的翻译理论研究发起挑战的学者，于1953年出版《翻译理论概要》一书。这是苏联第一部从语言学角度研究翻译理论的专著，其核心内容就是“等值论”或等值翻译。他在书中提出了“等值”这个术语，用在翻译方面明确地表示着下述概念：① 与原文作用相符（表达方面的等值）；② 译者选用的语言材料的等值（语言和文体的等值）。

费道罗夫坚持认为译文与原文之间完全可以确立确切对等的关系。他的观点曾在我国的翻译理论界产生过重大影响。

3. 多雷的翻译五原则

艾蒂安·多雷（Etienne Dolet）是16世纪法国文艺复兴时期的人文主义者、学者、翻译家。他根据翻译的重要性在发表的论文里列出了翻译的五原则。具体来说，要翻译得更加出色，必须做到以下五点。

（1）充分吃透原作者的意思。

（2）精通所译作品的语言，同时对译语也能熟练应用。

（3）切忌做逐字翻译的奴隶。

（4）避免生词僻语，尽量使用日常语言。

（5）注重译语修辞，让译文的词语安排不仅读起来朗朗上口，听上去也能让人感到愉悦甜美。

4. 泰特勒的“翻译三原则”

英国爱丁堡大学教授、英国学者、翻译理论家泰特勒（Alexander Fraser Tytler）在《论翻译的原则》一书中提出，翻译必须遵循三个原则。

（1）译作应完全复写出原作的思想。

（2）译作的风格和手法应与原作保持一致。

（3）译作应当和原作一样自然流畅。

在此基础上，泰特勒进一步论述了它们的相对重要性。他指出，“要忠实于原作的思想，往往需要偏离原作的笔调，但无论何种情况下都不能因笔调而偏离思想，也不能只顾译作文笔的流畅和优雅而牺牲原作的思想和笔调。”

（二）中国学者关于翻译原则的理论

1. 玄奘的翻译原则

玄奘被誉为“新译”的创始人，是我国佛经翻译的巨星，对我国翻译事业做出了前所未有的贡献。玄奘精通梵语，深谙佛理，翻译经卷阵容庞大，而且在选翻译材料方面，对各派经典兼收并蓄，译文质量很高，达到了内容与形式的高度统一。玄奘在总结多年佛经翻译经验的基础上，提出了著名的“既须求真，又须喻俗”的标准及“五不翻”的原则。

所谓“求真”就是指翻译必须忠实于原文内容并保持原文风貌；求真是为了存信，使得内容信息传真，所谓“喻俗”，则是向读者对象靠拢，使复杂内容简单化，忠实原文和通俗易懂并重。玄奘将“须求真”和“须喻俗”有机地结合就是指译文语言必须通顺易懂并符合其语言规范，使两者相辅相成，对我国翻译事业有很深的影响。这与现代译论的重心移向译语及读者也是高度一致的。梁启超这样赞誉玄奘的翻译：“若玄奘者，则意译直译，圆满调和，斯道之极轨也。”

所谓“不翻”，不是不翻译，而是指“音译”。玄奘列举了五种应该音译的情况，即“五不翻”。具体来说，“五不翻”具体内容有以下几点。

（1）秘密之，故不翻。佛经中有许多咒语，通过念诵的声音形式来体现其神秘之处，有秘密的意思，应该音译，如“陀罗尼”“咒语”等。

（2）含多义，故不翻。一词多义的梵文，在汉语中找不到合适的词语来表达，因此保留原文，只作音译。例如，“薄伽梵”在梵文里便有六层意思，在汉语中并没有对应的词来解释这个词，只能用音译的方法处理。

（3）此方所无，故不翻。目的语文化词汇中没有的词语需要音译。例如，“阎浮”树由于产于印度等地，我国没有这种树，故保留原意。

（4）顺于古例，故不翻。指有些约定俗成的词语应该遵循习惯采取音译。例如，“阿耨多罗三藐三菩提”，本意指“无上正等正觉”，但由于自东汉以来，历代译经家用“音译”翻译，因此保留前人翻译模式，不再翻译成“无上正等正觉”。

（5）为生善，故不翻。指具有特殊意义或功能的词语也应当音译。例如，“般若”虽可意译为“智慧”，但却是佛教文化中蕴含着一种特殊意义的智慧，如直接译出来会丧失韵味，不如不翻。

“五不翻”原则对音译法规律进行了总结和归纳，既保留原文的意义和效果，又兼顾了填补文化和语言差异造成的词义空缺以及外来词汇的引进，对后世翻译事业影响极其巨大，尤其译名有很强的指导意义和作用。

玄奘对佛经翻译的领悟以及对“既须求真，又须喻俗”和“五不翻”原则的诠释，在当时已经达到了登峰造极的境界，他是一个成功的翻译实践者，而且他的很多翻译理论和实践标准直至今日仍具有很强的指导意义。

2. 严复的“信、达、雅”

1898年，严复在《天演论》的《译例言》中说：“译事三难：信、达、雅。求其信也大难矣！顾信矣，不达，虽译，犹不译也，则达尚焉。”他还提出：“言之无文，行之不远。三者乃文章正轨，亦即为译事楷模。故信达而外，求其尔雅。”

严复对自己提出的原则进行了具体的解释。所谓“信”，是指译文应该抓住全文要旨，对于词句可以有所颠倒增删，只要不失原意，不必斤斤计较词句的对应和顺序。但只有“信”是不够的，“达”也非常重要。只“信”而不“达”，译了等于没译；只有做到“达”，才能做到“信”。“达”要求译者必须通读全文并达到融会贯通的程度后再开始翻译。所谓“雅”，是指“古雅”，要采用汉代以前使用的文言文。译文必须“雅”，否则没有人看。

虽然一直有人对严复的观点提出不同意见，但它简明扼要、层次清楚、适用面广，其内在的合理性是不容置疑的，对我国的翻译理论影响极大，至今仍有不少人言必称“信、达、雅”。可以毫不夸张地说，这是中国翻译理论史上最有影响力的观点。

3. 鲁迅的“信”和“顺”

鲁迅是中国近现代最伟大的文学家、思想家和革命家。在20世纪30年代，他在《且介亭文二集》中提出了“信”和“顺”的翻译原则：“凡是翻译，必须兼顾着两面，一当然力求其易解，一则保存着原作的风姿。”这里的“力求其易解”和“保存着原作的风姿”实际上就是一种在直译、意译的完美结合中获得的信与顺的理想状态。

针对当时过分意译而“牛头不对马嘴”的胡译、乱译，鲁讯提出了“宁信而不顺”的原则。1925年，他在其译文集《陀螺》的序文中写道：我现在还是相信直译法，因为我觉得没有更好的办法。鲁迅先生把读者分为三类：甲类：受过良好的教育的；乙类：略能识字的；丙类：目不识丁的。供给甲类人的译文，应该直译。比如：“山背后太阳落下去了。”虽不顺，也绝不改作“日落山阴”。供给乙类人的，还不能用翻译，至少是改写，最好还是创作。供给丙类人的，则属于读者的范围之外。总之，他强调直译，倡导译文应具有“异国情调,也就是所谓的洋气”。

4. 钱钟书的“化境论”

1964 年,钱钟书在《林纾的翻译》中提出“化境”之说。他指出:“文学翻译的最高原则可以说是‘化’。把作品从一国文字转变成另一国文字,既能不因语文习惯的差异而露出生硬牵强的痕迹,又能完全保存原作的风味,那就算得入于‘化境’。”(罗新璋,1984)他还说过:“好的译本应该仿佛是原文作者的译入语写作。”也就是说,把原作翻译过来时,文字换了,可原文的思想、感情、风格都不留痕迹地由译入语传达出来,译文读者读来就如在读原作一样,这可以说是翻译的最高原则与最高境界。

5. 许渊冲的“意美、音美、形美”

北京大学教授、著名翻译家许渊冲先生把自己多年的翻译实践经验总结为“译经”,具体内容是:“译可译,非常译;忘其形,得其意。得意,理解之初;忘形,表达之母。故应得意以求其同;故可忘形,以存其异。两者同出,异名同谓:得意忘形,求同存异,翻译之门。”他认为,翻译不但要译意,还要译音、译形,争取意美、音美、形美,这也是他提出的诗歌翻译的三原则。

综合上述观点,本书认为翻译应遵循忠实与通顺的原则。

所谓“忠实”,是指译文要在内容、体裁、风格等方面与原作保持一致。这一概念可以从以下三个层次来理解。

(1)译文要与原文内容保持一致,必须完整而准确地表达原文内容,包括事实、描写、推理、主题、观点等,不得篡改、歪曲、遗漏或任意增删。

(2)译文要在体裁上与原文保持一致。不论原文是小说、剧本、电影等文学作品还是新闻、商务文件、法律文书等实用文体,译作都必须与原作的体裁保持一致。

(3)译文要在风格上与原文保持一致。处理同样内容的文章,不同的作者会在词汇选取、句法格式、逻辑层次、陈述顺序上体现出不同的特色。所以,译文除翻译字面意思外,还要把作者的风格展示给读者。例如,原作历史小说笔墨凝重,具有强烈的沧桑感,译作也必须保持这种风格,而不能译成幽默诙谐或搞笑风格。

所谓“通顺”,是指译文要表达流畅、合乎规范。在翻译的过程中,不能生搬硬套原文形式来进行机械的直译甚至死译,而是要在理解原文的基础上,把其核心内容与内在逻辑用目的语表达出来。译文必须避免语言晦涩,做到没有语病、结构清晰,并符合目的语读者的语言习惯。

忠实与通顺是一个问题的两个方面,二者是对立统一的。很多情况下，要做到忠实就会影响通顺，为了达到通顺又难免做不到忠实。译者的任务就是在二者之间寻找平衡点，把忠实与通顺有机地结合起来，尽最大努力来保证译文既忠实于原文又符合读者的语言习惯。

第三节　翻译的主要方法

一、音译法

在翻译某些特指名词或具有丰富民族文化内涵的词时，为了保持原词的异域风格或避免在翻译过程中造成含义缺失，常常采取保留原词发音特点的翻译方法，即音译法。音译法的适用范围较为广泛，常见于以下领域。

（一）专有名词的翻译

1. 人名翻译

英语或汉语中的人名互译常采用音译法。例如：

Shakespeare 莎士比亚

Albert Einstein 阿尔伯特·爱因斯坦

Nancy Davis 南茜·戴维斯

Barack Obama 贝拉克·奥巴马

有些英文人名中含有英文字母，在译成汉语时可以将其保留。例如：

O. Henry O. 亨利／欧·亨利

J. Edgar Hoover J. 埃德加·胡佛

John F. Kennedy 约翰 F. 肯尼迪

有些英文名是同名同姓，为了将彼此分开，常在姓名后加上数字或缩写字母，当译成汉语时，也应将这些数字或缩写字母所包含的意义表达出来。例如：

Joseph Ⅰ 约瑟夫一世

Elizabeth Ⅱ 伊丽莎白二世

George Ⅵ 乔治六世

对于一些有中国名字的外国人，通常不再音译其英语姓名，而是直接使用中国名字。例如：

Gilbert Reid 李佳白

John King Fairbank 费正清

Ferdinandus Verbiest 南怀仁

2. 地名、河流、山川翻译

除人名翻译外,一些地名、河流、山川等专有名词的翻译也采用音译法。例如:

Haiti 海地

the Vatican 梵蒂冈

Panama 巴拿马

The Amazon 亚马逊河

Wellington 惠灵顿

Manchester 曼彻斯特

The Mississippi 密西西比河

The Rockies 落基山脉

The Alps 阿尔卑斯山

此外,有些英语地名由于较长,因此为了既符合汉语表达习惯,又方便使用,可进行适当的调整。例如:

Philadelphia 费城(全称“费拉德尔菲亚”)

California 加利福尼亚(简称“加州”)

Indonesia 印度尼西亚(简称“印尼”)

Rio de Janeiro 里约热内卢(简称“里约”)

Saudi Arabia 沙特阿拉伯(简称“沙特”)

(二)货币名称的翻译

英语中出现的货币名称也常采用音译法进行翻译。例如:

dong 盾

lira 里拉

krone 克朗

mark 马克

dinar 第纳尔

shilling 先令

pound 镑

peso 比索

rupee 卢比

peseta 比塞塔

franc 法郎
zloty 兹罗提

(三)计量单位的翻译

我国科技专业术语中的某些计量单位名称,大都也是音译过来的。例如:

hertz 赫兹(频率单位)
joule 焦耳(能量单位)
watt 瓦特(功率单位)
calorie 卡路里(热量单位)
coulomb 库仑(电量单位)
ampere 安培(电流强度单位)
newton 牛顿(力学单位)
volt 伏特(电压单位)
ohm 欧姆(电阻单位)

有些重量单位在译成汉语时也多采用音译法。例如:

carat 克拉(car.)
ton 吨(tn.)
pound 磅(lb.)

二、归化法

归化法(domestication 或 adaption)是指译者在对源语的语言形式、语言习惯和文化传统进行处理时,用符合目的语的语言习惯和文化传统的"最贴近自然对等"概念进行替换翻译,从而更好地实现动态对等或功能对等。归化法的优点在于译文读起来比较地道和生动,可使普通读者更好地理解原文,消除隔阂,真正达到文化交流的目的。例如:

Julia: ...Best sing it to the tune of "light of love".
Jucetta: It is too heavy for so light a tune.

(*The TWO Gentlemen of Verona*, Act I)

茱莉雅:……可是你要唱就按《爱的清光》那个调子去唱吧。
露西塔:这个歌儿太沉重了,和轻狂的调子不配。

(朱生豪 译)

原文中的两个 light 属于多义词构成的双关,而译文中的"清光"(qing guang)与"轻狂"(qing kuang)不仅读音相似,而且也与原文中暗含的意义相吻合。这种归化处理非常传神地传递了源语中双关语所要表达的内容。

He is a real Jekyll and Hyde: at home he's kind and loving, but in business he's completely without principles.

他真是个具有双重性格的人：在家和蔼可亲，可在生意场上，他却完全不讲道义。

Jekyll and Hyde 出自英国作家斯蒂文森（Robert Louis Stevenson）的小说《化身博士》（*The Strange Case of Dr. Jekyll and Mr. Hyde*）。该小说主人翁把自己当作实验对象，结果导致人格分裂，白天是善良的Jekyll，夜晚却成为邪恶的Hyde。译者用归化译法将Jekyll and Hyde译为"双重性格"，舍弃了原文的字面意思，保留了其真实含义。

此外，归化法还常用于习语的翻译。例如：

as poor as a church mouse 穷得像叫花子

fish in troubled waters 混水摸鱼

Make hay while the sun shines. 趁热打铁。

There is no smoke without fire. 无风不起浪。

大海捞针 look for a needle in a bundle of hay

骑虎难下 hold a wolf by the ears

班门弄斧 teach fish to swim

三个臭皮匠，顶个诸葛亮。Two heads are better than one.

需要特别说明的是，译者在采用归化法时切忌"归化过度"，如将to volunteer one's service 译为"毛遂自荐"，将at the beginning of one's career 译为"初出茅庐"等。这种译法不仅会破坏原作的异国情调，还会给译语读者制造"文化误导"。

三、异化法

异化法（alienation 或 foreignization）是指译者在翻译时忽略目的语读者的接受水平，使译作在风格和形式上完全保留源语的语言特点、文化思想和艺术特色。例如：

So they told you to get out and stop out, did they? Well, what can you expect from a pig but a grunt? They are far from being refined people as you should have seen.

他们就那样叫你滚蛋，把你轰了出来，是吗？算了吧，你难道还指望猪嘴里还能吐出什么好听的词儿来吗？他们可不是你所见过的那种有教养的人。

译文没有以“狗嘴里吐不出象牙来”对原文进行归化式翻译，而是通过异化翻译，保留原文的表达形式和语言色彩。

他们的拉扯姿势，讲价时的随机应变，走路时的抄近绕远，都足以使他们想起过去的光荣，而且用鼻翅扇着那些后起之辈。

（老舍《骆驼祥子》）

Their pulling posture, their adroit bargaining, and their shrewd use of shortcuts or circuitous routes are enough to make them relive past glories and turn up their nose at the younger generation.

上例中的译文完全保持了和原文同样的句式结构，并且使用了汉英两种语言中内涵相同的形象词“鼻子”来传递原文的内涵，达到了与原文形神兼似的良好效果。

异化法也可用来进行习语的翻译。例如：

Trojan horse 特洛伊木马

soap opera 肥皂剧

dark horse 黑马

Pandora's box 潘朵拉的盒子

铁饭碗 the iron rice-bowl

半边天 half the sky

暴发户 instant rich

纸老虎 paper tiger

需要注意的是，异化法有两个限度：一是译语语言文化的限度，二是译语读者接受能力的限度。换句话说，译者在运用异化翻译策略时，既不能超越译语语言文化的规范限度，也不能超越译语读者的接受限度。

四、直译法

直译法是指既忠实于原文内容又考虑原文形式的一种翻译方法。直译强调“形似”，即依照原文的形式将其逐一翻译出来，这就使直译过来的译文概念明确，便于理解。例如：

In the afternoon, you can explore the city by bicycle—and the fact that bikes for both adults and children can be rented for free makes this method of transportation more fun! Bicycles are available all year round from Velogate by the Swiss National Museum and, from May to October, from outside Globus City, the Opera House and Swissotel Oerlikon.

下午可以骑自行车游览整个城市——可免费租用适合成人及儿童的

自行车,从而使这种游览方式更加有趣！瑞士国家博物馆附近的富勒门全年提供自行车租赁服务,5 月至 10 月期间,游客还能在格劳博城、歌剧院以及欧瑞康瑞士酒店外租到自行车。

本例原文主要介绍了在瑞士租自行车游览城市的一些信息。由于原文中并未涉及包涵浓厚文化色彩的事物,因而译文采用了直译的方法就将原文信息原原本本地传递了出来。

During the liberation War, Jiang kai-shek was armed to teeth.

在解放战争时期,蒋介石的部队武装到了牙齿。

此例使用了直译法,译文不仅在形式上、结构上与原文保持一致,而且在意象上也与原文保持一致。

可见,采取直译法既不改变源语的形式,也不改变源语的内容,而是尽量将原文的词序、语序、词汇意义、句法结构、修辞方式、文体风格、地方色彩和民族特色保留下来,从而使译文与原文在形式、内容上都相互一致或基本相似。

五、意译法

尽管汉语词汇丰富,但汉语在表音和表形方面很难达到字母语言的程度,这时就需要采取意译法。所谓意译,就是将一种语言所表达的意义用另一种语言做释义性解释。意译强调“神似”,即依照原文的意义,把原文的意义灵活地在译文中表达出来。例如:

She was born with a silver spoon in her mouth; she thinks she can do what she likes.

她生长在富贵之家,认为凡事都可以随心所欲。

此句中 born with a silver spoon in her mouth 是高贵的象征,而 do what she likes 则说明她的家世让她不可一世。因此,译者将其翻译为“富贵之家”和“随心所欲”既准确地传达了原文的含义又符合汉语的表达习惯。

在商务领域,为了拉近与消费者的距离,商家在广告翻译过程中也常常使用意译法。例如:

Laurent Beaute invites you to discover his new collection of colors...delicate corals, pinks and peaches for lips; matte, muted earthy neutrals for eyes.

劳伦美人请您欣赏新进的一批色彩各异的化妆品。优雅口红系列:红珊瑚色、粉红色、桃红色;非彩色眼妆系列:暗哑的、柔和的自然色。

译文在翻译原文中的 Laurent Beaute, corals, pinks, peaches 等词时采

取了意译法，将其分别译为“劳伦美人”“红珊瑚色”“粉红色”和“桃红色”，使消费者易于理解。再如：

The Color of Success!

让你的业务充满色彩。（美能达复印机广告）

UPS. On time, every time.

UPS——准时的典范。（UPS 快递广告）

六、增译法

所谓增译法，是在原文的基础上添加必要的单词，从而使得译文在语义、语法以及语言形式上符合译文的语言表达习惯，从而将原文的含义与精神通顺地表达出来。[①] 一般来说，增译法的使用主要出于两种考虑：一是根据语法需要而增加词汇；二是根据语义需要而增加词汇。

（一）根据语法需要增词

出于语法层面的考虑，有时会要用到增词法，即将原文中省略的句子成分补充进去，使译文更加完整。在英汉翻译中，根据语法运用增词技巧有以下几种情况。

1. 增加数量词

在英语中，量词在数词与可数名词之间是不存在的，但是汉语中的数词与可数名词之间是存在量词的。因此，在进行翻译时，需要按照汉语的表达习惯相应地增加适当的量词，从而对句中的名词起到一定的修饰作用。例如：

Apart from a period of silence, the war between the east and the west lasted 10 years.

除了一段短暂的安静，东西部之间的这场战争持续了 10 年。

该例翻译时增加了“段”这一量词，用来修饰名词“安静”。再如：

A red sun rose slowly from the calm sea.

一轮红日从风平浪静的海面冉冉升起。

Once, they had a quarrel.

有一次，他们争吵了一番。

2. 增加概括词

虽然英汉语中都有概括词，但有时并不完全对等。针对英语中的概

① 李运兴．汉英翻译教程 [M]．北京：新华出版社，2006：105.

括词,在翻译时可用“等等”“双方”“两人”来表示,同时还可省略英语中的连接词。例如:

politically, economically and militarily

政治、经济、军事等各方面

在翻译时,汉语译文增加了“等各方面”。

3. 增加关联词

汉语中表示逻辑层次时习惯用关联词,而英语则使用不定式、分词和独立结构等语法形式表达逻辑关系。因此,翻译时一定要选用合适的关联词,准确表达原文中的确切含义。例如:

Knowing English well, she finished the English homework without much difficulties.

由于她的英语很好,所以她轻松地完成了英语作业。

在对原文进行翻译时,译文增加了关联词“由于……所以……”。

4. 增加重叠词

汉语和英语不一样,汉语中名词没有复数的特定表示方法,因此在表达多数人的时候,可用“们”“诸位”“各位”或者叠词等来表达。例如:

He bought medical supplies with large sums of money given to him by his friends.

他用朋友们给他的一笔笔钱购买医疗设备。

在对原文进行翻译时,译文增加了“一笔笔”,表示数量很大。

5. 增加表示时间的词语

英语动词的时态通常是借助于动词的词形变化或增加助动词来体现的,而汉语动词则没有词形变化,时态方面则是借助于表示时间的词或增加汉语的时态动词来体现。因此,在英译汉时可增加表示时间的词如“正在”“已经”“将”“着”“会”等。例如:

He had experienced two great social systems.

那以前,他就经历了两大社会制度。

在对原文进行翻译时,译文增加了“那以前”的时间状语。

The professor had taught the boy to write paper and the boy loved her.

原来教授教会了男孩写论文,所以男孩喜欢她。

在对原文进行翻译时,译文增加了表示过去的时间状语“原来”。

6. 增加语气助词

汉语中的一些语气助词如“啊”“呀”“吧”“呢”“啦”等,虽然本身没有太多的实际意义,但却用于辅助语气的表达并在句中起着不同的作用。同时,这些语气助词的运用还能更好地表达原作的修辞色彩和意义,但是在英语中却不易找到与之相对应的词。因此,在翻译时可根据具体情况,用句型、时态以及增加语气助词等方法来体现。例如:

Their host carved, poured, served, cut bread, talked, laughed, proposed health.

主人又是雕刻造型啊,又是倒酒啊,又是上菜啊,又是切面包啊,说啊,笑啊,敬酒啊,忙个不停。

在对原文进行翻译时,译文增加了七个"啊"字,将主人热情好客、忙个不停的场景很好地再现出来。

(二)根据语义需要增词

在某些情况下,为使译文的语义更加顺畅、自然,常常增加一些名词、动词、形容词或副词。

1. 增加名词

在英汉翻译过程中,增加名词主要适用于以下几种情况,即在抽象名词后增加名词,在不及物动词后增加名词,在形容词前增加名词。

(1)在抽象名词后增加名词。对于英语中那些由动词或形容词派生而来的抽象名词,可以在翻译时在其后面增加适当的名词,使译文更加规范。例如:

After all preparations were made, they began their work.

一切准备工作就绪后,他们开始干活。

在对原文进行翻译时,译文在"准备"之后增加名词"工作",符合汉语的表达习惯。

类似的抽象名词还有很多,如下表所示。

英语	汉语	英语	汉语
arrogance	自满情绪	antagonism	敌对态度
madness	疯狂行为	irregularity	越轨行为
darkness	漆黑一团	unemployment	失业现象
jealousy	嫉妒心理	backwardness	落后状态,落后面貌
dependence	依赖性	persuasion	说服工作

(2)在不及物动词后增加名词。在英语中,及物动词和不及物动词的区分十分严格,因此在翻译时也必须严格区分。当某一个动词作不及

物动词用时,宾语实际上是隐藏在动词后面的,在翻译时应该通过增词法将其译出。例如:

Day after day Lily came to her work—sweeping, scrubbing and cleaning.

莉莉每天来干活——扫地,擦地板,收拾房子。

在对原文进行翻译时,译文增加了三个名词"地""地板""房子",使语义表达更为完整。

(3)在形容词前增加名词。有些情况下,形容词前面也可以加上名词。例如:

Her husband thinks that this furniture is too expensive and, moreover looks very ugly.

她丈夫认为,这件家具价格昂贵而且外表难看。

在对原文进行翻译时,译文在形容词 expensive 和 ugly 之前分别增加了"价格""外表",使译文更加符合汉语表达习惯。

2. 增加动词

英文中,为了避免反复使用相同的词语,通常在文中会省去重复出现的动词,但是在翻译时我们就应该将省去的动词设法译出来。例如:

She said that the boy was of an age now when emulation, the first principles of the Latin language, pugilistic exercises, and the society of his fellow-boys would be of the greatest benefit to the boy.

她说孩子长到这么大,应该上学校,一则能培养竞争心,二则可以打下拉丁文的底子,三则有体育活动,四则有机会交朋友,对孩子的益处可大了。

在对上例原文进行翻译时,译文中增加了"应该上学校",便于读者更好地理解作者想要表达的意思。

3. 增加形容词或副词

有时,为了使译文显得更加生动活泼,更加适合译入语读者的口味,译者可以在忠于原意的基础上适当增加一些形容词或副词。例如:

Systematic education will make a man of Eric.

系统教育会使埃里克成为一名才华横溢、博学多才的男子汉。

在对原文进行翻译时,译文增加了"才华横溢""博学多才",使译文耐人寻味。再如:

The Yangtze River Bridge is long.

长江大桥很长。

七、省译法

省略翻译法是指在不改变愿意的情况下，把重复、多余的文字省去，或在不影响理解的前提下，用简洁、明了的语言来代替原文繁琐累赘的语言。省略翻译法一般分为以下三种情况。

（一）根据语法需要减词

根据语法需要进行省略在英译汉的过程中较为常见，具体有以下几种情况。

1. 省略冠词

英语中有定冠词和不定冠词，但汉语中没有，所以在英译汉时往往可以将冠词省略。例如：

It was out of the question to fly to the moon in the past.

在过去，飞往月球是绝对办不到的。

但是需要额外注意的是，在有些情况下，冠词是不可以省译的。例如：

She left without saying a word.

她一句话不说就走了。

She said she was getting a dollar a mile.

她说她开车每一英里赚一美元。

2. 省略名词

有些情况下，英语介词 of 后面的名词在译成汉语后意思已经表达清楚，这时便可以将 of 前面表示度量等意义的名词省略。例如：

Different kinds of matter have different properties.

不同的物质具有不同的特性。

3. 省略动词

英语句子中必须有谓语，谓语是句子中不可缺少的成分，它由动词担任。而在汉语中，表示人、物等情况、状态、性质的句子中不一定由动词作谓语。因此，在英汉翻译中，往往可以省略英语原文的谓语动词，尤其是系动词。例如：

Jim is very fond of speaking ill of others.

吉姆非常喜欢说别人的坏话。

Television signals have a short range.

电视信号的传送距离很短。

4. 省略介词

大多数情况下，在进行英译汉翻译时英语中的介词都可以省略，特别是出现在句首的时候。但是，表示地点的英语介词在译文句首往往可以省略，但放在动词后面一般不省略。例如：

Mary stood by the desk.

玛丽站在桌旁。

That company was founded in 2014.

2014年那个公司成立。

5. 省略连接词的情况

连接词在英语中经常使用，但是与英语不同，汉语中的上下文逻辑关系常常是暗含的。因此，英译汉时在很多情况下可以省译连接词。具体有以下几种情况。

（1）表示时间的连接词的省略。例如：

After she packed up her things, she hurried to the station.

她收拾好行装，急忙奔向车站。

（2）表示原因的连接词的省略。例如：

Because the weather was very bad, the sports meet had to be postponed.

天气太坏，运动会被迫延期。

（3）表示条件的连接词的省略。例如：

A gas becomes hotter if it is compressed.

气体受压，温度就升高。

（4）表示并列连接词的省略。例如：

She looked gloomy and troubled.

她看上去有些忧愁不安。

6. 省略代词的情况

通常而言，代词的省略主要有以下几种情况。

（1）作主语的人称代词的省略。一般而言，英语中每句话都有主语，因而人称代词作主语通常多次出现。但是在汉语中，前后句若为同一主语，则主语就不必重复出现。因此，在翻译时要将英语原句中的主语省略。例如：

Even as the doctor was recommending rest, she knew that this in itself was not enough, that one could never get real rest without a peaceful mind.

尽管医生建议休息，但她知道休息本身是不够的，如果心情不平静，是不能得到真正休息的。

（2）作宾语的人称代词的省略。在英汉翻译时，常常可以省略那些在句中作宾语的代词，不管前面是否提到过。例如：

The more she tried to hide her wants, the more she revealed them.

她越是要掩盖她的烂疮疤，就越是会暴露无遗。

（3）物主代词的省略。英译汉时，通常可以对英语中的物主代词省略。例如：

She shrugged her shoulders, shook her head, cast up her eyes, but said nothing.

她耸耸肩，摇摇头，两眼看天，一句话不说。

（4）非人称代词 it 的省略以及强调句中 it 的省略。第一种情况是英语中非人称代词 it 常常用作主语或宾语，以及用于强调句子，翻译时往往可以省略不译。例如：

Lucy glanced at her watch; it was 6: 30.

露西一看表，是 6: 30。

第二种情况是强调句中的 it 有时也被省略。例如：

It was only then that I began to have doubts whether my story would ever be told.

只是在这个时候，我才开始怀疑，我的经历究竟可否公之于众。

（二）根据语义需要减词

由于英汉表达习惯的不同，因此在翻译过程中可以省略一些可有可无的词语。有时候直译不符合译入语表达习惯，此时也可以省略一些词语。例如：

Perhaps you have overlooked the fact that your account for July purchase has not yet been settled.

也许您忘了七月份购货账还没有结算。

University applicants who had worked at a job would receive preference over those who had not.

报考大学的人中，有工作经验的优先录取。

（三）根据修辞需要减词

通常而言，根据修辞进行省略翻译通常有以下几种情况。

（1）对于英语句子中重复出现的短语，在译文中可根据实际情况进行适当省略。例如：

She continued to order the stale bread—never a cake, never a pie, never one of the other delicious pastries in the showcase.

她仍然只要陈面包，至于蛋糕、肉馅饼和柜台里其他可口的点心，却从不问津。

（2）英语中有时为了加强语气或出于强调等需要，常常会同时使用两个或两个以上的同义词，这些词表达的都是同一层意思，因此在翻译时可以将它们合为一起，译成一个词或词组。例如：

The love for his wife and child was part and parcel of his life.

他对妻子和孩子的爱构成了他生命中的主要部分。

八、形译法

英语中经常用英文字母来表示某事物的外形，在进行翻译时也可采用类似于这种字母形状的汉语来表达，或将其形象用汉语表达出来，这种翻译方法称为形译法。概括来说，形译法可以分为以下几种情况。

（1）保留原字母不译。例如：

A minor A 小调

C diskette C 盘

G major G 大调

D-valve D 形阀

H-beam H 形梁

N-pole N 极

Q-signal Q 信号

S-link S 形连接

T-connection T 形连接

V-rope V 形钢索

X-chromosome X 染色体

Y-pipe Y 形管

AT-cut AT 切片

IC card IC 卡

Vitamin E 维生素 E

（2）依据英语字母的外形来进行相应的形译。例如：

O-ring 环形圈

U-nut 马蹄螺母

U-steel 槽钢

V-block 三角槽块

V-belt 三角皮带

X-brace 交叉支撑

X-leg 叉形腿

Y-curve 叉形曲线

Y-track 三叉形轨道

（3）选用与英语字母近似的汉字来译。例如：

I-column 工字柱

I-section 工字形剖面

T-bandage 丁字形绷带

T-slot 丁字槽

Z-bar 乙字钢

Z-beam 乙字梁

zigzag 之字形

the Cross（耶稣受刑的）十字架

crotch 丫形岔口

delta wing 三脚架机翼

convex 凸面

concave 凹面

crosshead 十字头

（4）形译还可以不考虑英文字母的外形而将其直接按实际意义进行翻译。例如：

A-road 主干公路

C-in-C 总司令

H-bomb 中子弹

H-test 氢弹试验

N-day 大规模进攻开始日

T-group 训练小组

U-boat 潜水艇

V-engine 内燃机

V-Day 第二次世界大战胜利日

ABC warfare 原子、生物、化学战

九、分译法

为了使译文的行文合乎译入语的表达习惯，有时需要将原文中个别的词、词组或句子分解开来单独译出，这就是分译法。分译法主要分为以

下三种情况。

(一)词的分译

词的分译是指原文中的某个词涵盖了两个或两个以上的语义成分,在译入语中找不到一个对应的词来完整地表达其全部内涵,从而将其词义进行分解,按译入语的表达习惯分别译出。例如:

Some young people relentlessly tear at the flowers they see.

有些年轻人看见花就摘,毫不爱惜。

The maidservant inspected the dressing-table for dust with her hand.

女仆用手抹抹梳妆台,看看有没有灰尘。

One problem in trying to discuss my reporting is its sheer volume.

我的报告篇幅特长,要对它进行讨论,这就成了一个问题。

(二)短语的分译

短语的分译可分为短语词义的分译和短语结构的分译。例如:

She arrived in London at a ripe moment internationally.

她来到伦敦,就国际形势来说,时机正合适。

Strange enough, they were the same to the day.

说来也真巧,他俩年纪一样大,而且还是同日生的。

Our power increased with our number.

我们人数增加了,力量也随之增强。

With the increase of production the living condition of the common people is becoming better and better.

随着生产的增加,普通人民的生活条件变得越来越好了。

She is too ill to have been anywhere but in bed.

她病得太厉害,不能行走,只能待在床上。

(三)句子的分译

句子的分译包含简单句的分译,但多指长句的分译,也就是把一个由多个成分盘根错节地组合而成的长句分译成若干个较短的句子。例如:

She built upon these natural gifts daily.

在天赋的基础上,她坚持训练,技艺与日俱增。

He used to tell a story about an elderly woman who was looking very sad. He inquired the cause of her melancholy and she said that she had just parted from her two daughters.

他过去常常说起一位老太太的故事。他见她愁容满面,就问起她闷闷不乐的原因。她说那是因为她刚同两个女儿分开。

The heaviest load on his mind, after his conversation with the slave trader, lay in the foreseen necessity of breaking to his wife the arrangement contemplated.

自从跟那个奴隶贩子谈过以后,他就预料到必须把原先谈妥了的事告诉妻子,而一想到这一点,他心里就苦恼极了。

十、反译法

反译法就是指在保持原文内容不变的情况下,将原文的肯定形式译成否定形式或者把否定形式译成肯定形式,从而使译文的表述尽量符合译入语读者的思维习惯。反译法主要包括两种形式:一是把肯定形式译成否定形式,即正话反说;二是把否定形式译成肯定形式,即反话正说。下面进行举例说明。

(一)正话反说

由于英汉两种语言和思维方式之间的差异,英语中很多由肯定形式表达的句子在汉语中找不到与之对应的表达形式。因此,在翻译过程中有时要转换成否定形式,以使译文符合汉语的表达习惯,反之亦然。例如:

She kept to her room all day long.

她终日足不出户。

Give me liberty, or give me death.

不自由,毋宁死。

We had no sooner got home than it began to rain.

我们刚到家就开始下雨了。

The value of loss is so small that we can overlook it.

损耗值很小,我们可以忽略不计。

I was more annoyed rather than worried.

我与其说是着急,不如说是恼火。

I do think it is beyond their power to fulfill the task.

我的确认为要完成这项任务是他们力所不能及的。

(二)反话正说

英语中有些否定的表达,但其意义是肯定的,且在翻译成汉语时找不到与之对应的表达形式,因此只有在把它转换成肯定形式后才符合汉语的思维习惯。例如：

No man is wise at all times.

智者千虑，必有一失。

He was an indecisive sort of person.

他是个优柔寡断的人。

That sportsman was disqualified from participation in the Asian Games.

那个运动员被取消了亚运会的参赛资格。

Such theft couldn't long escape notice.

这种偷窃行为迟早会被人发现。

He admitted that there is a general lack of understanding of China by some countries and their people.

他承认有不少国家和公众对中国的了解还不够。

You will never fail to be moved by the romance of the love story.

你一定会被那浪漫的爱情故事所感动。

第三章　修辞与翻译的主要理论

理论来源于实践，同时又对实践起着巨大的指导与推动作用。对修辞理论与翻译理论进行深入研究不仅有利于梳理相关理论的发展脉络与内在联系，还可以深化对语言现象的理解，并有效指导翻译实践。本章就对修辞与翻译的主要理论进行阐述。

第一节　修辞的主要理论

一、西方的修辞理论

（一）西方修辞理论的渊源

公元前5世纪的古希腊经历了从君主制到寡头政治到僭主统治，再到民主制等一系列政治制度的演变，修辞理论就是在这样纷繁复杂的背景过程中产生的，这成为了西方修辞理论的渊源。可见，修辞理论的兴起是对古希腊社会早期演说实践的总结和系统研究，是古希腊社会政治文化发展的必然结果和希腊民族集体智慧的结晶。

西方修辞理论产生之初是用于辩论演说。“从古希腊历史上看，演说雄辩之风在荷马时代已显露端倪，古风时代蔚然兴起，古典时代成为政坛时尚，直到公元前4世纪末希腊城邦失去独立地位之后才逐渐衰落。可以说，与城邦制度的发展进程相始终。”（杨巨平、王志超，2007）由此可以推断：修辞理论与希腊城邦制度之间显然有一种必然的联系，修辞作为一门演讲艺术产生并在社会政治生活中发挥不可或缺的作用是古希腊城邦时代一种特有的历史现象。

演讲术在荷马史诗中已经显示出震撼人心的力量，荷马史诗中有一大半篇幅由人物的演讲构成，演讲者对语言力量的运用可以说是出神入化。正如周作人先生所言：“演说术在雅典民主时代特别发达，因为它在那时政治上很实用,最重要的有两点,一是在法庭里,两造曲直所由分,全得需要辩论,其次是在议会里,一场演说苟能抓得人心,立即大见成功。”(转引自舒芜,1986)

亚里士多德(Aristotle)的《修辞理论》(*Rhetoric*)是欧洲第一部系统的修辞理论著作。共分三卷:第一卷主要是讲劝说方式、演说的分类和题材;第二卷是对听众情感和性格以及对论证方法的分析;第三卷是论文体风格和构思布局。亚里士多德的全部修辞理论包含了三个基本的成分:修辞理论就根本而言是无从区分是非的;所有的论点必须以或然性为基础;修辞交流中根本的问题是如何适应听众的问题。总之,亚里士多德的《修辞理论》建立了一个比较完整的修辞理论和方法体系。

(二)古典修辞理论

古典修辞理论体系主要包括三个部分:修辞的分类、心理和听众分析法和演说的准备步骤。西塞罗(Marcus Tullius Cicero)和昆提利安(Marcus Fabius Quintilianus)是这一时期的标志性人物。

随着西塞罗的修辞思想趋于成熟,他将研究焦点集中于一系列新的基本问题,包括修辞的社会功用、不同修辞传统之间以及修辞和相邻学科之间的关系、修辞的伦理规范、修辞理论和实践的关系、修辞家应有的素养以及理想的修辞家应具有的本质特征、口头实践和笔头实践之间的关系、修辞教育的结构和修辞实践者的培养方式等,从而将理论家的兴趣引导到将修辞作为一种社会实践和一门学科的发展至关重要的一些研究方向。

罗马修辞理论家对这些新目标领域的探索持续了近两百年,他们的成就标志着西方修辞的理论实践成功地实现了范式转换。新范式的确立和运作产生了两部伟大的理论作品,即西塞罗于公元前55年创作的《论言说者》(*De Oratore*)和昆提利安于公元1世纪末出版的《论言说者的教育》(*Institutio Oratoria*)。

西塞罗和昆提利安的修辞思想是罗马也是西方古典修辞理论的伟大丰碑。除修辞实践之外,罗马修辞理论也同样享有无可比拟的影响力,其他学科甚至不得不调整自身与修辞的关系。

(三)中世纪的修辞理论

4世纪时,基督教赢得了对整个欧洲社会、政治乃至文化的支配地位,修辞的生存环境面临着前所未有的最为严重的历史性变革。因此,修辞学被当作一种可以从古典世俗文化中独立出来并且能加以利用的工具学科得到继承，接着在欧洲教育文化领域恢复和发挥之前所具有的巨大影响力。在西方修辞从古典时期转入中世纪时期所经历的重大变迁时，波伊提乌（Anicius Manlius Severinus Boethius）和奥古斯丁（Aurelius Augustinus）是两位关键人物。

波伊提乌在修辞从古典时代转入中世纪时所起的作用包括两个方面。

（1）他从对“话题”这一核心概念的审视入手对整个话语领域重新进行了检测和评估，从而确立了哲学、辨证学、修辞理论和哲辩术的新序列。经他改造过的辨证学迎合了中世纪大学教育和学术思辨的要求，成为后来经院派学者争论神学、法学和哲学问题的基本方法。

（2）他调整了辨证和修辞的相对地位，强调了二者都是以说服为目的，从而在新的话语秩序中维持了修辞思想内核的合法性。“话题”这一修辞发明的基础概念通过他的论述在事实上得到了发展，导致被称为“争辩”的新体裁的出现。

总之，波伊提乌的理论对修辞在新时期的生存和演变起了很大作用。

奥古斯丁对修辞理论的重大贡献是收录在《基督教教旨》第四卷中那些杰出的布道词。在几乎没有实用修辞理论的那一段时期，奥古斯丁主张传教士应该把修辞看成是一种劝说人们的方法，而不是一种表现的方法，可见他把修辞理论的范畴缩小了。但又由于他摆脱了诡辩派对文体风格和其他表现形式的兴趣，回到了西塞罗所规定的比较宽泛的修辞范畴之中，从这个角度又可以说他把修辞理论的范畴扩大了。奥古斯丁的修辞为布道词修辞理论的建立奠定了基础。

（四）文艺复兴时期的修辞理论

发生在14世纪到17世纪西欧的文艺复兴是一场翻天覆地的思想文化运动，修辞复兴是文艺复兴的最重要组成部分之一。具体来说，被“复兴”了的古典修辞经历了一场脱胎换骨式的自我分化和改造，呈现出三个明显的发展趋势。

（1）科学精神在这一时期也迎来了新的春天。为了适应由于科学精神的萌发和成长而在话语领域逐步形成的新局面，这些人文主义者开始对以修辞为核心的主流话语观加以改造，并且将注意力转向与“修辞”相反相成的“辨证”。

（2）文艺复兴和“修辞复兴”掀起的思想解放运动使许多人文主义者开始对人性和人类自身创造力进行肯定和赞美。这一时代潮流在修辞思想上突出地表现为对丰满富丽、多姿多彩的风格的提倡。

（3）随着欧洲各民族国家及其地方性民族语言的崛起，拉丁文作为教会官方语言和文教知识界通用语言一度享有的语言霸权地位日益受到挑战。

这一时期的主要代表人物与著作有托马斯·威尔逊的《修辞艺术》(*The Arte of Rhetorique*,1553)、伊拉斯谟的《愚人颂》(*The Praise of Folly*)和《对话录》(*Colloquies*)以及《论言辞和思想的丰裕》(*On Copia of Words and Idea*,1511)。此外,拉米斯在16世纪中叶出版的一系列著作中将批判的矛头直指西方话语和修辞传统的三大权威:亚里士多德、西塞罗和昆提利安,指责他们将辨证学和修辞理论混为一谈。

(五)启蒙时期的修辞理论

17世纪到19世纪是欧洲历史上的启蒙时期,这一时期在科学、哲学和政治方面的革命改变了长期以来人们对于物质世界、知识与真理、人性和社会所持的观念,也对语言、交际和修辞被理解的方式产生了重大的影响。

17世纪修辞理论不得不说弗兰西斯·培根(Francis Bacon)。培根虽未写过系统的修辞理论著作,但是他却阐述了17世纪修辞理论的方向问题。此外,他的心理学观点也对修辞理论产生了较为深刻的影响。在《学问之发展》(*The Advancement of Learning*)中,他提出修辞的作用在于把理性运用到想象从而达到令人感动的目的。

18世纪初,托马斯·谢里丹(Thomas Sheridan)、约翰·沃克(John Walker)、乔舒亚·斯蒂尔(Joshua Steele)和詹姆斯·伯格(James Burg)等人为形成一种自然的讲演体系,发起了以讲演技巧为重点的雄辩术运动。虽然这一运动贯穿了整个19世纪,但结果并不尽如人意。

18世纪晚期和19世纪早期,修辞理论家大都是雄辩演说家。但是,有三位理论家却大唱反调,对古典修辞理论进行了重新陈述、阐释和扩充。这三位代表人物及著作包括乔治·坎贝尔(George Campbell)的《修辞哲学》(*The Philosophy of Rhetoric*)、布莱尔(Blair)的《修辞理论和纯文学讲座》(*Lectures on Rhetoric and Belles-Lettres*)和惠特利(Whately)的《修辞理论原理》(*Elements of Rhetoric*)。

19世纪中期,修辞理论与纯文学出现了方向性差别,渐行渐远。到了19世纪后期,技术知识大受欢迎,对古典学问的崇尚逐渐减弱。

19世纪的社会越来越民主化,议政演说和公众辩论的力量也越来越强,但是修辞理论被分散到心理学、哲学和文艺批评理论等领域之中,其作用也越来越小。

（六）20 世纪的修辞理论

20 世纪初，修辞理论体系取得了新的突破，出现了主题句、段落展开的各种方法，一致性、连贯性与强调性也得到了加强。这一成果离不开诸多学者的努力，如亚历山大·贝恩（Alexander Bain）在《英文作文和修辞》（*English Composition and Rhetoric*）中提出了段落的概念，巴雷特·温德尔（Barrett Wendell）的修辞理论教材确立了“词—句—段落—篇章”这一修辞理论教学的模式，而亨利·赛德尔·坎比（Henry Seidel Canby）则提出了与之相反的模式。

然而，到了 20 世纪 30 年代，这种方法从课堂和教科书中消失了，修辞理论教科书开始被手册所替代。这一状况通过康奈尔大学的演讲系得到了扭转。在 1920—1921 年的秋季学期中，亚历山大·德拉蒙德（Alexander Drummond）和埃弗里特·亨特（Everett Hunt）设立了一个专门研讨亚里士多德的《修辞理论》、西塞罗的《讲演术》和昆提利安的《演说原理》的讨论会，并逐渐在社会上产生影响。同时，战后流行的新批判主义以及莫蒂默·奥尔德（Mortimer Alder）的畅销书《读书之诀窍》（*How to Read a Book*）也促使人们对古典修辞理论重新产生了兴趣。

从最近几十年的情况来看，对心理学、语文学、动机研究或其他的行为主义科学的研究成果加以利用的“新修辞理论”产生了重要影响，理查兹（I.A.Richards）、肯尼思·伯克（Kenneth Burke）和佩雷尔曼（Chaim Perelman）是其代表人物。理查兹的《修辞哲学》（*The Philosophy of Rhetoric*）一书旨在强调劝说修辞存在的局限性，因为把人局限在语言的劝说作用方面就等于把人与语言的其他几种作用隔绝开来。肯尼思·伯克也看到了扩大修辞理论范围的可能性，并利用“戏剧性五要素”来分析人类行为。佩雷尔曼在与助手共同撰写的《论论辩》中指出，修辞理论提供了一个关于接受共同论题的推理方法。他同时认为知识是在具有共同思想和信念的社区中通过论辩的方式生成的。他的一些观点与伯克不谋而合。此外，乔姆斯基的转换语法和斯金纳的心理语言学也对新修辞理论的发展发挥了积极的促进作用。

20 世纪的西方修辞理论受到后现代主义的影响，开始走向泛修辞。它可以是各种大众传播形式，也可以是具体的或抽象的文化现象。美国学者大卫·宁（David Ling）等编的《当代西方修辞理论：批评模式与方法》是泛修辞的典型代表。

值得特别说明的是，20 世纪下半叶西方修辞理论出现了另一个研究领域，即对比修辞理论。1966 年，美国学者罗伯特·卡普兰（Robert

Kaplan)在发表了名为《跨文化教育的文化思维模式》的论文,标志着对比修辞理论研究的开始。30 年后,美国的尤拉·康纳(Ulla Conner)出版了《对比修辞理论——第二语言写作的跨文化研究》,不仅扩大了对比修辞理论的研究范围,还把对比修辞理论与其他学科结合了起来。经过近几十年的发展,对比修辞理论逐渐发展出了许多新的研究思路和方法,并已成为了跨文化修辞理论。

二、中国的修辞理论

(一)先秦时期的修辞理论萌芽

先秦时期的政治和经济急剧变动,出现了百家争鸣的局面。先秦诸子在讨论政治、经济、思想等问题时常常涉及一些修辞理论的问题。尽管与修辞相关的论述比较含糊,观点也不明朗,但这却是中国修辞理论的萌芽。

1. 纵横家的修辞理论

纵横家的主要代表是苏秦和张仪。他们一生到各地游说,目的是使君王听从他们的话,并得到君王的信任。因此,他们要揣摩君主心理,并找到打动其心理的切入点,这个过程中就要涉及修辞的运用。

《战国策》纵横家所使用的修辞进行了记载,下面列举其中的两个。

(1)比拟。例如:

陈轸去楚之(到)秦,张仪谓秦王曰:“陈轸为王臣,常以国情输楚,仪不能与从事,愿王逐之,即复之楚,愿王杀之。”秦王问陈轸要到哪里去,他说要“顺王与仪之策,而明臣之楚与否也。楚人有两妻者,人挑其长者,长者詈之;挑其少者,少者许之。居无几何,有两妻者死。客谓挑者曰:‘汝取长者乎,少者乎?’曰:‘取长者。’客曰:‘长者詈汝,少者和汝,汝何为取长者?’曰:‘居彼人之所,则欲其许我也。’今为我妻,则欲其为我詈人也。”今楚王,明主也,而昭阳,贤相也。轸为人臣,而常以国输(把秦国情报送)楚王,王必不留臣,昭阳将不与臣从事矣。以此明臣之楚与不。”

这段文字提到,张仪说陈轸把秦国的情报输送给楚国。陈轸讲了一个寓言,说他要真的把秦国情报送给楚国,楚王楚相一定看不起他,这个寓言用来说明他没有做对不起秦国的事,才能取信于楚国。可见,这是通过寓言来进行比拟。

（2）夸张。例如：

苏秦始将连横说秦惠王曰："大王之国，西有巴蜀汉中之利，北有胡貉代马之用，南有巫山黔中之限，东有肴函之固。"

苏秦进行上述游说时，秦国还没有占领巴蜀和巫山黔中。他准确地抓住了当时的国君都想扩大自己国界的心理，从国的四方讲起，加以夸张，巧妙地迎合了国君内心所想。

2. 法家的修辞理论

韩非子是法家的主要代表人物，著有《韩非子》一书。在韩非看来，修辞要结合各种不同的辞辩，说明辞辩要使人信从很难。《韩非子》常常列举很多例证来进行说明。例如，《韩非子·难言》一连用了二十多个事例。

大王若以此不信，则小者以为毁訾诽谤，大者患祸灾害，死亡及其身。故子胥善谋，而吴戮之；仲尼善说，而匡围之；管夷吾实贤，而鲁囚之。故此三大夫，岂不贤哉！而三君不明也。上古有汤，至圣也；伊尹，至智也。夫至智说至圣，然且七十说而不受。……

以智说愚必不听，文王说纣是也，故文王说纣而纣囚之。翼侯炙，鬼侯腊，比干剖心，梅伯醢，夷吾束缚，而曹羁奔陈，伯里子道乞，傅说转鬻，孙子膑脚于魏。吴起抆泣于岸门，痛西河之为秦，卒枝解于楚。公叔痤言国器，反为悖。公孙鞅奔秦，关龙逄斩，苌弘分胣（刳肠），尹子阱于棘（投于阱棘中），司马子期死而浮于江，田明辜射（磔射），宓子贱、西门豹不斗而死人手，董安于死而陈于市，宰予不免于田常，范雎折胁于魏。此十数人者，皆世之仁贤忠良，有道术之士也，不幸而遇悖乱暗惑之主而死。然则虽贤圣不能逃死亡避戮辱者，何也？则愚者难说也。

3. 儒家的修辞理论

孔子、孟子与荀子是儒家的主要代表人物，他们都曾对修辞理论进行论述，这些论述散见于他们的论著中。

（1）孔子的修辞理论

用文辞来表情达意是孔子对修辞的总要求，即"子曰：'辞达而已矣。'"（《论语·卫灵公》）。此外，修辞的目的就是要使说的话收到预期效果，因此孔子还强调应注意说话的环境、对象和说话时的态度。

（2）孟子的修辞理论

孟子的《孟子·公孙丑上》有这样的记载：

"敢问夫子恶乎长？"曰："我知言，我善养吾浩然之气。""何谓知言？"曰："诐辞知其所蔽（片面的话知道它所受的蒙蔽），淫辞知其所陷

(过头的话知道它陷在哪里),邪辞知其所离(邪僻的话知道它怎样背离正道),遁辞知其所穷(躲闪的话知道它怎样理屈辞穷)。”

人们说话通常会犯四种错误。找到这四种错误的原因,并找到对应的改正方式(即将片面的话改得全面,将过头的话改得恰当,将邪僻的话改得正确,将躲闪的话改得直率),这样的修改就属于修辞。

(3)荀子的修辞理论

荀子在《荀子·非相》中对“谈说之术”进行了如下论述:

“谈说之术:矜庄以莅(临)之,端诚以处之,坚强以持之,譬称以喻之,分别以明之,欣驩、芬芗以送之,宝之,珍之,贵之,神之,如是则说常无不受。”

在荀子看来,运用什么方法、怎样使说的话让人信从都属于修辞的范畴。此外,荀子还提到其他一些需要注意的问题,即态度的庄敬、说的话要使人信从、说话的内容要可信。

4. 墨家的修辞理论

墨子是墨家学派的开创者,著有《墨子》十五卷。用层递比喻来说服人是墨子修辞运用的特点。

《墨子》的一些论辨方法是符合修辞要求的。例如,墨子在立论上提出三表。《非命上》:“故言必有三表。何谓三表?子墨子言曰:有本之者,有原之者,有用之者。于何本之?上本之于古者圣王之事。于何原之?下原察百姓耳目之实。于何用之?废(发)以为刑政,观其中国家百姓人民之利。”本指有根据,原指推求百姓的实际,用指对国家百姓人民之利。主要是对国家和人民有利。《鲁问》说:“国家昏乱,则语之尚贤尚同。国家贫,则语之节用节葬。国家熹音湛湎,则语之非乐非命。国家淫僻无礼,则语之尊天事鬼。国家务夺侵陵,则语之兼爱非攻。”这里是讲立论,立论要求正确和适用时,跟三表法有关。总而言之,考虑立论正确的命意谋篇的修辞与运用层层深入的层递格是墨家在修辞方面的巨大贡献。

5. 道家的修辞理论

《老子》与《庄子》是道家思想的经典,其中也涉及与修辞相关的内容。老子认为“知者不言,言者不知。”“信言不美,美言不信。善者不辩,辩者不善。”《庄子》的三十三篇里运用了大量怪异的寓言,修辞特点更为显著。庄子的言辞又见于《寓言》:“寓言十九,重言十七,卮言日出,和以天倪。”

可见,道家奇诡的重言和寓言,以及修辞运用辩证观点的翻案语和冤亲词构成了一种瑰奇的风格。

（二）两汉时期的修辞理论

从两汉时期开始，中国的修辞理论逐渐走向成熟。从总体上来看，这个时期的修辞理论体现出态度明朗、观点清晰的特点。

西汉的董仲舒主要结合《春秋》书法来谈论修辞，有谈常辞变辞的，有谈隐晦婉曲的，有谈凡号散名的，归结到正名和立诚。

司马迁的《史记·屈原列传》对《离骚》的修辞进行了论述。最早讲《离骚》修辞的是淮南王刘安，班固《离骚序》称："淮南王安叙《离骚传》，以国风好色而不淫，小雅怨悱而不乱，若《离骚》者，可谓兼之。蝉蜕浊秽之中，浮游尘埃之外，皭然（状皎洁）泥而不滓。推此志，虽与日月争光可也。"《史记·屈原列传》里引了这段话，其中还有"其文约，其辞微，其志洁，其行廉，其称文小而其指极大，举类迩而见义远。其志洁，故其称物芳。其行廉，故死而不容自疏。濯淖污泥之中，蝉蜕于浊秽，以浮游尘埃之外，不获世之滋垢，皭然泥而不滓者也。"在这里，刘安提到《离骚》的修辞手法，"约"是简约，"微"是隐微，"洁"是洁净。文小指大，类近义远，所写的是小的和近的事物，意义远大。出污泥而不染，正显得志洁行芳。这里吸取了《易·系辞下》的"其称名也小，其取类也大，其旨远，其辞文"，即《离骚》具有修辞的婉曲格、简约格。

刘向论修辞，主要涉及三个问题：① 怎样达到修辞的目的；② 要做好怎样的工作；③ 运用比喻的理由。

扬雄认为，说假话的虽然经过修饰，但只要对其了解，就能看出破绽来，也就是说能看出他是怎么修饰他的假话的，这就是扬雄论修辞的特点。

东汉王充的修辞理论记载在《论衡》中，主要包括五个方面：① 不模仿前人；② 修辞立其诚；③ 要求浅易；④ 用途广；⑤ 夸张。

（三）魏晋南北朝时期的修辞理论

修辞理论在魏晋南北朝时期继续向前发展。在当时异族入侵、文苑南移的历史环境下，文学开始追求辞藻华丽的形式美。因此，文学批评的著述逐渐增多，其中许多都与修辞有关。修辞与文体的结合以及对辞格的分析成为这一时期较为突出的修辞论述。

第一个提出关于文体理论的人是曹丕。在《典论·论文》中，他进一步提出不同的文体应有不同的修辞准则。他不仅将文体分为四科，即奏议、书论、铭诔、诗赋，还根据各科的不同功能，分别提出雅、理、实、丽的不同的修辞标准。这在当时着实是一项创举。

晋代的陆机在《文赋》中对文体与修辞的关系进行了讨论，对文体进行了深层次的划分（即诗、赋、铭、箴、颂、论、碑、诔、奏、说十种）。此外，他对各类文体的修辞标准比《典论》更深入、更明确。

刘勰的《文心雕龙》虽然不是一部专论修辞的书，但却对修辞进行了全面论述，并形成了完整的文体理论体系，因此成为中国古代修辞理论走向成熟的标志。内容全面是《文心雕龙》的突出特点，因为它从字句、篇章结构、辞格和风格都谈到了。“其余各书，谈到辞格，不是‘分析不密’，便是‘例证未备’。”（郑子瑜，1984）

（四）隋唐时期的修辞理论

隋唐时代，对辞格的论述逐渐形成，这在中国修辞理论发展过程中是一项十分重要的贡献。唐代刘知幾所著的《史通》二十卷是论史学的名著，其中的很多观点都涉及修辞。例如，在谈论比拟辞格时，《叙事》篇这样写道：

昔文章既作，比兴由生：鸟兽以媲贤愚，草木以方男女，诗人骚客，言之备矣。洎乎中代，其体稍殊：或拟人必以其论，或述事多比于古。当汉氏之临天下也，君实称帝，理异殷周；子乃封王，名非鲁卫。而作者犹谓帝家为王室，公辅为王臣；盘石加建侯之言，带河申俾侯之誓。而史臣撰录，亦同彼文章，假托古词，翻易今语，润色之滥，萌于此矣！

再如，《史通·采撰》：“晋世杂书，谅非一族，若《语林》、《世说》、《幽明录》、《搜神记》之徒，其所载或诙谐小辩，或神鬼怪物。其事非圣，扬雄所不观；其言乱神，宣尼所不语。皇朝新撰晋史（《晋书》），多采以为书。”“虽取说（悦）于小人，终见嗤于君子矣。”这是说小说神怪跟历史不同，写历史书不应该采用小说和神怪传说。

杜甫是唐诗集大成者，其诗作的思想性和艺术性达到了高度的统一。值得一提的是，杜甫在诗歌理论方面也颇有见地，其著名的诗论《戏为六绝句》中就多次谈到风格。

后唐刘昫著有使用骈文写就的《旧唐书·文苑传序》，从中不难发现他十分推崇对偶修辞格。《旧唐书》传记里的抒意立言，论文，也与古文家的文论不尽相同，正如《韩愈传》所说：“常以为自魏晋以还，为文者多拘偶对，而经诰之指归，迁雄之气格，不复振起矣。故愈所为文，务反近体，自成一家新语。”这是同古文家的文论一致的。但是，文中批评韩愈“又为《毛颖传》，讥戏不近人情，此文章之甚纰缪者”。这又同古文家的文论不同。总体看来，刘昫善用对偶、辞藻和声律，在修辞上则推崇绮丽的风格。

（五）宋、金、元时期的修辞理论

宋、金、元时代，讨论文学作品的修辞技巧开始散见于一些文论和诗论的著作之中。例如，北宋欧阳修所著的《六一诗话》就谈及了修辞的使用：

孟郊、贾岛皆以诗穷至死，而平生尤喜为穷苦之句。孟有《移居》诗云："借车载家具，家具少于车。"乃是都无一物耳。又《谢人惠炭》云："暖得曲身成直身。"人谓非其备尝之不能道此句也。贾云："鬓边虽有丝，不堪织寒衣。"就令织得，能得几何？又其《朝饥》诗云："坐闻西床琴，冻折两三弦。"人谓其不止忍饥而已，其寒亦何可忍也。

上述文字中使用了以下几种修辞格。

（1）映衬格。"家具少于车"，用少于车来映衬家具之少，显出家贫。

（2）对比格。"暖得曲身成直身"，用曲身和直身的对比来写寒苦。

（3）借代格。"鬓边虽有丝，不堪织寒衣。"，即由丝联系到织衣。

（4）夸张格。"冻折两三弦"，即通过夸张手法来表现天气的寒冷。

沈括所著的《梦溪笔谈》中既讲诗，也谈论修辞。例如，卷十四写道："杜子美诗：'红稻啄余鹦鹉粒，碧梧栖老凤凰枝。'此亦语反而意全。韩退之《雪》诗：'舞镜鸾窥沼，行天马度桥。'亦效此体，然稍牵强，不若前人之语浑成也。"这里谈论的是修辞中的倒装格。

南宋陈骙所著的《文则》共分从甲到癸等十节，涵盖了遣词造句、风格、修辞格、命意谋篇等修辞理论，被普遍认为是中国的古代修辞理论，是中国修辞理论成立的标志。《文则》讲修辞的篇章结构，分载事和记言，各有不同方法，都举例说明。总之，《文则》中讲了用字造句，讲了各种修辞格，讲了各种风格，讲了记事记言，即篇章结构的修辞。

王若虚论修辞大多属于实用性修辞，即指出别人的毛病。例如：

《猫相乳》（北平王马燧家有两猫同日生小猫，一猫死，另一猫衔死猫所生小猫来喂乳），说云："客曰：王功德如是，祥祉如是，其善持之也可知已。既已，因叙之为猫相乳说云尔。""既已"字不安，"尔"字亦赘。（《滹南遗老集》卷三十五）

在本例中，王若虚指出韩愈文章的毛病，即"既已"和"尔"字都是多余的，应当删去。

（六）明清时期的修辞理论

明代兴起一股强大的学古趋势，以宋濂和方孝孺为首的学者倡师古之说，"文必秦汉，诗必盛唐"在当时成为一种风尚。在修辞方面，大多表现出重文辞而轻语辞的趋势。例如，顾炎武《日知录》卷十九《修辞》云：

后之君子，于下学之初，即谈性道，乃以文章为小技而不必用力；然则夫子不曰“其旨远，其辞文”乎？不曰“言之无行，行而不远”乎？曾子曰：“出辞气，斯远鄙倍矣。”尝见今讲学先生从语录入门者，多不善于修辞。

徐一夔认为，歌功颂德是文章的写作目的，因此需要铺饰辞藻。屠隆受何景明的影响，从而贬低韩愈。他在《文论》中指出，韩愈所提倡的散文“淡乎无采”“索乎无味”“痛乎无声”，不如骈俪妍华醲腴，气格自高。

这一时期的修辞理论多散见于诗话、笔记之中。例如：

《诗·邶风·柏舟》曰：“觏闵既多，受侮不少。”初无意于对也。《十九首·行行重行行》：“胡马依北风，越鸟巢南枝。”属对虽切，亦自古老。六朝惟渊明得之，若《拟挽歌辞》“荒草何茫茫，白杨亦萧萧”是也。（《四溟诗话》卷一）

上例出自谢榛的《四溟诗话》，其中的对偶修辞格不是有意求对，而是自然形成的。其所举三例（见于《诗经》、《古诗十九首》和陶渊明诗）都是可以不用对偶的，所以这些对偶都比较自然。

明代的曲论较为发达。王骥德的《曲律》对字法、句法、章法、平仄、声调、板眼等进行了论述，与修辞关系比较密切。

明清学者在论修辞时大多主张师古。二者的不同之处在于：清代学者多主张师古人之文，着重摹拟古代修辞的形式，因此也成为礼拜文言的信徒，而明代学者则多主张师古人之意。虽然有一些反对的人但是并没有撼动礼拜文言的地位。直到五四运动之后，礼拜文言的修辞论才偃旗息鼓。

桐城派之首姚鼐在《述庵文抄序》中说：“余尝论学问之事，有三端焉，曰义理也，考证也，文章也。是三者，苟善用之，则皆足以相济；苟不善用之，则或至于相害。”这就是他所提出的义理、考证、文章。

唐彪著有《读书作文谱》一书，其中的卷六有《修词》篇对修辞进行专门论述。他说：“故说理之词不可不修，若修之而于理反以隐，则宁质毋华可也；达意之词不可不修，若修之而意反以蔽，则宁拙毋巧可也。修词者其审之！”“古人谓不必修词者，非欲废如此之词也，但不欲浮靡雕绘也。古人谓必宜修词者，亦止欲词如此也，岂尚浮靡雕绘哉！”

余樾的《古书疑义举例》提到了倒句、引用、省略、转类、错综、问答、反复、借代等多种修辞手法，且在论及多种修辞手法时都能收集丰富的实例，因此在修辞理论史上占有重要的地位。例如：

古人多有以倒句成文者，顺读之则失其解矣。僖二十三年《左传》：

“其人能靖者与有几？”昭十九年：“谚所谓室于怒市于色者”，皆倒句也。

上例对“倒句例”进行了论述。

清代的诗话历来受到很高的评价。例如，郭绍虞在《清诗话前言》中所言：“尽管清诗话中不免仍有一些滥的作品，只能看作“以资闲谈”的作品，但就一般发展的总倾向而言，清诗话的成就可说是超越以前任何时代的。”

（七）20世纪以来的修辞理论

一般认为，20世纪之前的汉语修辞理论属于古代修辞理论部分，之后的汉语修辞理论则属于现代修辞理论部分。可见，20世纪是中国修辞理论从古代向现代过渡的分水岭。换句话说，自20世纪以来，我国的汉语修辞理论在科学性、体系性方面都迈出了重要的一大步，从而进入到了一个崭新的阶段。

具体来说，从五四运动以来，我国的汉语修辞理论逐渐发展成为科学性、系统性的修辞论。尽管其对西方的修辞理论进行摹拟，但其主流仍以中国古代修辞论中的精华为根基。

在现代汉语修辞理论的发展过程中，有些学者尝试着将西方的修辞理论说跟中国的修辞理论结合起来。唐钺在1923年出版的《修辞格》中最早提出“修辞格”，王易在1926年出版的《修辞理论》中最早提出“修辞理论”，这两个概念的提出标志着中西修辞理论结合时期的开始。与过去的修辞理论相比，这一时期的修辞理论表现出极强的理论性。具体来说，从《易·乾·文言》的“修辞立其诚”，到刘勰《文心雕龙》的提到“修辞”，都只提修辞而不称修辞理论。从《周礼·春官·大师》里提到比兴，到刘勰《文心雕龙》有专篇讲《丽辞》《比兴》《夸饰》《事类》《隐秀》，即讲修辞理论的对偶格、比喻格、夸张格、引用格；到陈骙《文则》讲的“直喻”“隐喻”“类喻”“诘喻”“对喻”“博喻”等，都没有将其称为修辞格。而到了这个时期，中国的修辞理论实现了与西方修辞理论的真正结合。

进入20世纪90年代后，我国汉语修辞理论得到了长足的发展，研究领域不断拓宽。不少学者为强化我国汉语修辞研究，开始注意吸取和引进国外语言学和修辞理论的最新研究成果，来拓宽我国汉语修辞理论研究的视野和内容。例如，谭学纯、朱玲采用国外新的理念来充实和修正我国汉语修辞研究的理论资源，其合著的《广义修辞理论》成为大视野修辞理论的先驱和代表之作。现在，汉语修辞理论仍然焕发着勃勃的生机，意气风发。

第二节 翻译的主要理论

一、西方的翻译理论

西方的翻译活动从古至今已有两千多年的历史,大致可分为古代至中世纪、文艺复兴时期、近代和现当代四个阶段。

(一)古代至中世纪的翻译理论

1. 西塞罗

西塞罗的译论深深植根于翻译实践基础之上,他曾翻译过许多古希腊政治、哲学、文学等方面的名著,其中包括柏拉图(Plato)的《蒂迈欧篇》和荷马(Homer)的《奥德赛》。

西塞罗对翻译理论的阐述主要见于《论最优秀的演说家》和《论善与恶之定义》。在《论最优秀的演说家》中,西塞罗将翻译划分为"解释员"式翻译与"演说家"式翻译,是西方翻译理论起源的标志性语言。在《论善与恶之定义》中,西塞罗提出翻译必须采取灵活的方式。在此基础上,西塞罗强调翻译是一种文学创作。

在西方翻译史上,西塞罗是正式提出两种基本翻译方法的第一人,是西方翻译史上的第一位理论家。

2. 贺拉斯

贺拉斯(Quintus Horatius Flaccus)的翻译思想集中体现于《诗艺》(又名《致皮索兄弟书简》)。《诗艺》中"忠实原作的译者不会逐词死译"这句话后来成为活译、意译者用来批评直译、死译的名言。

他受西塞罗的影响,认为翻译必须避免直译,应选择意译,但意译并不意味着翻译可以天马行空地任意发挥。同时,他根据自己的创作和翻译实践,率先提出"以希腊为典范的旗帜",制定出一套古典主义的文艺原则,提倡创新、平易、和谐、"寓教于乐"的风格,影响了文艺复兴以后的许多翻译家。

3. 昆提利安

昆提利安一生写过三部著作,其中唯一残存的也是最有名的作品就是《修辞学原理》。具体来说,昆提利安在第八、九、十卷阐述了自己的翻译思想，主要包括以下几个方面。

（1）将翻译划分为两个类别，即一般普通材料的翻译和创造性转换性质的翻译。

（2）界定了两个概念，即“翻译”与“释义”。

（3）译者可以通过翻译改进写作风格，甚至可以通过改编翻译，用编译的语言提高原文的质量。

4. 哲罗姆

哲罗姆（Jerome）是早期西方基督教会四大权威神学家之一，被认为是罗马神父中最有学问的人。他最著名的翻译是拉丁文《圣经》，即《通俗拉丁文本圣经》。这次翻译非常成功，它结束了拉丁语中《圣经》翻译的混乱现象，既为拉丁文读者提供了第一部“标准”的《圣经》译本，又为后世欧洲各国的译者提供了参考样本。

哲罗姆提出了切实可行、系统严谨的翻译原则，主要体现在以下几个方面。

（1）翻译不能始终字当句对，而必须采取灵活的原则。

（2）应区别对待“文学翻译”与“宗教翻译”。

（3）正确的翻译必须依靠正确的理解。

5. 奥古斯丁

奥古斯丁所著的《论基督教育》虽是一本语言学著作，但其中许多论述都直接或间接涉及语言的普遍问题和翻译问题，因此也被认为是古代语言学和翻译理论的重要文献。

奥古斯丁的翻译理论可以概括为以下几点。

（1）翻译中必须考虑“所指”、“能指”和译者“判断”的三角关系。

（2）翻译中必须注意朴素、典雅、庄严三种风格。

（3）译者必须通晓两种语言，熟悉并“同情”所译题材，还必须具有一定的校勘能力。

（4）《圣经》翻译必须依靠上帝的感召。

（5）翻译的基本单位是词。

奥古斯丁的符号理论直到今天仍在发挥作用。

6. 布鲁尼

列奥那多·布鲁尼（Leonardo Bluni）在《论正确的翻译方法》这篇论文中对翻译问题进行了专门论述，是西方翻译史上最早对翻译问题进行专题研究的学者。

布鲁尼的翻译思想主要有以下三个方面的内容。

（1）译者应当尽可能模仿原作风格。

（2）任何语言都可以用来进行有效翻译。

（3）翻译的实质是把一种语言里的东西转移到另一种语言中，因此译者必须具备广泛的知识。

（二）文艺复兴时期的翻译理论

1. 多雷

多雷（Etienne Dolet）翻译、编辑过《圣经·新约》、弥撒曲、柏拉图的对话录《阿克赛欧库斯》以及拉伯雷的作品。在《圣经》的翻译问题上，欧洲教会主张直译，而多雷主张意译，因此他在37岁时被活活烧死在火刑柱上，成为文艺复兴以来第一位因翻译而受难的翻译家。

多雷在《论出色翻译的方法》一文中提出，要想翻译得出色，必须做到以下五点。

（1）译者应对他所翻译的作者的旨趣和内容有深入了解。

（2）译者不能损害原文的优美，因此应对原文语言和目的语语言有较强的运用能力。

（3）译者应重构语序和调整次序，以此来避免生硬的翻译。

（4）译者应该使用通俗的形式表达，并尽力避免刻板的拉丁化味太浓的语言。

（5）译者不应该亦步亦趋地逐字翻译。

《论出色翻译的方法》是西方最早系统论述翻译问题的文章，其中的“五原则”在西方翻译思想史上占有相当重要的地位。

2. 路德

马丁·路德（Martin Luther）按照通俗明了的翻译原则完成的《圣经》德译本被誉为第一部大众的《圣经》，在西方翻译史上占有极其重要的地位，对宗教改革、德语的统一、德国的文学和语言的发展意义重大。此外，他翻译的《伊索寓言》具有很高的文学价值。

路德在翻译理论方面的主要贡献体现在以下几个方面。

第一，使用人民大众所熟悉的通俗语言才能使翻译大众化。

第二，翻译必须注重语法和意思的联系。

第三，翻译要将原文的语言现象放在首位，要采用意译的方法来帮助读者完全看懂译文。

第四，系统地提出了翻译的七条原则，具体内容如下（高华丽，2009）。

(1)可以改变原文的词序。
(2)可以合理运用语气助词。
(3)可以增补必要的连词。
(4)可以略去没有译文对等形式的原文词语。
(5)可以用词组翻译单个的词。
(6)可以把比喻用法译成非比喻用法,把非比喻用法译成比喻用法。
(7)注意文字上的变异形式和解释的准确性。
第五,翻译必须集思广益。

(三)近代的翻译理论

1. 巴特

巴特(Charles Batteux)翻译过亚里士多德、贺拉斯等许多古希腊、罗马作家的经典作品,是18世纪法国乃至欧洲最富影响力的文学理论和翻译理论家之一。他的代表著作有《论文学原则》和《纯文学教程》。

巴特认为,语言的普遍因素不是语法,而是语序,语法结构为句子次序所支配。因此,如果出现矛盾,语法结构应让位于句子次序。他在《论文学原则》的第五部分着重讨论了翻译的语序问题,并提出了12条规则,如应该保留原文思想出现的先后顺序,原作中所有的连接词都应该保留,译文应该使用尽可能相同的篇幅来表达以使译文具有与原文同等程度的明晰,必须在译文中保留原作的修辞手段和形式等。《论文学原则》集中体现了他对于翻译问题的种种看法,观点新颖,论述精当,是西方18世纪翻译理论发展史上一个重要的里程碑。

巴特既是一个翻译理论家,又是一位积极的翻译实践者。他所译的亚里士多德的《诗学》始终保留原作的语序,句子长短也与原文接近,达到了形式上的对等。

2. 歌德

歌德(Johann Wolfgang von Goethe)所译的法国哲学家狄德罗(Diderot)的《拉摩的侄儿》、意大利雕刻家切里尼(Chiellini)的《自传》以及西班牙戏剧家卡尔德隆(Calderon)的戏剧等作品在整个欧洲文学中都是最有影响的上乘之作。

歌德的翻译理论可概括为以下几个方面。

(1)无论原作是诗体还是散文体都应使用平易明快的散文体来翻译。

(2)不同语言在其意思和音韵的传译中有着彼此相通的共性,这成为可译性的重要前提。

(3)翻译是世界事务中最重要、最有价值的活动之一,应引起人们的重视。

(4)翻译可分为三类,即逐字对照翻译、按照译语文化规范的改编性翻译和传递知识的翻译。这种分类对德国以及其他欧洲国家的翻译理论和实践都有非常巨大的影响。

3. 施莱尔马赫

施莱尔马赫(Friedrich Schleiermacher)于1813年6月24日在柏林德国皇家科学院宣读了一篇长达30多页的论文《论翻译的不同方法》,从理论上阐述了翻译的原则和方法问题。这篇论文至今仍是翻译研究领域具有标志性意义的重要文献。

施莱尔马赫在《论翻译的不同方法》中表达了以下几个重要的思想。

第一,翻译可以分为"真正的翻译"和"纯粹的口译"。施莱尔马赫是西方第一个把笔译和口译明确区分并加以阐述的人。在他看来,"纯粹的口译"主要适用于商业翻译,是一种机械的活动,不值得为之付出特别的学术关注。

第二,"真正的翻译"可以分为"释译"和"模仿"。前者主要指翻译科学或学术类文本,后者主要指处理文学艺术作品。二者的区别在于:释译需要克服语言的非理性但可以达到原文和译文之间的等值,模仿可以利用语言的非理性却无法做到在所有方面都与原文精确对应。

第三,译者必须正确理解语言和思维的辩证关系。

第四,翻译有两种不同的途径,一种是使作者向读者靠拢,另一种是使读者向作者靠拢。这一思想后来被美国翻译理论家韦努蒂发展为翻译的归化和异化理论,在翻译界产生巨大的影响。

4. 洪堡特

洪堡特(Wilhelm von Humboldt)的代表性论著包括《按语言发展的不同时期论语言的比较研究》和《论人类语言结构的差异及其对于人类精神发展的影响》。

在洪堡特看来,可译性与不可译性是一种辩证关系。忠实是翻译的首要原则,但这种忠实必须指向原文真正的特点而不是其他的旁枝末节。此外,洪堡特的最大贡献在于他提出了一种两元论的语言观。以此为基础,索绪尔等现代语言学家提出了二分法语言观,并由此奠定了现当代翻译理论的基础。换句话说,没有洪堡特的两元论就没有二分法语言观,也就没有了当今翻译理论的繁荣发展。

5. 泰特勒

泰特勒(Alexander Fraser Tytler)于1790年发表的《论翻译的原则》一书在西方翻译理论史上影响巨大。具体来说,泰特勒首先指出在“优秀的翻译”中,“原作的优点完全移植在译作语言之中,使译语使用者像原语使用者一样,对这种优点能清楚地领悟,并有着同样强烈的感受”。紧接着,他提出了著名的翻译“三原则”:① 译本应该完全转写出原文作品的思想;② 译文写作风格和方式应该与原文的风格和方式属于同一性质;③ 译本应该具有原文所具有的所有流畅和自然。最后,他强调了“三原则”的重要性,明确指出尽管偏离原作笔调是不可避免的,但无论在什么情况下都不能因笔调而偏离原作的思想。

在谈论习语翻译问题时,泰特勒认为应该避免在译语中采用不合乎原作语言或时代的习语。在涉及优秀译者的标准问题时,他认为译者应该具备类似于原作者的才华,这样才能满足翻译的要求。

泰特勒的翻译理论系统而全面,涉及了翻译理论的最基本问题,不仅是英国翻译理论史,而且是整个西方翻译理论史上一座非常重要的里程碑。

(四)现当代的翻译理论

1. 语言学派

(1)奈达

奈达(Eugene A. Nida)是语言学派最重要的代表人物之一,也是公认的现代翻译理论的奠基人。从1945年开始,奈达共发表250多篇文章,著述40多部,其著述数量之多,系统之完备,论述之详尽,质量水平之高,在西方翻译理论史上都是空前的。

奈达于1947年发表的《论〈圣经〉翻译的原则和程序》标志着西方语言学派开始对翻译进行“科学”研究。他第一个提出“翻译的科学”这一概念,是“翻译科学说”的倡导者。因此,翻译语言学派也被称为翻译科学派。他在语言学研究的基础上,把信息论应用于翻译研究,认为翻译即交际,创立了翻译研究的交际学派。他还就翻译过程提出“分析”“转换”“重组”和“检验”的四步模式。此外,他从社会符号学出发,论述了语言符号的相互依存性及对比意义,把符号的意义分解为“当下”“分析”和“综合”三个层次,具有操作性。奈达最有影响力的贡献是提出了“动态对等”的翻译原则,并进而从社会语言学和语言交际功能的观点出发提出“功能对等”的翻译原则。功能对等是奈达翻译理论的核心思想,在西方翻译理论发展史上占据了重要的地位。

奈达的翻译理论依据扎实的语言学基础对翻译概念及术语进行了科学明晰的界定。同时,其翻译理论的探索经过大量《圣经》翻译活动的实践检验后被证明是行之有效的。理论与实践的相互结合确立了奈达的学术地位。尽管如此,奈达的动态对等原则乃至功能对等原则都过于注重内容而忽视形式,有一定的局限性。如果应用于文学翻译,有可能导致风格的失落和文学性的削弱。

(2)雅各布逊

雅各布逊(Roman Jakobson)于1959年发表的《论翻译的语言学问题》第一次将语言学、符号学引进了翻译学,并从语言学的角度对语言和翻译的关系、翻译的重要性以及翻译中存在的一般问题作出了详尽的分析和论述,为当代语言学派翻译研究的理论方法作出了开创性的贡献,被奉为翻译研究经典之作。在这篇论文中,雅各布逊首次将翻译分为三类:语内翻译、语际翻译和符际翻译,这一分类方式准确概括了翻译的本质,在译学界影响深远。

此外,雅各布逊认为翻译必须考虑语言的认识、表达和工具等功能,还必须重视语言的比较,包括语义、语法、语音、语言风格以及文学体裁的比较。

雅各布逊的研究领域十分广泛,这种多领域跨学科的研究使他在沟通欧美语言学的交流中起到了突出作用,其著作《语言学与诗学》入选100位哈佛大学教授推荐的最有影响的书。

雅各布逊的语言功能理论给翻译研究提供了超越词汇、句子以外的语境模式,探讨了翻译中语言的意义、等值、可译性和不可译性等翻译理论和实践中的根本问题。他对语言和翻译的新颖而全面的论述开启了20世纪翻译研究的语言学派的大门。

(3)卡特福德

卡特福德(J. C. Catford)在1965年发表的《翻译的语言学理论》一书中探讨了翻译的定义和基本类型、翻译等值、形式对应、意义和完全翻译、转移、翻译等值的条件、语法翻译和词汇翻译、翻译转换或翻译转位、翻译中的语言变体以及可译限度等内容,从现代语言学视角诠释翻译问题,是翻译理论史上的划时代著作,在世界翻译学界产生了广泛影响。

卡特福德的主要翻译理论包括以下几个方面。

第一,将翻译界定为"用一种等值的语言(译语)的文本材料去替换另一种语言(源语)的文本材料",从而将寻求对等视作翻译研究和实践的中心问题。

第二，翻译的本质和基础是确立语言之间的等值关系。

第三，在对翻译人员进行培训时，可采用系统地对比原文和译文、辨别两种语言的不同特征、观察两种语言的限制因素的方法。

第四，独创了“转换（shift）”这一术语，并将“转换”区分为“范畴转换”和“层次转换”两种形式。

卡特福德摆脱了传统的印象式翻译研究方法，详尽分析了翻译等值的本质和条件，对语言转换的规律进行了科学的阐述，是20世纪少有的、有原创性的翻译理论家。

（4）纽马克

在1981年发表的《翻译问题探索》中，纽马克（Peter Newmark）提出以下两个重要的翻译策略。

第一，语义翻译（semantic translation）。语义翻译在目标语结构许可的情况下能够最大限度地再现原文意义和语境。

第二，交际翻译（communicative translation）。交际翻译产生的效果力求接近原文文本。

但是，要想达到效果等值（equivalent effect），译者在选择具体的翻译策略时还应将文本类型（text-types）作为重要的参考因素。

1991年，纽马克又提出一个新的翻译概念，即原作或译出语文本的语言越重要，就越要紧贴原文翻译。这一思想于1994年被正式定义为“关联翻译法”，这标志着他的翻译理论渐趋系统和完善。

此外，他借鉴、修正和补充了雅各布逊的功能模式，将文本功能分为表情功能、信息功能、呼唤功能、审美功能、寒暄功能、元语言功能六种，使文本的功能分析更加系统和完备。在此基础上，他试图通过对源语和目的语系统的比较和描述来建立文本类型的样板。

2. 功能学派

（1）莱斯

莱斯（Katharina Reiss）是德国翻译功能学派早期重要的创建者之一，同时也是费米尔（Hans Vermeer）、曼塔里（Justa Holz Manttari）和诺德（Christian Nord）的老师。

莱斯在《翻译批评的可能性与限制》（1971）一书中首次把功能范畴引入翻译批评，发展了以原文与译文功能关系为基础的翻译批评模式。《翻译批评的可能性与限制》一书标志着功能学派的创立。

莱斯将语篇分为重形式（form-focused）文本、重内容（content-focused）文本、重感染（appeal-focused）文本等三个类型，且不同的文本类型应使用不同的翻译方法。此外，她认为目标文本的形态首先应该由目标语境中所要求的功能和目的决定，功能随接受者的不同而改变。这种分类将文本概念、翻译类型、翻译目的联系在一起，为功能翻译理论的形成奠定了坚实的理论基础。

（2）费米尔

费米尔在莱斯的指导下研究语言学和翻译理论，突破了莱斯的理论局限，创立了目的论。

费米尔认为，翻译不仅仅是语言符号的转换，而且是一项非言语行为。因此，在与莱斯合著的《普通翻译理论原理》（1984）一书中，费米尔提出了以翻译“目的论”为主的基本理论。目的论影响深远，功能学派因此有时也被称为“目的学派”。

目的论坚持以下三个原则。

第一，目的原则。根据目的原则，翻译行为所要达到的目的决定了翻译所应采取的方法策略。

第二，连贯原则。根据连贯原则，译文必须符合译入语的表达习惯，符合逻辑，并在目的语文化以及使用译文的交际环境中有意义。

第三，忠实原则。根据忠实原则，译文不必与原文在内容上一字不差，但译文不能违背原文。

目的论是功能主义翻译理论中最核心的理论，它的出现标志着翻译的研究角度由以语言学和形式翻译理论转向更加倾向于功能化和社会、文化方向。

（3）曼塔里

曼塔里提出翻译行为论，并进一步发展了功能派翻译理论。她的学术观点集中体现在1984年发表的《翻译行为——理论与方法》一书中。

曼塔里认为，译文功能与原文功能不同，根据语境做出“功能改变”是译者主体性的体现。因此，译者从一开始就在翻译行为中扮演至关重要的角色，他是跨语际转换的专家和任务的执行者。

此外，曼塔里还特别重视行为参与者（信息发出者、译者、译文使用者、信息接受者）和环境条件（地点、时间、媒介）。

（4）诺德

诺德首次用英语全面系统地介绍了功能学派的各种学术思想，并针对其不足提出了自己的观点，其主要代表作有《翻译中的文本分析》（1991）和《目的性行为——析功能翻译理论》（1997）。

诺德的研究领域主要涉及功能主义目的论的语篇分析、哲学基础及翻译类型等。此外，在双语能力与译者培训、译文接受者的研究、忠诚原则、决定忠诚原则的因素、翻译培训的过程、译者的责任与地位等问题上，她也进行了积极的探索。

3. 解构学派

（1）本雅明

本雅明（Walter Benjamin）《译者的任务》（1923）一文中的独特见解蕴涵着解构主义翻译思想的萌芽，被公认为是解构主义翻译理论的重要奠基性文件，本雅明本人也被看作解构主义翻译思想的最早倡导者。

具体来说，本雅明在文中首先提出顾及受众无益的观点，接着谈到原作的可译性问题。在探讨语言间亲缘关系的出处时，他引入了一个重要而抽象的"纯语言"概念。总之，文章中许多独特的看法将译作从次等、屈从的处境中解放出来，对后来解构学派翻译思想家颇有启发。

（2）德里达

德里达（Jacques Derrida）的思想是后现代思潮重要的理论源泉，他本人被称为"解构主义之父"。

德里达颠覆了传统哲学中的二元对立思维模式，提出延异、播撒、踪迹、替补四种瓦解"在场（presence）"的解构主义策略。其中，延异是德里达自创的关键术语，这一术语用来表现存在与意义之间的某种原始差异。

在《巴别塔之旅》（1980）一文中，德里达对语言的起源和分散、语言的多样性、不可译性、翻译的债务等问题进行了阐述，体现了深刻的解构思想。

（3）德曼

保罗·德曼（Paul de Man）最先将德里达的解构主义理论介绍到美国，是当代美国最重要的文学批评家之一。

德曼借助对翻译问题的探讨阐明其哲学思想，可见他是从探索语言本质的角度来谈论翻译。德曼还在一次演讲中谈论了自己对本雅明《译者的任务》的看法，纠正了人们对本雅明语言观的错误理解。

（4）韦努提

意大利裔美籍学者韦努提（Venuti）是当代美国著名的翻译理论家，他的解构主义思想主要包括以下几个方面。

第一，他通过对西方翻译史的研究，批判了以往翻译中占主导地位的以目的语为归宿的倾向，并提出了反对译文通顺的解构主义翻译策略。

第二，他运用德里达的解构主义思想展现了原文或译文的不连贯状态，并借此创建了对文本背后权力关系的批判分析。

第三，他提出了一种被称为"抵抗式翻译"的异化翻译策略。

4. 女性主义翻译理论

（1）西蒙

西蒙（Sherry Simon）所著的《翻译的性别：文化认同和政治交流》（1996）是西方第一本全面论述女性主义视角下的翻译问题的学术性专著，也是重要的译学理论专著之一。

西蒙从建构主义的观点出发，提出了翻译的衍生性和女性的从属性的问题。此外，西蒙认为翻译不是简单机械的语言转换，而是无限的文本链与话语链中意义的不断延伸，这就从本质上摒弃了传统的翻译理念。

总之，西蒙不仅是著名翻译理论家，还是当代女性主义翻译理论的奠基人和最有影响力的声音。

（2）张伯伦

张伯伦（Lori Chamberlain）的《性别和翻译的隐喻》（1988）一文一经发表，立刻就成为女性翻译研究的经典代表作。在《性别和翻译的隐喻》中，张伯伦对西方翻译史上 17 世纪到 20 世纪关于翻译的性别化隐喻进行了梳理，并对这些隐喻中所隐含的性别政治给予深入探究。

张伯伦对后结构主义理论给予了充分运用，解构了男性和女性、原文和译文的边界，提高了女性译者的主体地位与政治文化地位，对翻译理论界产生了巨大的影响。

（3）弗罗托

弗罗托（Luise Von Flotow）从女性文化的角度来探讨翻译理论、翻译实践与翻译批评，使翻译成为探索性别与文化相互作用的重要领域。

弗罗托的专著《翻译与性别》（1997）将翻译置于女权运动以及这场运动对“父权”语言的批判背景中，并阐述了女性实验性作品的翻译实践，是继西蒙《翻译中的性别》（1996）之后女性主义视角下的又一力作。

此外，弗罗托认真分析了女性主义翻译理论存在的问题和面临的挑战，认为应采用不同的、动态的翻译策略来翻译女性的语言和文化。

5. 后殖民翻译理论

（1）赛义德

赛义德（Edward Said）的专著《东方主义》带有强烈的意识形态和文化政治批判色彩，是后殖民主义理论的奠基性著作。在赛义德看来，东方主义从本质上来说是西方殖民主义者试图制约东方而制造出的一种政治教义，始终充当着西方殖民主义的意识形态支柱。由此，赛义德将研究的触角直接指向东方或第三世界，为跨学科的文化学术研究开辟了一个崭新的理论视野。《东方主义》一书的出版标志着他的后殖民理论体系建构的开始。

赛义德在《旅行中的理论》(1982)一书中指出,理论有时可以"旅行"到另一个时代和场景中,必然会与彼时彼地的文化接受地壤和环境发生作用进而产生新的意义。正因为如此,通过翻译而达到的文化再现使东方在西方人眼中始终扮演着一个"他者"的角色。

赛义德以东方主义文化批判为核心的后殖民批评理论在第三世界尤其是中国产生巨大的共鸣和反响,是当今后殖民翻译理论的重要源泉。

(2)斯皮瓦克

斯皮瓦克(Gayatri C. Spivak)是当今世界首屈一指的文学理论家和文化批评家。

作为保罗·德曼的学生,斯皮瓦克深受德里达的解构主义的影响。在《论文字学》的"译者前言"中,斯皮瓦克从一种独特的文化理论阐释的角度解释并发挥了德里达的重要理论概念。同时,这篇"译者前言"开启了人文科学著作翻译的一种新的可能性。

在《翻译的政治》(1992)一文中,斯皮瓦克对修辞与逻辑之间的关系进行了探讨,指出译者不应该压抑语言的散落,而应该理解、认可语言的修辞性。

斯皮瓦克将翻译研究带入后殖民的"文化翻译"场景,为整个西方翻译界提供了全新的界说与洞见。

(3)巴巴

巴巴(Homi K. Bhabha)的《民族与叙事》和《文化的定位》是西方后殖民研究的必读书目,"混杂性""第三空间""言说的现在"等后殖民术语是后殖民理论中不可或缺的概念。

巴巴将民族建构与话语叙述理论揉为一体,并将其运用于文化翻译实践,从而创造性地发展了具有解构性的后殖民文化研究和翻译理论研究。他的混杂性理论影响了全球性后殖民语境下的民族和文化身份研究,他提出的模拟概念证明了模拟作为一种模棱两可的话语具有颠覆性。他的文化翻译理论强调语境的特殊性、历史的差异性和少数族裔的立场,极大地挑战了西方文化霸权的优越性。总之,巴巴全方位地探讨了翻译问题与后殖民文化以及民族之间的关系,高屋建瓴地分析了文化翻译的特征,他对后殖民翻译理论的贡献是不言而喻的。

二、中国的翻译理论

中国历史上出现过三次翻译高潮。第一次高潮是东汉至北宋的佛经翻译,第二次高潮是明末清初的科技翻译,第三次高潮是鸦片战争至五四运动期间的西学翻译。五四运动之后，我国的译学理论并未停止，而是继续向前发展。相应地，我国的翻译理论研究可大致划分为东汉到北宋、明末清初、近代、现代、当代五个历史时期。

（一）东汉到北宋的翻译理论

1. 安世高

安世高（生活于约公元2世纪）是西域安息国的王太子，本名为清，字世高，是中国佛经翻译事业的真正创始人。

安世高聪慧好学，知识面广。现存安译佛典22部，26卷，主要有《十二因缘经》《道地经》《阴持入经》《大安般守意经》《人本欲生经》等。

传播小乘佛教的基本教义与修行方法是安世高所译经论的主要内容。从翻译方法来看，安世高以直译为主。有些时候，为了顺从原文结构，安世高不免重复颠倒，这使某些术语的翻译不够精确。但从总体上来看，安世高的译文措辞恰当，说理明白，不铺张不粗俗，其主要原因在于他通晓汉语，并非常注意寻找印度佛教和中国本土文化的结合点，因此他能将原本意义比较正确地传达出来。

2. 支谦

支谦，名越，字恭明，是三国时期的佛经翻译家，与支亮、支娄迦谶一起被称为“三支”。

支谦的《法句经序》是有资料可考的我国传统译论中最早的一篇，在我国译论史上具有开篇意义。支谦在《法句经序》中表达了自己倾向于“文”而不是“质”的态度。

支谦对翻译的贡献主要体现在以下几个方面。

（1）支谦首创了对译文添加译注的方法。

（2）支谦首创“会译”的体裁。他曾把《无量门微密持经》和两种旧译对勘，区别本末，分章断句，上下排列。

（3）支谦不仅自己翻译佛经，还与他人进行合译。

（4）支谦虽不是僧人，但他所开创的译风从三国到两晋始终占据着重要的地位。

3. 道安

道安是东晋时代杰出的佛教学者，也是我国最早的热心传教者，他组织和参与了译经，并对不正确的译文加以考证或劝令重译。

道安对佛经翻译的突出贡献主要包括以下三个方面。

（1）他主持了许多重要经论的翻译，集中和培养了许多学者和翻译人才。

（2）他将已译出的经典编撰成《众经目录》，这是中国第一部“经录”，为后来佛经翻译的系统性起到了非常关键的作用。

（3）他提出了著名的“五失本、三不易”理论。所谓“五失本”，是指梵文佛经翻译时容易失去原文本来面目的五个方面，具体包括：

“一失本”：梵文与汉文词序不同，汉译时必须改变词序。

“二失本”：梵经质朴，而汉人喜欢华美，译文必须做一定的修饰。

“三失本”：梵语佛经中表达同一个意思的词句经常反复，译成汉文时应进行必要的删减。

“四失本”：梵文佛经每逢结尾之处，必做小结，将前面的话简述一遍，译成汉文时也应进行必要的删减。

“五失本”：梵文佛经每论全文之后，往往要纵横牵扯，汉译时必须删除。

可见，“五失本”是释道安对梵、汉两种语言在内容形式、原文译文、文体类型、语言风格、文词文法等方面的区别所进行的总结。

所谓“三不易”，是指在翻译过程中不容易处理好的三种情况，具体包括：

“一不易”：过去和现在的情形不一样，要把过去的情况用现在的情形译出来，不容易。

“二不易”：后人要完全理解古代圣贤深邃的思想，不容易。

“三不易”：释迦牟尼死后，弟子阿难造经，非常慎重，现在要普通人来译不容易。

释道安的“三不易”表明他意识到了翻译所涉及的历时性的矛盾以及原著、译者和译文读者之间知识结构和认识水平之间的差距而产生翻译的矛盾问题。

4. 鸠摩罗什

鸠摩罗什祖籍天竺，幼年即出家，是我国古代著名的译经大师。他曾带领弟子八百多人，翻译出佛经共 74 部，384 卷，现存 39 部，313 卷。

罗什译经，不像以往译者那样借用玄学的名词来译佛学概念，而是不遗余力地创立佛教专用名词，这就使译文更加忠实于原作。他还主张译者署名以负文责。鸠摩罗什的翻译成就，不仅在于第一次系统地介绍了根据“般若经类”而成立的大乘性空缘起之学，而且在翻译文体上也一改过去朴拙的古风，创造出一种兼具外来语与汉语调和之美的文体，既充分传达出原典的旨意，又使文笔流畅洗练，具有很高的文学价值。例如，《金刚经》《维摩诘经》《妙法莲华经》《阿弥陀经》等都是对中国文化有深刻影响的佛教经典文献，至今盛传的仍是鸠摩罗什的译本。

罗什主张意译，并在《出三藏记集》卷十四《鸠摩罗什传》中使用了一个非常形象的比喻来说明这一思想："但改梵为秦，失其藻蔚，虽得大意，殊隔文体，有似嚼饭与人，非徒失味，乃令呕秽也。"鸠摩罗什的意思是说：印度文章词句华丽，经中偈颂可吟唱，但改译成汉语后，则失去了美感，虽然保存了大意，文体却相差很远，就好像把饭嚼烂了喂人，不仅失去原有的味道，甚至让人觉得恶心。他的这一观点对中国的翻译理论和佛教文学影响巨大。

5. 玄奘

玄奘一生译出经、论 75 部，共 1 335 卷，占唐代新译佛经总卷数的一半以上，是我国佛教史上成就最高的翻译家。

玄奘能够对补充法、分合法、变位法、省略法、译名假借法、代词还原法等翻译技巧进行熟练运用，使译文达到形式与内容的高度统一，世称"新译"。这一"新译"不但为古印度佛教保存了珍贵典籍，还丰富了祖国古代文化。在选择翻译材料方面，他对各派经典兼收并蓄。全部经学分六科，玄奘都有传译。玄奘的工作态度勤恳又认真，注意不同版本的校勘工作，极力反对节译的偷懒办法。

在玄奘看来，要使译文尽量忠实于原文且通顺流畅，应坚持"五不翻"原则。具体来说，音译即不翻之翻，当译者在翻译中国没有的物名、多义词、神秘语、久已通行的音译名以及其他为宣扬佛教需要的场合时应采用音译法。

需要特别说明的是，玄奘以翻译工作的不同内容为依据，将参加翻译的人员分为译主、证义、证文、度语、笔受、缀文、参译、刊定、润文、梵呗、监护大使 11 个工种。这种分工把证义、证文放在纯粹的文字功夫之前，有利于提高翻译的准确性。此外，不同工种的相互配合，既保证了文字的纯正与流畅，又从不同的层面润色译文。这种分工翻译方法对我国现阶段翻译工作的开展仍然有着积极的借鉴作用。

（二）明末清初的翻译理论

1. 徐光启

徐光启是明末著名的科学家、政治家、翻译家，他翻译过《几何原本》《泰西水法》《灵言蠡勺》等，是将我国翻译的范围从宗教以及文学等扩大到自然科学领域的第一人。

徐光启没有留下系统的翻译理论，但其散见于译书序言中的翻译思想对当时士大夫和传教士翻译科技著作的工作产生了积极的影响。他的翻译思想集中体现在以下三个方面。

首先，徐光启认识到翻译的重要性，认为翻译是吸取别国长处的先决条件和手段。“欲求超胜，必须会通；会通之前，必须翻译。”这种拿来主义的翻译态度是十分宝贵的思想，放在当时的历史与文化语境下，显得弥足珍贵。

其次，他提出翻译时要抓重点，抓“急需”。西方数学的严密理论和逻辑体系是其他学科的基础，因此应该将数学专著的翻译放在首位。

最后，他在《几何原本》译序和杂议中谈到翻译的目的是“以裨益民用”，即通过翻译来造福人民。

2. 魏象乾

魏象乾是雍正时期《清实录》名列第六位的满文翻译，对翻译的标准、原则以及初学翻译如何入门等问题颇有见地。魏象乾的翻译理论主要见于《繙清说》一文。该文仅 1 600 字，却寓意深刻，字字珠玑，是我国最早的内部出版的翻译研究单篇专著。

在这篇短文中，他对翻译的标准问题进行了论述。一篇好的译文应从意思、措辞、风格、神韵等方面与原文保持一致，既不要增译也不要删减，更不要颠倒原文顺序或断章取义。此外，他将汉译满《资治通鉴》和《四书注》列为初学者翻译之范本，并提出把汉语译成满文时要进行适当的增减。

（三）近代的翻译理论

1. 马建忠

马建忠的《马氏文通》以西方语文的语法作为范本来研究古汉语的语法规律，是我国第一部由中国人编写的全面系统的汉语语法著作，对后世的汉语语法研究产生了重大影响。

马建忠在《拟设翻译书院议》（1894）一文中提出了著名的“善译”标准，即译文应能使读者获益，并与原文在意思与风格上没有很大出入。此外，他还提出若干有建设性的建议，如开设翻译书院来培养翻译人才，人才的选拔和培养应遵循具体的标准，翻译书院应将教、学、译、出书有机结合起来。这些建议无论在当时还是现在都具有很强的指导性。

2. 严复

严复是清末著名的资产阶级启蒙思想家、翻译家和教育家，其译著总共达 160 多万字，被尊称为中国近代翻译理论和实践的第一人。

严复吸收和运用我国古代佛经翻译思想和理论精髓，总结自己丰富的翻译实践经验，在《天演论》卷首的"译例言"中提出了著名的"信、达、雅"标准。他是我国翻译史上最早明确提出翻译标准的人。虽然"信、达、雅"这三个字早在佛经翻译里就出现过，但将三者总结在一起并加以说明则始自严复。这一标准"把我国历史上零散的翻译观点从理论上加以扼要、中肯、鲜明、概括的综合，为后世从事翻译的人提出了明确可信、具体切实的翻译标准"，直到今天仍然对翻译实践有重要的指导作用，是中国传统译论的重要里程碑。

3. 梁启超

梁启超是一位百科全书式的学者，虽然译作不多，但对翻译评论和翻译史研究却做出了重大的贡献，具体可以概括为以下几点。

（1）梁启超创造了一种半文半白、通俗易懂的新文体。这一新文体被刘师培称作"日本文体"，是新文化运动及之后的新文学秩序建构的理论和思想资源。

（2）梁启超将翻译看作强国之道，这就将人们对翻译目的的认识提升到一个新的高度。

（3）梁启超对佛经翻译及明清之际的科技翻译均进行过卓有成效的研究，极大地促进了对我国翻译理论史的研究。

（4）梁启超大力提倡翻译西洋小说，把小说界革命与改良政治和启发民智结合起来，有力地提高了小说的社会地位，推动了晚清小说翻译事业的繁荣。

（5）梁启超提出，好的翻译应当使读者彻底明白原文的意思，因此译者应避免两个弊端：一是因为遵循英语习惯而使汉语译文晦涩难懂，二是因为遵循汉语习惯而丧失英文原意。

4. 林纾

林纾在中国近代翻译史上是与严复并列的翻译大师，以意译外国名家小说见称于世，是我国文学翻译事业的先行者和奠基人。

林纾认为，在内忧外患的政治环境中，翻译书籍是开拓国民视野最易见功效、最恰当和必要的手段。因此，他虽然不懂外语，但他与朋友合作，把英、法、美、比、俄、挪威、瑞士、希腊、日本和西班牙等十几个国家的 40 多部世界名著翻译成了汉语。这些西洋小说展示了丰富的西方文化，大幅度地拓展了人们的视野，林纾也由此被公认为中国近代文坛的开山祖师及译界的泰斗。但客观地说，坚持使用古文体而不是白话文来翻译外国小说，是林纾翻译生涯中的最大缺陷。

林纾认为，译者必须了解书中所引用的古籍和历史典故之类的知识，并综合各国语言文字的异同，才能达到理想的翻译效果。此外，他还提出译文要忠实于原著，译名应统一等主张。虽然林纾翻译的著作及其读者的数量远在严复之上。但是，从翻译理论的建树方面看，可以说林纾远不及严复。

（四）现代的翻译理论

1. 鲁迅

鲁迅一生共翻译了 14 个国家 100 多位作家的 200 多种作品，印成了 33 种单行本，300 余万字，是一位杰出的文学翻译家。他继承和发展了中国传统翻译理论和翻译思想，是中国译论的奠基人。

针对当时翻译界的混乱情况，鲁迅力矫时弊，将“忠实”置于非常重要的位置，并大力提倡忠实于原著的白话文直译法，使西方近代资本主义文化思想不走样地进入中国。同时，鲁迅通过翻译东欧诸国具有革命色彩的文学作品来唤起沉睡的中国人，开创了我国近代中西文化交流史上具有重要意义和影响力的第二源流。

除此之外，鲁迅关于翻译理论、翻译思想的文章与论述在当时的翻译界影响极大。例如，他提倡翻译界开展正确的批评，创立了“以信为主，以顺为辅”的翻译原则，提出了以“易解、风姿”和“移情、益智”为核心的翻译理论。他还提出“翻译应与创作并重”的思想，他的“重译”与“复译”观点保障了翻译事业的健康发展。

2. 胡适

胡适是中国白话新诗翻译的领军人物。他认为，用文言文字译诗，无论做得怎样好，“究竟只够供少数人的赏玩，不能行远，不能普及”。诗歌必须为贫民大众所理解和接受，因此翻译应该做到明白流畅。胡适的诗歌翻译无论在语言、格律上还是意境上都极大地促进了白话的草创和发展。

胡适用十分严肃认真的态度对待翻译，提出了“三负责”之说。他认为，写文章有两重责任：一是向自己负责，二是向读者负责。但翻译文章时却有三重责任：“一是要对原作者负责任，求不失原，二是要对读者负责任，求他们读懂，三是要对自己负责任，求不致自欺欺人。”

他在《建设的文学革命论》中提出了翻译西洋文学名著时只译名家著作，不译第二流以下著作的看法。他还主张全用白话进行翻译。他的这两个观点在当时很有影响，大力推动了白话文翻译的发展。

3. 郭沫若

郭沫若一生著作译作不下两千万字，在哲学和社会科学等诸多领域以及马克思主义著作和外国文学翻译方面做出了巨大的贡献。

郭沫若把自己的翻译方法叫做“风韵译”，提出要想做到“字句、意义、气韵”三者不走样，译者不仅应掌握丰富的语学知识，具备对本国文字自由操作的能力，还要详细了解作者的内在生活与外在生活，通晓一国的风土人情。因此，深刻的生活体验与穷年累月的研究对于翻译工作者具有重要的意义。

4. 林语堂

林语堂写过不少关于翻译理论的文章，但他最系统、最有名的译论是长篇论文《论翻译》。在这篇文章中，他的翻译思想可以概括为以下几个方面。

首先，他提出了“翻译是一种艺术”的思想，并进一步提出翻译艺术应该信赖的原则有三：一是译者对于原文文字上及内容上透彻的了解，二是译者的国文程度能帮助其顺畅地表达，三是译者对于翻译标准有正当的见解。

其次，他提出了翻译的三条标准，即忠实标准、通顺标准和美的标准。其中，忠实标准有“非字译”“须传神”“非绝对”“须通顺”四项意义，分“直译”“死译”“意译”和“胡译”四个等级。

再次，他坚决反对“字译”，提倡“句译”，因为字义会随“上下文连贯融合”的缘故而发生变化。这是我国较早明确提出“上下文”的翻译思想。

5. 朱光潜

朱光潜是卓有贡献的学者型翻译家。他一生的译作近 300 万字，成为沟通东西方文化、译介西方美学的先驱。具体来说，他的第一部译作《美学原理》开创了我国译介西方美学的先河。他还对马克思主义经典著作原出版的中译文进行校对，给人类留下了数百万字的精神财富。

朱光潜反对截然区分直译和意译，认为“理想的翻译是文从字顺的直译”。他运用“一元论，两分法”的思想，对严复“译事三难：信、达、雅”的思想进行了哲学的探讨，为中国翻译思想史做出了重要贡献。此外，他将翻译看作一项“再创造”活动，这就是朱光潜著名的“研究什么，翻译什么”原则。他本人对此原则身体力行，成为译事典范。

6. 郑振铎

郑振铎翻译了大量印度文学、俄国文学、希腊和罗马文学作品。此外，他还翻译过德国莱辛的寓言、美国欧·亨利的短篇小说、高加索民间故事、丹麦的民歌和欧洲童话《列那狐的历史》等，体裁十分广泛。

在谈论翻译的功能时，他提出翻译不仅是“媒婆”而且是“奶娘”。他认为翻译一个文学作品就如同创造一个文学作品一样，能够引导中国人和现代人的人生问题与现代思想相接触、相交流。

他抨击了新文化运动开展以来“文学不可译”的论调，这种论述消除了某些译者和读者的疑虑，对我国翻译事业的发展产生了积极的影响。

郑振铎对翻译理论的诸多见解不仅在当时发挥了巨大作用，而且经受住了历史的检验，至今仍有强大的生命力。

7. 瞿秋白

瞿秋白是第一位将《国际歌》的曲谱与译词配合译出的人，是最早翻译俄罗斯和苏联文学名著的文学翻译家。此外，他还翻译了大量马克思主义文艺理论著作。

瞿秋白发起了大众语运动，主张用人民大众真正听得懂的语言去创造和翻译大众文学作品，为中国新文学运动的继续发展打下了深厚的基础。此外，他通过译介俄国革命民主主义文学、苏联新文学来唤醒中国人民，在倡导中国翻译文学的大众化方面取得了伟大成就。

瞿秋白不仅在翻译实践中提出了“概念相等”的翻译原则，而且在翻译理论上成功地解决了“信”和“顺”的矛盾。译界公认“他的译著准确、通畅、优美，是我国翻译文学的典范”。

（五）当代的翻译理论

1. 焦菊隐

焦菊隐精通多种文字，译笔流畅自然，且具有独特的戏剧风格。焦菊隐发现有的译文，若是用原文去对照，可能任何一句都没有错。但全段或全篇读完，反倒不知道说的是什么。产生这种现象的原因在于译者孤立地理解句子或段落，忽略了原文的整体思想与感情。因此，他发表了著名论文《论直译》，提出了“整体论”的翻译思想，认为译者要建立整体观念，做到整体意义对应，然后再从上而下，由大到小考察每个部分的意义，逐步完成各个部分的对应。他提出的“整体论”是对篇章翻译理论的一大贡献，丰富了我国的翻译理论和思想，具有重要的理论意义和实践价值。

他从哲学的角度科学地论述了词的绝对价值和相对价值，指出一个词在篇章中的意义往往不是它的固有词义，而是它在特定环境（上下文）中的具体所指。

他还提出翻译是“二度”创造的艺术。许多翻译工作者，经过一二十年的努力，仍未能提升自己的水平，就是因为缺乏“翻译是二度创造艺术”的认识。

2. 傅雷

傅雷毕生的功绩，是把法国文坛巨匠罗曼·罗兰（Romain Rolland）、巴尔扎克（Balzac）、伏尔泰（Voltaire）、梅里美（Merimee）的名著介绍给了中国读者。作为一个热烈挚诚的爱国者，傅雷有意识地把自己的译事与国家的命运结合起来，通过自己的译作鼓舞遭受劫难的人们为民族的前途进行殊死的战斗。他一向视翻译工作为崇高神圣的事业，认为翻译工作者必须加强自身的学识修养，把艺术修养当成根本。

傅雷最具代表性的翻译思想是他在致罗新璋的回信中提到的“传神说”，即“重神似不重形似；译文必须为纯粹之中文”。他还提出，传神的第一要求在于理解、体会、感受、领悟原作，吃透原作的精神和全部细节。第二要求是把所了解的、体会的内容，忠实而生动地表达出来。第三要求是“气息贯通”、“文脉贯通”。“传神说”正视中西语言文字和文化差异的客观存在，强调译者要从本质的层面去传递原文的内容，包括原作的风格、意境、神韵等。

傅雷以严谨的作风和渊博的学识，形成了自己和谐完整的译文风格，即“傅雷风格”，为中国翻译的文艺美学流派的形成奠定了坚实的基础。

3. 钱钟书

钱钟书学贯古今中西，是著名的文学家、文论家。他在《林纾的翻译》一文中提出了“化境说”。所谓“化”，就是“把作品从一国文字转换成另一国文字，既能不因语文习惯的差异而露出生硬牵强的痕迹，又能完全保存原作的风味，那就算得入于‘化境’”。可见，“化”是文学翻译的最高境界。

“化境”是钱钟书将原本用于中国古典美学的“境界”概念引入到翻译领域中得出的一种翻译理论，这一理论与严复的“信、达、雅”、傅雷的“传神说”共同构成中国传统翻译思想的主体，推动了中国传统翻译思想的发展。

4. 叶君健

叶君健曾翻译毛泽东《论持久战》和其他一些最新论著，在菲律宾马尼拉出版，这是毛泽东著作第一次在国外以英译本形式正式出版流传。

叶君健先生自1958年翻译《安徒生童话全集》以来，一贯关注译者在翻译中的主体性和创造性。传统翻译观念认为译者应充当“隐形人”，彻底“隐身”，完全忽略了译者客观存在的介入行为。叶君健认为，文学翻译不是简单的符码转化，不是单纯的翻译技巧问题，翻译有再创造的一面，因而也是一种文学创作。译作的倾向和功能要受到译者的文化身份、修养、意识形态立场等因素的影响。

1997年，他发表了《翻译也要出“精品”》一文，系统地论述了他的“精品”理论，即把一部外国作品移植到本国文学作品中来，如果功夫到家，就使其转化成为本国文学作品。在文中，他格外强调了“译者的个性”和“个性的译作”。他的“精品”论具有鲜明的学术个性，是他毕生翻译经验的精华，也是他留给译界后人的最后一笔财富。

5. 王佐良

王佐良是继承中国传统翻译思想和借鉴西方译论，探索我国现代翻译理论的先行者。20世纪50年代起，他以双向翻译从事文化交流和文学研究，把中国戏剧文学名著《雷雨》等作品译成英文，把多种英诗移译为中文，主张以诗译诗，存原诗风貌。

20世纪80年代，他在《新时期的翻译观》一文中提出在继承我国传统翻译思想的基础上对外开放的指导思想。他较早提出引进西方现代语言学科理论，将其付诸于中国的翻译理论研究，并提议建立翻译研究的跨学科、综合性途径。

王佐良在多篇论文中反复强调他的翻译观点，即译文要忠实原作，译文是原作的灵魂，是整个概念、整片情感、整个作品的意境、气氛或效果。这一观点与西方当代翻译功能主义学派的目的论的观点基本一致。

1984年和1985年，王佐良先后发表了《翻译中的文化比较》和《翻译与文化繁荣》两篇文章，论述了翻译与文化的密切关系，提出“翻译者必须是一个真正意义上的文化人”。在王佐良“把翻译研究与比较文化结合起来”的积极倡导下，20世纪80年代末至90年代初，国内出现一股“文化翻译热”，一度形成翻译理论研究的“文化学派”。

6. 许渊冲

许渊冲是一位译作等身、新论迭出的著名翻译家，是20世纪将中国古典诗词译成英、法韵文的唯一专家。

许渊冲提出了“三美”“三化”“三之”的理论。具体来说，“三美”指“意美、音美、形美”；“三化”指“等化、浅化、深化”；“三之”指“知之、好之、乐之”。其中，“三美”是本体论，“三化”是方法论，而“三之”则是目的论。

在1997年北京国际翻译学术研讨会上，他简明扼要地表达了自己的翻译观。

（1）科学与艺术。翻译理论不是客观的科学规律。

（2）理论与实践。二者如有矛盾，应以实践为主。

（3）创作与翻译。21世纪是世界文学时代，文学翻译应该提高到与创作同等重要的地位。

许渊冲还提出著名的“优势竞赛论”，即最好的原文变成对等的译文并不一定是最好的译文，因此原作内容应用最好的译语表达方式来体现。此论一出，立即引出一场20世纪末持续时间最长的学术争论。

总之，许渊冲重实践、重创造、重艺术，他的每一翻译理论都来源于丰富的翻译实践。

第四章 英汉词汇修辞对比及翻译

为了力求语言表达的生动、形象、得体,更好地刻画人物、阐明事理、抒发感情,英汉两种语言在遣词造句方面都非常注重词语的选用和择取,并在交际与表达等过程中体现出执着的修辞思想和理念。但是,受到诸多因素的影响,英汉两种语言在词汇修辞方面却存在着诸多差别,本章就对英汉词汇修辞进行对比,并在对比的基础上对其翻译进行探讨和分析。

第一节 英汉词汇修辞对比

古往今来,中外很多著名的作家、文学家以及思想家都非常重视词语的推敲和运用,并在词汇修辞方面下了很大功夫。研究并探讨词汇修辞有着很好的实践意义。下面就从以下几个方面对英汉两种语言的词汇修辞进行探讨和分析。

一、英汉词汇选择对比

在词语选择和运用方面,英汉两种语言存在很多的相似性,都非常重视词语的推敲和运用。具体体现在以下几个方面。

(一)词语的精确性

英汉两种语言的词汇修辞都非常注重词语选用的精确性。但是,事实上,往往一个词在不同的语言环境中有不同的意义。根据英国著名语言学家杰弗里·利奇(Geoffrey Leech)在《语义学》一书中的观点,词的意义通常包括概念意义、内涵意义、风格意义、感情意义、联想意义、搭配意义和主题意义这七种类型。可见,准确把握词语意义并做出恰当的选择并非易事。

无论哪种语言,要想准确选用词语并很好地阐明所要表达之意,最基本的是要了解词的字面意义和内涵意义。词的字面意义是它所表示的具体事物或概念,是它在词典上列出的意义,而非它可能引起的感情上或态度上的联想。词汇的字面意义是它的语义,根据确立的字面意义来使用词语是有效表达的基础。除此之外,许多词除了具有不带感情色彩的字面意义外,还有带某种感情色彩的联想意义。词的内涵意义就是它的联想意义,它能对读者或听众的反应起到一种规定性的作用,因此对使用者来说是一种很有力量的修辞手段。词的内涵意义带有主观性的色彩,通常情况下同一个文化群体对于词的内涵意义的理解是相对比较固定的。例如,在表示“能力、才能”的一些词汇中,这些具有类似意义的词汇在词义方面都各有侧重。如表 4-1 所示。

表 4-1　表“能力,才能”的词语及其相对应的意义

词汇	对应汉语意义
aptitude	多指先天或后天习得的运用自如的能力,常暗示接受能力强,能迅速掌握一种学术训练或艺术技巧。
genius	语气最强,指天赋的高度才能与智力。
talent	着重指人某方面具有可发展和培养的突出天赋才能,但语意比 genius 弱。
ability	普通用词,指人先天的或学来的各种能力。
capability	多用于人,指胜任某项具体工作的能力,也指本身具有、尚未发挥的潜在能力。常与 of 或 for 连用。
capacity	侧重指人的潜在能力,通常不指体力,多指才智,尤指接受与领悟能力。
competence	正式用词,侧重指令人满意的业务能力与水平,达到胜任某项工作等的要求。

对这些词语的基本内涵有了明确的认识之后,便能进一步把握这些词语在具体语境中的运用。例如:

The man had genius and had made his mark in the aviation world.

那位男士拥有天赋,而且在航空界已经成名。

Our capacity for giving care, love, and attention is limited.

我们给予照顾、爱护和关心的能力是有限的。

Many people have testified to his competence.

很多人已证实了他的能力。

The public never had faith in his ability to handle the job.

公众从来都不相信他有处理这个工作的能力。

She is proud that both her children have a talent for music.

她为自己的两个孩子都有音乐天赋感到自豪。

He drifted into publishing and discovered an aptitude for working with accounts.

他偶入出版界，发现自己具有管账的天资。

针对这类在内涵意义上存在细微差别的词语，都需要结合具体语境以及说话人的情感态度仔细斟酌并选择使用。此外，为了更好地明确词语的内涵意义，还可以借助区分同义词功能的词典、同义词词典、类属词典等多种工具书进行查阅。一定要注意词语使用的准确性。

在汉语中，也存在很多同、近义词，并且非常重视这些同、近义词内涵的区别和精确运用。例如，就汉语词语“碰见”和“邂逅”来看，这两个词语的理性意义都表示“偶然碰到”，但是“碰见”的口语色彩更加明显，而“邂逅”多具有书面色彩，具体意思为“两个认识的人没有约定而遇到，偶然遇到”。例如：

我在母校门口碰到了我的高中物理老师。

邂逅得所从，幅巾起南阳，崎岖巴、汉间，屡以弱攻强。

（王安石《诸葛武侯》）

（二）词语的简洁性

英汉语言在词汇修辞方面都力求简洁、精练，只是在词语的具体运用中存在诸多差别。

1. 英语词语的简洁性

英语主要借助于以下几种方法来实现表达的简洁性。

（1）紧缩法的恰当运用

紧缩单词或词组是实现简洁表达法之一。例如，可用一个词来替代啰嗦的词组，但不会改变其意思，常见的这类词组如下所示。

by means of 可用 by 代替

in order to 可用 to 代替

for the reason that 可用 because 代替

due to the fact that 可用 because 代替

at all time 可用 always 代替

at the present time 可用 now 代替

at this point of time 可用 now 代替

in the event that 可用 if, when 代替

until such time as 可用 until 代替

in the nature of 可用 like 代替

for the purpose of 可用 for 代替

because of the fact that 可用 because 代替

by virtue of the fact that 可用 because 代替

in the final analysis 可用 finally 代替

再如,还可以使用强式动词来实现词汇修辞的简洁性。"is, has, make"等弱式动词拖延句子,而 slice, bicker, stroll 等强式动词使句子具有活力,向前展开。弱式动词通常还带有附加的成分,如多余的介词词组和长长的、抽象的名词或形容词。观察下例并解释为什么第二例比第一例简洁。

The drillers made slow advancement, and costs were over 45 mil1ion a day. The slow progress was worrisome for some backers.

The drillers advanced slowly, and costs topped 45 million a day. The slow progress worded some backers.

又如,可将分句紧缩成短语或将短语紧缩成单个词。在不损害文意的前提下,可根据想要突出的重点对从属分句、短语和单个词进行扩展或紧缩,能使表达更加简洁。以下试举一例来说明如何紧缩分句和短语。

The tunnel, which was drilled for twenty-three miles, runs through a bed of solid chalk under the English Channel.

The twenty-three-mile tunnel runs through solid chalk under the English Channel.

此外,还用主动语态代替被动语态,去掉 there be 句型或 it is 形式结构等。但是,紧缩法使用一定要以不损害原文意思为前提。紧缩法也是词汇修辞运用中一种常见的形式,能使文字简洁、干练。

(2)删减累赘重复

合理、有效的重复能使文字的连贯性或强调性增强,累赘的重复则会使句子的力量减弱。下面结合具体例子对如何删减累赘重复进行分析。

We will not attack unless we are attacked; if we are attacked, we will certainly counterattack.

可以简洁表达为:

Don't trouble troubles till trouble troubles you!

Many unskilled workers without training in a particular job are unemployed and do not have any work.

上面句子的简洁表达方式是：

Many unskilled workers are unemployed.

当然句子的累赘重复还主要在于句子中多余的成对词、修饰词以及范围词，在删减的时候，也要以不改文意为前提。例如：

During that period of time, the membrane area became pink in color and shiny in appearance.

可以简洁表达为：

During that period, the membrane became pink and shiny.

2. 汉语词语的简洁性

汉语词汇修辞也非常注重简洁性。为了使语言简明、音节协调或者实现其他修辞目的，会将一些音节过多的词语加以删节、压缩或归并的节缩修辞，在古代诗文和现代汉语中都非常普遍。

（1）在古代诗文中，词的节缩被运用得非常广泛。例如：

司马慕蔺相，南容复《白圭》。

（白居易《费凤别碑》）

这句诗文中，“司马”是对“司马相如”的节缩，“蔺相”就是对“蔺相如”名字的节缩。

（2）在现代汉语中，比较常见的词汇节缩现象有如下两种。其一是被缩略词语与一个缩略词语相对应。例如：

将“爱护鸟类活动周”节缩为“爱鸟周”；

将“黄帽子信箱”节缩为“黄帽子”。

另一种是被缩略词语与两个或两个以上的缩略词语相对应。例如：

将“电动剃须刀”节缩为“电动剃刀”“电剃刀”“电须刀”；

将“个人艺术作品展”节缩为“个人艺术展”“个人作品展”“个人展”“个展”；

将“邮政编码”节缩为“邮编”和“邮码”。

（三）词语的恰当性

词汇修辞不仅应注重精确、简洁，还应用得恰到好处。具体而言，就是说词语的使用应与交际情景的要求相一致，与具体的话题、目标受众以及读者对象等相符合。下面就对英汉词汇修辞的恰当性进行探讨。

1. 英语词语的恰当性

在英语语言中，为了更好地体现词语使用的恰当性，通常对以下几种情况的词汇应用尤为关注。

（1）注重俚语运用的特定场合

俚语是英语中最不稳定的词汇，其流行趋势与流行歌曲非常类似。有的俚语一出现就风靡一时，但不久又被更新的俚语取代；有的是昙花一现，使用不久便销声匿迹。少数俚语由于流行甚广而影响极大，最后进入了标准语的行列。可见，俚语是一种比较特殊的言语形式。针对这种并不符合语法常规的俚语，在运用时务必要考量其是否恰当。美国英语的俚语词汇具有明显的幽默色彩，并在特定场合运用时力求突显其诙谐意味。例如，海军中把“起床号”称为piss-call，人们早晨起床，通常第一件事便是上厕所，而piss便是“小解”的意思。士兵们在军舰上生活单一乏味，因而创造出一批生动有趣的俚语以打破沉闷，给枯燥的生活平添一些活跃的气氛。但是，这类俚语不能不分场合地随便使用，否则不仅不能增强语言表达效果，甚至还会被视为不礼貌甚至滑稽可笑。

（2）口语体的恰当运用

英语口语体是用来满足英语使用者口头交际的语言特征体系。限于日常谈话的即时性和时间紧迫性，口语用词一般具有含糊性。例如，在赞美一样东西好时，除了常用的great外，英美人还常使用good，terrific，wonderful，fantastic，fabulous等，他们经常使用习惯和熟悉的词汇甚至脱口而出，往往不大愿意花费太多力气去推敲、寻找更确切的词。

口语体中经常使用口语色彩鲜明的词语，如时髦语、歇后语、口语词、短语动词、俚语等，使得语言交际极具跳跃性、生动性、活泼性和通俗易懂等特征，而在非正式场合中，则不用或是少用这类词汇。例如，get，have，do等最常用的动词，在非正式场合中取代了其他许多词义更确切的动词。口语中常用的副词如jolly，pretty等也缺乏确切的词义。由于这一含糊性，口语用词的精确性不高甚至缺乏严谨性，因此在正式文体写作或表达中坚决不能使用，尤其注意不要把口语体的词语或表达方式与标准词汇混合使用。

（3）慎用性别及其他歧视语言

性别歧视语言反映了男尊女卑的旧传统、男女职业和分工的歧视等不平等的社会现象，对这些性别及其他歧视语言应谨慎使用。例如，cat用来指恶妇、包藏祸心的女人、可卑的女人；bat用来指贱妇、丑妇、妓女；chicken用来指见面熟的年轻女人；cow用来指子女多的女人、肥胖而不整洁的女人、经常怀孕的女人、妓女；mutton用来指放荡的女人、做少妇打扮的老妇人、妓女等。对这些词语所具有的文化内涵务必要明确，以免误用给交际带来不必要的麻烦。

2. 汉语词语的恰当性

汉语语言在词汇修辞方面，也非常注重词语的恰当运用。在《文心雕龙·章句》中，刘勰这样写道："夫人之立言，因字而生句，积句而成章，积章而成篇。篇之彪炳，章无疵也；章之明靡，句无玷也；句之清英，字不妄也，振本而末从，知一而万毕矣。[①] 可见，注重词语选择的恰当性对语言的整体表达起着非常重要的作用。下面将结合以下两个方面对词语的恰当运用进行分析。

（1）汉语词汇的斟酌和遴选

汉语词汇表达往往都是对词汇本身进行斟酌、遴选，来力求实现最佳的表达效果。我国的大文学家鲁迅在恰当选用词语方面为我们做了楷模。例如：

……黑狗哼而且追，已经要咬着阿Q的腿，幸而从衣兜里落下一个萝卜来，那狗给一吓，略略一停，阿Q已经爬上桑树，跨到土墙，连人和萝卜都滚出墙外面了。

（鲁迅《阿Q正传》）

本例中在对阿Q偷萝卜的狼狈相进行描述时，恰当地运用了一连串的动词，使阿Q的人物形象跃然纸上。

（2）口语体词汇与书面体词汇的功能区分

汉语口语体词汇与书面体词汇在使用功能方面存在着严格的区别。在使用过程中，也应将这两种语体严格区分。例如：

脑袋—头—头部

虽然这三个词汇的意思大体相同，但是在使用过程中却存在着严格的区别。通常，"脑袋"用在口语体口语（口语）中；"头"用在书面语体口语、口语体书面语（通用语）中；"头部" 则仅能用在书面语体书面语（书面语）中。

二、英汉词汇搭配对比

词汇搭配是指词与词之间的一种横向组合关系，即词的共现关系。英汉两种语言在词语搭配方面有很多异同。

① 刘芝芬．篇之彪炳 章之明靡——选词造句，锤炼语言[J]．辽宁大学学报，1998，（2）：72.

(一)英汉词汇搭配的共性

英汉两种语言在词汇搭配方面存在很多共性,主要体现在以下几个方面。

(1)英汉词语的搭配能力都有强弱之分。例如:

She killed the tree by spraying it too heavily.

她给树浇了太多水,把树浇死了。

Jim killed the man.

吉姆杀了那个人。

He killed the motion when it came from the committee.

委员会提出那个提案,他就把它否决了。

由上述例子不难发现,英语 kill 可用于人、动物、植物等,同时还可引申为抽象意义"使毁灭""使消失"和无生命名词搭配。但是汉语中的"杀"只能用于动物,却不能用于植物。

然而,汉语中的有些词汇的应用范围却比英语更广泛。例如:"打"字。

打瞌睡 nod

打枪 shoot

打针 have a injection

打毛衣 knit a sweater

打文件 type the document

(2)英汉词语搭配的共同点还体现在语义藕合上。下面以 heart 和"心"这两个词语的语义藕合现象为例进行分析。如表 4-2 所示。

表 4-2　heart 和"心"的语义藕合现象

全心全意	heart and soul
灰心	to lose heart
伤心	to break one's heart
关心	to take to heart
倾心	to give one's heart to
有善心的	kind-heart
心对心	heart to heart
从心底里	from the bottom of one's heart
放心	to set one's heart at ease
衷心的	heart and soul

（3）英语和汉语中都存在许多约定的固定搭配，它们大都来自于宗教文化、成语典故和文学作品等。例如，英语中的 a pound of flesh（苛刻的借贷条件），in one's seventh heaven（在无限幸福和快乐中）等；汉语中的“雨后春笋”“守株待兔”“大器晚成”“耳濡目染”等。

（二）英汉词汇搭配的差异

英语和汉语在词汇搭配上的最大差异在于汉语在词语组合搭配上的弹性更大些。相对于英语而言，汉语中的名词概括词比较多。

例如，英语中表达“假”的含义需要多个形容词，artificial flowers（假花），counterfeit money（假币），false teeth（假牙）等；汉语中的形容词“假”具有很强的搭配能力。

再如，关于笔类的表达，英语仅单独用一个词来表示即可，汉语则需要在前面加一些具体特征的词，可构成画笔、毛笔、粉笔、试电笔等。

三、英汉词汇含义范围对比

英语词汇中虽然存在很多多义词，但是英语词汇的词义范围相对比较狭窄，一般对事物的描述比较具体。英语中含有大量的单义词，这些单义词在描述事物时只能表达其一方面的特点，概括性较差，因此英语中对于事物的分类更加详细。

英语中有很多外来语，这些外来语也使得英语的含义趋向精确化。随着社会的发展，一些多义词逐渐解体，多义词演变为几个不同的单义词，有的词的含义随着社会的发展不断变化，最终生成新的词。例如：

travel（旅行）—travail（艰苦努力）

urban（城市的）—urbane（有礼貌的）

gentle（有礼貌的）—genteel（有教养的）—gentile（非犹太人的）

curtsey（女子的屈膝礼）—courtesy（礼貌）

汉语词汇的词义范围要比英语广泛很多，在汉语中趋向于用同一个词来表达不同的含义，其具体含义的确定依赖于词汇所使用的语境。因此，汉语词比英语词汇具有更高的概括性。

英语中的“空”有很多种情况：表示“里面没有实物”的 empty；表示“没有东西”的 bare；表示“目前没有被占用”的 vacant；表示“空心的，中空的”的 hollow。而对于“空”的概念在汉语中都只用一个“空”字来表达。

汉语中“问题”一词的含义很广，既指“要求回答的问题”，也指“要处理解决的问题”“会议讨论的问题”，还有“突然的事故或麻烦性的问题”。而英语中对于以上这些词的意义都是分别用 question，problem，issue，trouble 等来表达。例如：

世界上一些国家发生问题，从根本上来说，都是因为经济上不去。

Basically, the root cause for social unrest in some countries lies in their failure to boost the economy.

汉语中的“问题”是指出现的麻烦或动乱，英语中则用 trouble 或 unrest 来表示。

汉语中的“经验”一词属于抽象词汇，其词义比较模糊，可以表示“由实践得来的知识、技巧、教训、经历”等，而英语中不同的表达则使用不同的词来表示。例如：

改革开放是一个新事物，没有现成的经验可以照搬。

Reform and opening are new undertakings, so we have no precedent to go by.

这是中国从几十年的建设中得出的经验。

That is the experience we have gained in the decades of economic development.

我们应当从这里得出一条经验，就是不要被假象所迷惑。

We should draw a lesson here: Don't be misled by false appearances.

四、英汉词汇文化色彩对比

英汉词汇的文化色彩也自然而然地反映在两种语言中，具体有以下几方面的体现。

（一）相同事物表达不同的语用意义

在英汉两种语言中，在许多方面会用相同的事物表达不同的语用意义。数字词汇的文化内涵也存在差异。例如，汉语文化中，数字“十三”的文化内涵很平常，不具有凶义，明朝皇帝的陵墓有十三座，被统称“十三陵”；清代京腔有“十三绝。然而英语语言国家的文化中，十三（thirteen）却是个令人恐惧不安、具有文化禁忌的数字。例如：

the thirteen superstition 13 的迷信

unlucky thirteen 不吉利的 13

（二）不同事物表达相同的语用意义

不同事物表达相同的语用意义也是英汉词汇文化色彩的一种表现。

例如,在汉语文化中,老虎被誉为“百兽之王”,英语文化中的人们则将狮子称为“百兽之王”。因而,在两种文化之间进行转换时,就需要发生文化上的迁移。例如:

bear the lion in his den 太岁头上动土

拦路虎 a lion in the way

(三)英汉语中词汇语用意义的无对应现象

除了上述两种情况外,英汉语中有些词汇的语用意义在其相对的语言中根本不存在。因而在进行两种语言的翻译或理解时应额外注意。例如,“山羊”在汉语中是个具有普通含义的词汇,在英语中用来表示“色鬼”的意思。又如:

池子里捕大鱼,太湖里放生。

Penny wise, pound foolish.

本例中“太湖”无法在英语中找到相应的对应词汇,对于不了解中国地理的英语读者而言,这个谚语的文化内涵相对有些难理解。此处借用了英语的谚语进行对应翻译,既达意又传神。

英汉语言有着各自不同的特点,英语属于典型的静态语言,英语中很少使用动词来表示动作含义。汉语则不同,汉语属于典型的动态语言,句子中的动作意义大多使用动词来实现。英语和汉语在静态和动态上的差异性在英汉词性上尤为突出。

五、英汉词性对比

(一)英语名词主导和汉语动词主导

所谓的名词主导,指的是在英语中名词的使用频率远远高于其他词。英语中的名词有很多都来源于动词,这些动词可以用于表示动作、行为、状态以及某种情感等。英语中的谓语动词有形态变化,且每个英语句子中都只含有一个谓语动词。因此,名词在英语中的使用非常广泛。

相对于英语而言,汉语中名词的使用则没有那么广泛。汉语不同于英语,其属于逻辑性语言,动词不受形态的约束,因此在句子中使用动词较多,有时一个句子会连续使用多个动词。名词主导和动词主导是英汉词汇在词性上的最大区别。例如:

These foreign guests expressed their hope that they would visit China again in the future.

外宾们表示希望将来能够再次访问中国。

Some knowledge about the structure and history of Chinese is helpful for your study of the language.

对汉字的结构、发展史有所了解有助于大家学汉语。

（二）英汉形容词对比

英语中的形容词可以用作定语、表语、宾语补足语以及状语等。英语中的形容词具有明显的动态特征，而汉语中的形容词的作用远不及英语中的形容词那么广泛，汉语中的形容词一般用来修饰名词，做定语。例如：

The Ameican veterans are guilty of what they have done in Vietnam.

美国越战退伍军人为自己在越南所做的一切感到愧疚。

那所学校的学生合作得很好，所以我们很快就完成了问卷调查。

The students in that school were very cooperative, so we finished the questionnaire very soon.

（三）英汉副词对比

英语中不仅形容词具有动态含义，很多副词也具有动态含义。汉语中的副词则一般只用于修饰形容词或动词。例如：

When Mom left home, she let me promise not to let stranger in.

妈妈走时让我答应不让陌生人进来。

他的主席任期明年期满。

His presidency is up next year.

（四）英汉介词对比

由于英语中以名词为主导词类，名词的使用较多，那么频繁使用名词必然会导致英语介词的广泛使用。

根据语言学家寇姆（Curme）的统计，英语中的介词数量多达 280 个。他还对英语介词进行了分析。如表 4-3 所示。

表 4-3　英语介词分类表

类型	相关介词
简单介词	如 in, on, by, from 等
双重介词	如 from under, from behind, along by 等
合成介词	如 without, upon, outside 等
成语介词	如 in spite of, in front of, on behalf of 等

相对于英语而言，汉语中介词的数量则很少，汉语中的很多介词都是由动词转变而来的。例如：

我沿着大街走，经过许多小店铺和一个肉市，又经过了一个百货商店，终于找到了一家花店。

I went up the street, by little shops and a meat market, past a department store, and finally found a flower shop.

We are in the same boat now. So we have to support and depend on the each other.

我们现在是同舟共济，所以要相互支持，相互依赖。

六、英汉词类标记对比

在词类标记方面，英汉两种语言也存在着诸多差异，下面就对英汉词类标记进行对比分析。

（一）英语词类标记特点

英语中的多数词具有词性词尾，其词性能在词汇形态层面得到很好的体现。例如：

（1）名词标示。这些名词后缀只用来构成名词。主要有如下几点体现。

加在动词后表示“人”或“物”：-ant，-ee，-ent，-er。

加在名词后表示“人、民族”或“语言、信仰”：-ese，-an，-ist，-ite。

加在名词后表示“人”或“物”：-eer，-er，-ess，-ette，-let，-ster。

加在名词后表示“性质、状态”：-age，-dom，-ery（-ry），-ful，-hood，-ing，-ism，-ship。

加在形容词后表示“性质、状态”：-ity，-ness。

加在动词后表示“性质、状态”：-age，-al，-ance，-ation，-ence，-ing，-ment。

（2）形容词标示。以下形容词后缀只用于构成形容词。主要有如下几点体现。

加在动词后：-able（-ible），-ative（-ive，-sive）。

加在名词后：-ed，-ful，-ish，-less，-like，-ly，-y，-al（-ial，-ical），-es，-que，-ic，-ous（-eous，-ious，-uous）。

（3）副词标示。副词后缀只用于构成副词。主要有如下几点体现。

加在形容词后：-ly。

加在名词或形容词后：-ward（-wards）。

加在名词后：-wise。

（4）动词标示。动词后缀一般加在名词和形容词后构成动词。例如：-ate，-en，-ify，-ize（-ise）。

（二）汉语词类标记特点

在汉语中，也存在很多后缀，汉语中后缀的作用也主要是改变词性，而与英语不同的是汉语中的后缀在构成新的词汇时，词性一般以名词居多，其后缀的作用不像英语中那么广泛。汉语中的词语后缀主要有以下几种。

（1）表人的后缀主要有三种。

表示亲属关系：子、亲、夫、爷、父、人等。

表示职业和职务：家、师、士、夫、员、生、匠、工、长等。

表示其他的人：头、者、士、生、汉、丁、郎、属、鬼、棍、迷、徒、贩、人、子、员、犯、分子等。

（2）表数量单位的后缀：匹、辆、支、项、件、张、亩、斤、两、口、群、间、座、朵、粒、本、幅、卷、册等。

（3）表示"性质、状态、程度、过程、方法、学说、信仰"等抽象概念的后缀：学、论、性、度、派、法、化、主义等。

（4）构词性后缀。这些后缀没有实际意义，只用于构词。

（5）表示物品的后缀：品、器、仪、机等。

（6）表示处所的后缀：处、室、厂、站、场、馆、院等。

-子：鼻子、孩子、鞋子、裤子、脑子等。

-儿：头儿、信儿、馅儿、影儿、盖儿、画儿等。

-头：奔头、盼头、石头、骨头、馒头、苦头等。

-然：勃然、安然、溘然、猝然、断然、公然等。

七、英汉词语义项对比

在词汇的义项方面，英汉词语也存在着诸多差别。下面将对其进行具体分析。

（一）英语词语义项特点

相对于汉语而言，英语词汇的义项较多，英语中一个词经常具有多个含义，其含义的确定要依赖于其使用的环境。例如：

uncle：伯伯、舅父、姨丈、姑父、叔叔、伯父

take：采取、吃、拿、取、接受

husband：丈夫、老伴、相公、老公、爱人

president：总统、董事长、校长、会长、社长

除了通过具体的语言环境确定之外，英语中多义词的含义还可以根据搭配的不同来判断。

同主语搭配时，其意思如下。

The river runs quietly.（流）

The color runs easily.（脱落）

The road runs continuously.（伸展）

The play runs for a week.（演出）

The vine runs quickly.（蔓延）

同宾语搭配时。其意思如下。

run an engine（发动）

run drugs（偷运）

run fingers（移动）

run a race（参加）

run the water（注水）

以上是动词 run 的含义分析，从上面的例子可以看出，同一个单词在与不同的词搭配使用时，其含义也会发生相应的变化。在英语中想要区分词的具体含义必须要依赖于语境和搭配。

（二）汉语词语义项特点

汉语词语义项也有同英语类似的用法，汉语中词汇意义的确定也要依赖于词汇的搭配，也就是利用不同词汇的用法来进行词义判断。对于不同的词，要判断词义就要看其搭配成分的不同。

汉语中动词后面一般都加宾语构成动宾结构，因此一个动词的含义与其后面所使用的宾语的含义具有重要联系。例如：

他们在打电话(互通)

他们在打包裹(捆绑)

他们在打官司(交涉)

他们在打毛衣(编织)

名词一般都需要定语来修饰，因此其词义的确定就依赖于其所使用的定语。例如：

唐诗的艺术(创作表现技巧)

领导的艺术(创造性方法方式)

中国的艺术(如文学、绘画、舞蹈、音乐等)

形容词主要用于修饰名词,因此形容词词义的确定依赖于其所修饰的名词。例如:

老地方(原来的)

老兵(有经验的)

老朋友(时间长的)

我国学者高远(2002)对英语中常用的15个名词、动词和形容词的义项与汉语中15个最常用的名词、动词和形容词进行比较后发现,英语单词的词项远远超过汉语的词项,如表4-4所示。[①]

表4-4 英汉常用词义项统计

	英语	汉语
名词	man, book, water, tree, room	人、书、水、树、屋
动词	eat, sleep, speak, love, give	吃、睡、说、爱、给
形容词	good, hot, deep, think, ugly	好、热、深、厚、丑
总共15词词义	178(Collins, 1979)	83(《现代汉语词典》)
平均每词词义	11.9	5.5

(资料来源:转引自蔡基刚,2008)

从上表可以看出,在词汇的义项方面,英语要比汉语中的义项多很多,英语词汇具有更大的灵活性。

第二节 英汉词汇修辞翻译

基于以上对英汉词汇修辞的对比,不难发现,英汉词汇的翻译并非简单的词汇语义的对应,而是应在对各种因素进行分析的基础上,采取灵活而多样化的策略和方法进行翻译。

一、词义选择的翻译

英汉词汇修辞都普遍存在一词多义、一词多类的现象。一词多义就是说同一个词在同一个词类中,又往往有几个不同的词义;一词多类是

① 蔡基刚.英汉词汇对比研究[M].上海:复旦大学出版社,2008:26.

指一个词往往属于几个词类,具有几个不同的意义。选择和确定词义通常从以下三个方面着手。

(一)根据词类选择并确定词义

选择某个词的词义,首先要判明这个词在原句中应属于哪一种词类,然后再进一步确定其词义。下面是单词like在不同的句子中的词类变化。

He will never see his like again.

他再也见不到他那样的人了。(此句中like是名词)

I can't cook like you do.

我的烹饪水平不如你。(此句中like是连词)

It doesn't look like snow.

天不像要下雪的样子。(此句中like是介词)

In the sunbeam passing through the window are fine grains of dust shining like gold.

细微的尘埃在射进窗内的阳光下像金子一样闪闪发光。(此句中like是介词)

此例中,like兼具一词多义、一词多类的词汇修辞现象,英译汉时首先要根据具体语境判断like的词类,进而对其词义做出精确选择。

(二)根据语境确定词义

英语中的同一个词或同一词类,在不同的语境中往往也有不同的含义。因而就需要根据上下文以及搭配关系选择并确定词义。下面以last为例进行分析。

She disappeared shouting, "To the river, to the river!" And that was the last we saw of her.

她喊着"去河边,去河边",然后就不见了。那是我们最后一次看到她。

Jed nodded, finishing off the last piece of pizza.

杰德点了点头,吃完了仅剩的一块比萨饼。

在上面两个例句中,第一句last意为"最后一次",第二句last意为"仅剩的"。因此,针对同一词汇或同一词类的翻译,要根据上下文及其在句中的搭配关系来选择和确定词义,从而确保词汇翻译的精确性。

(三)根据专业领域选择、确定词义

一些词在不同的领域中有着迥然不同的含义。例如,default在一般语境下是"拖欠、未履行"的意思,如in default on a loan(拖欠贷款);在

法律范畴下则指的是“被要求出庭时未到席”；在计算机领域被翻译为“缺省”，如 default share “缺省共享”。

又如，server 在一般情况下是“服务员、侍者”的意思；在体育范畴内，该词指“发球员”；在计算机领域中，它又是“服务器”的含义。

英文词汇和中文词汇一样，一词一义的情况是很少的，而词与词结合起来又衍生出许多新词新义。以 take，carry，go 等词为例，在不同的词组里面它们的意义一般都有差异，如 carry forward（发扬，发扬光大；推进转入下一页、下期等），carry through（进行，贯彻，贯彻到底，完成），carry along（一起带走，使人佩服，青春如期）。

二、词义引申的翻译

根据方梦之的观点，词义引申具体是指“根据上下文，不拘于词的字面意义或词典提供的语义、释义，而对词义做必要的调整与变动”。词义引申包括概念引申、词义引申、逻辑引申和典故引申等。在英汉词汇修辞翻译实践中，词义引申的情况也对词汇的精确性具有很大的影响。下面从以下几个方面对词义引申的翻译进行探讨。

（一）逻辑引申

在英汉词汇翻译实践中，必须注意以英语为母语的人和以汉语为母语的人在逻辑思维方面的不同，以及英汉两种语言在表达习惯方面存在的差异。逻辑引申是指根据上下文的内在联系，由表及里，运用一些符合汉语习惯的表达法，选用确切的汉语词汇，将原文的弦外之音补译出来，从而避免译文的晦涩难懂。例如：

In fact one mould can produce many thousands of articles before it wears out.

事实上，一个模子生产成千上万产品之后才会用坏。

原文中的 before 本来是指“在……之前”，译文以反说代正说，作为时间关系的引申，使整个句子翻译更通顺，更符合逻辑。

（二）概念引申

概念的引申包括具体概念抽象化和抽象概念具体化。在现代英语中，常常用一个表示具体形象的词来表示一种属性、一个事物或一个概念。在词汇翻译时，一般可将其词义做抽象化的处理，译文才能流畅、自然。例如：

The application of laser in medicine is still in its infancy.

激光在医学中的应用仍然处在发展的初期。

infancy 本义为“婴儿”,在此引申为“发展的初期”。

During the 1970’s he was an embryo teacher, but he was very confident.

20 世纪 70 年代,他还是一个初出茅庐的外语教师,但是他却非常自信。

原文中的 embryo 本义为“胚胎”,在此引申为“初出茅庐”,使译文更加精确、贴切。

英语中有许多概念抽象的词语,表示某种具体事物,翻译成汉语时一般把原文中抽象、含糊、朦胧的词语用具体、明确的词语来进行翻译,从而使译文通顺、流畅。这就需要经历一个“化抽象为具体”的过程。例如:

It is more than transient everydayness.

这远远超出了一时的柴米油盐、衣食住行问题。

原文中的 everydayness 是一个抽象名词,若译为“每日的事物”,不符合汉语语言的习惯。在此,译文使用了汉语成语“柴米油盐”,从而更加精确。

(三)典故引申

典故的恰当运用也常常会引申出比字面意思更深刻的涵义,并能令人产生丰富的联想。例如:

Mother didn’t, think of the nice looking car bought the day before should become a Helen of Troy in her family. Because of this her daughter and her quarreled for a long time.

母亲没有料到前一天买的那辆漂亮的小轿车竟成了祸端，她和女儿为此吵了很久。

在此句中, Helen of Troy 引申为“祸端”。

It is unfair that historians always attribute the fall of kingdoms to Helen of Troy.

历史学家总是把王国的倾覆归于红颜祸水,这是不公平的。

Helen of Troy 源自荷马史诗《伊利亚特》中的希腊神话故事。常用来表示艳丽如西施的女人,在此引申为汉语成语“红颜祸水”。Helen 是希腊的绝世佳人，美艳无比,为了争夺这个美人而爆发了以特洛伊的毁灭为结局的特洛伊战争。对词汇典故引申义的精确翻译增强了译文的表达力。

三、词义语义对比的翻译

（一）有汉无英和有英无汉

由于在不同社会人们的思维方式、科学技术等方面的发展存在着差异，甚至伴随社会、思维、科技发展产生出来一些表示新概念、新事物的词语，加之各民族有其表示人名、地名等名称的特有词语，英汉词汇对应空缺现象是不可避免的，即有英无汉和有汉无英现象。

从英译汉时，在汉语中找不到对应的词汇，可以参照《英汉译音表》、《固有名词发音辞典》等资料，选择合适的谐音字词进行翻译。还可以依据该词所指事物的类别，在译词后加上该类别名词。例如，cupid（丘比特），Pandora（潘多拉），Apollo（阿波罗），hippie（嬉皮），Eden（伊甸园），nicotine（尼古丁）等。

从汉语词汇翻译成英语时，针对有汉无英的情况可以直接按照汉语拼音方案的书写来翻译，也可以创造出类似英语单词的拼写形式来体现汉语词的读音。对过去已有的译音，由于其已进入英文词汇并得到广泛使用，应该沿用不再重译。例如，阴阳（yin yang），风水（feng shui），八卦（ba gua），刮痧（gua sha），太极（tai chi），荔枝（litchi），馄饨（wonton），豆腐（tofu），乌龙茶（oolong），磕头（kowtow），功夫（kung fu）等。

有英无汉和有汉无英的词义空缺现象会给词语的翻译增加很大的难度，但通过对英汉语言文化的深入了解，借助于灵活多样的翻译方法，巧妙地在译语中寻找合适的表达方式，译者可以最大限度地突破语言文化障碍，再现这些词义空缺情况下的文化特色词语的意义，促进不同文化的交流。需要注意的是，不能因为在译语中缺乏词义对应词就随便敷衍，应多借助工具书，尽可能选择易被大家普遍接受的词语来翻译。此外，也可以将音译法、意译法、加注法和文化替代词译法等多种方法结合起来进行翻译。

（二）一汉多英和一英多汉

英汉词汇都是在其文化的发展过程中，经过长期的社会实践提炼出来的。在具体的词汇修辞上，也会呈现各自特有的文化内涵。英汉两种语言中的词义宽窄常常不同，存在一个汉语词汇对应多个英语词汇和一个英语词汇对应多个汉语词汇的现象。因此，在汉英词汇互译时，应结合具体语境进行。例如，阳台（balcony，veranda），商品（goods，commodity， merchandise),事情(thing, matter, affair, business)。又如, uncle (伯父、叔父、舅父、姑父、姨夫), sister (姐、妹), marry (娶、嫁), gun (枪、炮), wear (穿、戴), director (主任、理事、局长)。

四、词性转换的翻译

在进行英汉翻译时,为了使译文更加地道并符合译入语的表达习惯,需要将句中的一些词类进行转换。词类的转换翻译通常涉及以下几种情况。

(一)转译为名词

通常而言,较为常见的转译为名词的情况有以下几种。

(1)在英语中,很多动词都是由名词派生而来的,或者是由名词转用的动词。由于在汉语中也很难找到相应的动词,这时便可将其转译成汉语名词。这种情况具体包括以下两种。

第一种情况是名词派生的动词。例如:

To her, he personified the absolute power.

在她看来,他就是绝对权威的化身。

第二种情况是名词转用的动词。例如:

In the early dawn, the guard towers were silhouetted against the sky.

黎明时,天空映出了嘹望塔的轮廓。

(2)有些英语被动式句子中的动词,可译成"受(遭)到……+名词"和"予(加)以+名词"结构。例如:

Skirmishes between the Greek and Turkish Cypriots were silently witnessed, as was the heavy fighting between Lebanese troops and Moslem forces in 1958.

希腊族和土耳其族塞浦路斯人之间的小小交锋,和一九五八年黎巴嫩军队与穆斯林武装力量之间的鏖战一样,受到我们的暗中关注。

(3)形容词转译为名词。英语中定冠词加形容词表示某一类的人,翻译时常常将它们译成名词。例如:

She did her best to help the sick and the wounded.

她尽了最大努力帮助病号和伤员。

根据具体情况,还有些形容词可以译成名词。例如:

John was eloquent and elegant—but soft.

约翰有口才,有风度,但很软弱。

（二）转译为动词

英语中，也有一些词类如名词、前置词、形容词、副词等在译成汉语时转译成动词，具体如下。

1. 名词转译成动词

英语中有许多名词是由动词派生出来的，还有一些具有动作意义的名词以及其他名词，这些词通常都可以转译成汉语动词。

由动词派生的名词转译成动词，在政论文体中出现得比较多。例如：

The 1967 UN document calls for the settlement of the Middle East conflict on the basis of Israeli withdrawal from occupied territories and Arab acknowledgement of Israeli's right to exist.

一九六七年联合国文件要求在以色列撤出所占的土地以及阿拉伯承认以色列的生存权利的基础上来解决中东冲突。

在记叙、描写等文体中经常出现含有动作意味的名词，这时可以考虑将它们转译成动词。例如：

The sight of the girl reminds me of her passed father.

看到那个女孩，使我想起了她已故的父亲。

英语中有些以 -er 为后缀的名词，有时并不表示人的身份和职业，而是含有较强的动作意味。在汉语中没有恰当的对应名词时，这时就可以将它们译成动词。例如：

I am afraid I can't teach you swimming. I think my little brother is a better teacher than I.

我未必会教你游泳。我想我的弟弟比我教得好。

一些作为习语主体的名词通常也可转译成动词。例如：

Mary took a final look at her lovely hometown.

玛丽最后看了一眼她可爱的家乡。

2. 前置词转译成动词

英语中前置词的使用很常见，许多含有动作意味的前置词，如 across，past，toward 等，在汉译时可以译成动词。例如：

He barreled straight ahead, across the harbor and out over the sea.

他笔直向前高速飞行，越过港口，飞临海面。

3. 形容词转译成动词

英语中表示情感、知觉、欲望等心理状态的形容词，作表语时往往可转译成汉语动词,如 afraid, aware, able, concerned, confident, careful, doubtful, ignorant, cautions, angry, glad, certain, sure, ashamed, delighted, sorry, thankful, anxious, grateful 等。例如:

The fact that he was able to send a message was a hint. But I had to be cautious.

他能够给我带个信儿这件事就是个暗示,但是我必须小心谨慎。

4. 副词转译成动词

除了名词、前置词和形容词外,一些副词也可以转译成动词。例如:

He opened the window to let fresh air in.

他把窗子打开,让新鲜空气进来。

(三)转译为形容词

在英汉翻译过程中,转译为形容词的情况有以下几种。

(1)形容词派生的名词往往可以转译成形容词。例如:

The pallor of his face indicated clearly how he was feeling at the moment.

他苍白的脸色清楚地表明了他那时的情绪。

(2)有些名词加不定冠词作表语时,往往可以转译成形容词。例如:

As she is a perfect stranger in the city, I hope you will give her the necessary help.

她对这城市完全陌生,所以我希望你能给她必要的帮助。

(四)转译为副词

在英汉翻译过程中,转译为副词的情况有以下几种。

1. 形容词转译为副词

有些英语形容词可以转译为汉语中的副词。例如:

He placed the highest value on our cooperation.

他非常重视我们之间的合作。

2. 名词转译为副词

英语中,如果一个意义抽象的英语名词或名词短语与句子其他成分之间存在一定的逻辑关系,那么就可以根据其意义转译成汉语副词。例如:

The boy in the seat is studying the old man beside him with interest.

座位上的那个男孩正好奇地打量着他旁边的那位老人。

3. 动词转译为副词

英语中有些动词具有汉语副词的含义，因此可转译为汉语的副词。例如：

I succeeded in persuading her.

我成功地说服了她。

第五章　英汉句子修辞对比及翻译

句子是交流思想和语法结构的基本单位。在完整的信息交际的过程中，句子修辞占据着非常重要的地位并发挥着关键性作用。就目前的整个修辞研究来看，关于句子修辞的研究仍属于薄弱环节，并且此领域的研究还有待于进一步挖掘和开拓。本章就结合句子修辞的相关问题进行探讨，先对英汉句子修辞进行对比，并在对比的基础上对英汉句子修辞翻译进行分析。

第一节　英汉句子修辞对比

无论哪种语言，有效的句子往往力求简洁、清晰、丰富，形式统一、连贯，表意清楚、明确。唯有此，才能对事物阐述得更具体，对事理解说得更明确。也就是说，句子修辞往往以实现清晰性、统一性、连贯性、多样性为目的。下面就从以下几个方面对英汉句子的修辞特点进行对比。

一、英汉句子修辞特点对比

（一）英汉句子的简洁性

英汉句子修辞都力求简洁、表意清楚明白，但是在具体的修辞手段使用方面虽有类似但也存在着一些差别。

英语句子实现简洁、清晰的方法主要有以下几种。

（1）选择语意具体的动词来实现句子的简洁、清晰。例如：

原句：My supervisor went past my desk.

修改后：My supervisor sauntered past my desk.

本例中，原句中的 went past 仅表示“走过”，而修改后的句子中 saunter 一词表示“悠然自得地走过”，相当于 walked slowly。因此，改写后的句子更加生动、形象。

（2）尽量避开使用冗长句式，力求实现表达的清晰、简洁。英语中比较常用的避免句子冗长的方式有以下几种情况。

第一种情况是简化句子的单词构成，用一些简单的单词代替一些复杂但意义相同的词汇。例如：

用 ignore（忽视）代替 do not pay attention to（不注意）

用 forget（忘记）代替 do not remember（没有记住）

用 now（现在）代替 at this point in time（此时此刻）

用 because（由于）代替 due to the fact that（鉴于下列事实）

第二种情况是省略同义词或近义词。例如：

原句：The government project is important and significant.

修改后：The government project is significant.

本例原句中的形容词 important（重要的）和 significant（有重要意义的）是一组同义词，改写后的例句中省略了 important，保留了 significant。

第三种情况是在不改变句子含义的前提下，省略所有可以省略的单词。例如：

原句：The cover of the book is red in color.

修改后：The book cover is red.

修改后的句子把 the cover of the book（书的封面）省略成 the book cover，is red in color（是红色的）也省略成 is red。

汉语句子也以简洁为美，语言简洁、凝练能增加句子表达的美感。汉语句子追求简洁的方法也多种多样，下面就结合几种比较常见的手段进行具体分析。

（1）突出主要字词，删除多余、可要可不要的字眼。以不影响句子正常表达为前提，可尽量少用的、地、得、着、了、过、在、而、使、呢、吗、当等，以及后、时、"当 ×× 的时候" 等套话式的短语。例如：

原句：我在一点点地长大，外婆却在一点点地变老。

修改后：我在一点点长大，外婆却在一点点变老。

本例修改后的句子就省略了 "地" 字，实现了表达的简洁性。

（2）汉语典故、俗语、歇后语、成语等都是历经时代的发展被浓缩的文化精髓，恰当地对这些文化元素加以利用不仅能使语言更加简洁，也有利于增强语言的表现力。

（二）英汉句子的连贯性

句子的连贯、一致是指句子结构完整，时态、语态、语气及句式的一致，句中各个部分共同表达一个独立、完整的思想，句子各成分之间的关系协调、连贯、衔接自然。

在实现连贯性方面，英语句子通常采取的手段有以下几种。

（1）人称、时态、语态要始终保持一致。例如：

I like to go to school on foot because I regard it as a kind of physical exercise.

（2）代词一致。代词要保持一致应考虑到以下两种情况。

第一种情况是代词与先行词一致。学生首先要弄清楚代词究竟指代哪个名词，否则会造成意思不明确，给读者模棱两可的感觉。例如：

The old man told the boy that he was wrong.

为了使句子表意更加清晰，我们应将其改写为：The old man told the boy, "I am wrong." 或者 The old man told the boy, "You are wrong."

第二种情况是代词应在数、性、人称等方面保持一致，或者与它所照应的名词词组在这些方面保持一致。例如：

We are each responsible for his own jobs.

为了使例子所要表达的内容表述得更加清晰，应将其改写为"We each are responsible for our own jobs."才保证了句中代词各方面的连贯、一致。

汉语句子实现连贯性也经常借助于各种各样的方式、手段。在此主要结合以下几种情况进行具体分析。

（1）借助于叹词性小句如"啊！""哎呀！""天哪！""妈呀！"等来实现连贯。例如：

"上哪儿去啦？你！"她一边去盛白菜，一边问。

"洗澡去了。"他把长袍脱下来。

"啊！"以后出去，言语一声！别这么大大咧咧甩手一走！

（老舍《骆驼祥子》）

（2）借助于称呼小句如人名称呼等来引起对方注意，预示新话题或开始话轮的转换等。例如：

甲：你常常去小河边吗？

乙：我常常去，小河里有许多鱼，我常常去钓鱼。王红，你的家乡怎么样呢？

（3）借助于视角小句如"据说""依你看""我认为""他觉得""有人问"

等来实现句子的连贯。例如：

我看，这事情比较棘手，要慢慢来。依你看，应该怎么处理才好？

句子连贯性的实现方式多种多样，除了上述几种，汉语还经常会使用插入语、关联语等来实现句子的连贯，在此就不做具体分析。

（三）英汉句式的多样性

句式不拘一格、灵活多样不仅能增强文章的新鲜感和魅力，而且能够很好地激发读者的兴趣。英汉两种语言都非常注重句式的变化。

在英语中，通常采取多种多样的方式、方法来变换或使用句式，以实现句子表达的多样化。下面将结合几种常见的方法进行具体分析。

（1）打破仅以主语开头的句型，采用同位语、状语、表语、宾语、副词、介词短语、分词或分词短语、不定式、形容词或形容词短语或以词序改变的同位语开头等方式来实现句子的多元化。例如：

Hardly had he entered the room when the telephone rang.

Approaching the city center, we saw many high buildings.

The Chinese author Mo Yan was awarded the 2012 Nobel Prize.

Mo Yan, Chinese author, was awarded the 2012 Nobel Prize.

（2）松散句、圆周句、平衡句等句型的灵活使用。例如：

The workers here are mostly diligent, though not all.

该句为松散句式，与其相对应的圆周句式为：

The workers here are mostly, though not all, diligent.

She will go abroad if she has enough money.

该句为松散句式，与其相对应的圆周句式为：

If she has enough money, she will go abroad.

（3）长句和短句的交叉使用。长句和短句交叉使用往往也能为语言表达增辉添色。例如：

A different form of reading might also be done, as it was in the past: reading aloud. Few pastimes bring a family closer together than gathering around and listening to mother or father to read a good story. The quite hour could become the story hour.

本例中前两句为长句，第三句为短句。一般而言，短句短小精悍，可达到强调的目的，长句修饰成分多，可以清楚准确地表达复杂的思想。短句多运用于日常谈话、演讲、少儿作品或人物对话中；长句往往在政论文、科技文章以及文学作品的叙述描写中运用得比较广泛。

相比较而言，汉语句式表达也力求丰富多样。在此仅结合两个比较显著的特点进行分析。

(1)汉语句子以平铺直叙的特点见称,主干结构不明显,但是在句子扩展中会引起结构的不断变化。例如:

丰富多彩。

生活丰富多彩。

他们的生活丰富多彩。

小李说他们的生活丰富多彩。

昨天小李说他们的生活丰富多彩。

由此不难发现,汉语句式的句首具有开放性的特点,句尾却具有收缩性。

(2)汉语句子中存在着大量零句。整句具有主谓结构,零句由词和词组构成,没有主谓结构。例如:

小李买了九本书,一共十二块钱,拿回家一看,全是半新半旧的。

二、英汉句子主语选择对比

由于英语民族的思维方式在很大程度上受到以物为核心思想的影响,汉民族的思维方式在很大程度上受到以人为中心的哲学思想的影响,英汉两种语言在句子主语选择方面存在着明显的不同。具体体现在英语句子往往选择非人称主语,而汉语句子更倾向于人称主语。例如,针对同一表述,英语和汉语的表达就存在着明显的不同。

What happened to you ?

你怎么啦?

三、英汉句子结构层次对比

(一)英语句子的结构层次

从句法的结构层次来看,英语句子分为简单句、并列句、复句、并列复句。例如:

A good husband makes a good wife. (简单句)

They were happy and they deserved their happiness. (并列句)

She is the person we mentioned at the meeting. (复句)

The younger children, who are mostly 5 or 6 years old, are learning some basic Chinese by playing games while the older ones are working on more advanced reading, speaking, and writing exercises. (并列复句)

（二）汉语句子的结构层次

汉语中的句型划分和英语也很类似，汉语中将句子分为单句和复句，复句又分为并列关系的复句和偏正关系的复句。例如：

下雨了（单句）

李丽喜欢吃火锅。（单句）

物质热胀冷缩，但水却往往不是如此。（并列复句）

尽管他学识渊博，可是学生们并不大喜欢他，因为他老是斜眼看人。（多重偏正复句）

通过对比不难看出，英语和汉语对句子划分的依据有所不同，汉语句子的划分是语义和句法并重，更加注重语义关系，而英语句子主要是按照句法结构层次关系来划分的。

四、英汉句子重心对比

英汉句子的修辞差异还体现在句子重心的不同，具体有如下体现。

（一）英语先表态、后叙事

英语的表达习惯先表态、后叙事，表态部分很短，叙事部分通常都比较长。例如：

Good reception requires a series of relay towers spaced every 30 miles since the curvature of the earth limits a microwave's line-of-sight path to about 30 miles.

地球曲率的限度使微波发射的视线路径为 30 英里；为了接收良好，需建立间隔为 30 英里左右的系列转播塔。

Stealing happens only in communities where some have got more than they need while other have not enough.

在一个社会内，只有当一些人绰绰有余，而另外一些人物质匮乏时，偷盗才可能发生。

（二）汉语先叙事、后表态

与英语恰恰相反，汉语的表达习惯是叙事在前、表态在后，叙事部分稍长，表达部分很短。例如：

我每年放暑假都到老家山东和父母亲住一两个月。

I went to live with my parents for a month or two every summer vacation in my hometown Shandong.

从以上例句不难发现,英汉语言在句子安排上的思路大相径庭。在叙述事物发展过程的句子中,英语通常是先表达自己的感受、态度或对事情做出评价,然后再详细描述事情的来龙去脉,形成先短后长、头轻脚重的语言现象。而汉语描述一件事时,多是按照先后顺序,由因到果,由假设到推论,由事实到结论的顺序展开。

五、英汉句子强调手段对比

英汉两种语言的句子都往往通过句法手段来实现对句中关键信息的强调。下面分别对其进行对比分析。

(一)英语句子的强调手段

英语中比较常见的强调手段有如下几种。

(1)使用 not...until 句子结构实现强调。比较常见的强调句型有以下两种:It was not until+ 时间状语(从句)+that+ 主句;Not until+ 时间状语(从句)+ 主句倒装句。下面将结合具体例子进行分析。

I didn't understand the true state of affairs until I read your letter.

为了实现句中关键信息的强调,可将其改为如下两个句式:

It was not until I read your letter that I understood the true state of affairs.

Not until I read your letter did I understand the true state of affairs.

(2)使用 how 和 what 感叹句实现强调。例如:

How cold it is!

How time flies!

How splendid you look in your new suit!

What a serious problem!

What a good time we had last night!

(3)使用 if only 从句感叹句实现强调。例如:

If only she could have lived a little longer.

If only he had enough sense of humor!

(二)汉语句子的强调手段

从严格意义来讲,汉语没有形态标记或形态变化,为了实现强调,汉语往往打破常规的句法结构或在原句法结构的基础上添加标记词等。因而,从强调的角度而言,汉语句法结构强调通常有固定强调式和易位强调式两种。

1. 汉语固定强调式

汉语固定强调式通常有以下几种情况。

(1)平行结构的强调。例如:

死亡带走了她的希望,也留下了复仇的种子。

这类强调句中的两个分句结构大体类似,在对比中强调了句中所发生的事实,凸显并传递了强调信息。

(2)否定+肯定句式。例如:

指引人们走向胜利的不是恨,而是爱!

指引人们走向胜利的是爱!

(3)双重否定句式。例如:

幼儿园里的小朋友没有一个不喜欢李老师的。

幼儿园里的小朋友都喜欢李老师。

2. 汉语易位强调式

通常情况下,汉语中的句子成分相对比较固定,往往是按照主语+述语+宾语的顺序排列,并且修饰语位于中心语之前,但是为了实现句子修辞如强调关键信息等的需要,说话人就将语序加以调整。这就是汉语的易位强调。比较常见的易位强调有以下几种情况。

(1)谓语+主语。例如:

挨打了吗,孩子们?

出来吧,你们!

(2)宾语+述语。例如:

世贸天阶,她常逛。

去吗,打算?

(3)中心语+修饰语。例如:

纳粹撤了,都?

易位强调可以说是汉语中比较常见的强调句型。这类句子往往将句子的焦点落在了移位成分上。这样一来,听众可以从句首或句尾去寻找并解读信息,对重要信息起到了很好的强调作用。

上面大多是汉语简单句的强调,在汉语复句中,也存在着易位强调的情况。下面结合其中比较常见的情况进行分析。

（1）强调原因的复句。例如：

因为她富裕的家境，他才爱上她。

其易位强调句为：

他之所以爱上她，是因为她家境富裕。

（2）强调主句、分句间的让步关系。例如：

虽然她已经不再在乎过去几十年的感情，他仍然爱着她。

其易位强调句为：

他仍然爱着她，虽然她已经不再在乎过去几十年的感情。

（3）强调虚拟条件。例如：

我们就不出去溜达了，要是明天大雨。

其易位强调句为：

要是明天大雨，我们就不出去溜达了。

除此之外，汉语中还存在着很多有强调标记词的强调句型。

（1）以"是"为强调标记词的强调句型。例如：

他是很英俊。

奥兰多是昨天获得的最佳男演员。

（2）"是"与"的"连用组成的以"是……的"为强调标记词的强调句型。例如：

每个人是应该热爱自己母校的。

遗憾的是她身无分文。

（3）以"就"为强调标记词的强调句型。例如：

她八个月前就出发去上海了。

就葛优昨天去东京获得了最佳男演员奖。

（4）"一"与"就"连用组成的以"一……就"为强调标记词的强调句型。例如：

我一想起小李就头疼。

我一不运动就容易生病。

（5）以"连"为强调标记词的强调句型。例如：

连个人影都没有！

同时，"连"字还与"也"、"都"构成了强调句型。例如：

你连李连杰都不认识？

连招呼也不打。

（6）以"被"为强调标记词的强调句型。例如：

事实被这篇报道歪曲了。

他被坏人骗了。

白鸽被看作和平的象征。

(7)以“也”为强调标记词的强调句型。例如:

一个字也没写。

我们明天也去秦皇岛。

(8)以“才”为强调标记词的强调句型。例如:

她才十六岁就成名了。

(9)以“又”为强调标记词的强调句型。“又”引导的强调句有强调反问和强调否定两种情况。例如:

下点雨又有什么关系呢?

刚工作的大学生又不怎么赚钱。

(10)以“只有”为强调标记词的强调句型。例如:

只有傻瓜才会知道这个答案。

此外,和英语类似,汉语中也存在感叹句句型强调的情况。例如:

杜甫是很有才华的诗人啊!

第二节 英汉句子修辞翻译

在对句子修辞进行对比分析的基础上,下面结合长句、定语从句以及一些常见的句子修辞进行翻译方法的分析。

一、长句的翻译

英语句子的结构注重形合,句子成分通常用连接词来表示其结构关系,其长句的结构也通常是由基本结构扩展来的。在对英语中的长句进行翻译时,通常先对其句法进行分析,弄清句子的基本结构,在对句子类型进行判断的基础上,理清主要成分和修饰成分间的关系,并将其与汉语句型的异同进行对比,然后根据具体情况采用相应的翻译技巧,最为常见的有内嵌法、切分法、逆序法、解说法、顺承法等。

(一)内嵌法

内嵌法又被称作“包孕法”,这种翻译技巧对于英语定语结构的翻译非常适用,常常译作“……的……”结构。例如:

This is no class war, but a war in which the whole British Empire and Commonwealth of Nation is engaged, without distinction of race, creed, or party.

这不是一场阶级之间的战争，而是一场不分种族、不分信仰、不分党派，整个大英帝国及英联邦全体成员国无不参加的战争。

本例中“...in which the whole British Empire and Commonwealth of Nation is engaged, without distinction of race, creed, or party.”为一定语结构，运用内嵌法翻译为“……不分种族、不分信仰、不分党派，整个大英帝国及英联邦全体成员国无不参加的……”使得原文结构得以保持，给人一种一气呵成、连贯的感觉。

（二）切分法

切分法在英语长句的翻译中也较为常见，它是将英语长句依照意群切分成若干小句再进行翻译。例如：

Owing to the remarkable development in mass-communications, people everywhere are feeling new wants and are being exposed to new customs and ideas, while governments are often forced to introduce still further innovations for the reasons given above.

由于大众通信的显著发展，世界各地的人们不断感到有新的需求，不断接触到新的习俗和思想。而各国政府由于上述原因，常常不得不推出进一步的革新措施。

本例运用切分法进行了翻译，将 while 引起的转折句作为新句独立了出来。

（三）逆序法

有时，英语长句的表达习惯和汉语正好完全相反，因而就需要从原文后面开始翻译，逆着原文顺序进行翻译。运用逆序法进行翻译时，通常将其断成若干句子，然后按照汉语习惯表达法进行重新安排，使译句中各个分句的顺序和原文正好相反。这种翻译技巧更适合翻译含有定语从句、表语从句、状语从句、同位语从句以及带较长介词短语的句子。例如：

I believe that I interpret the will of the Congress and of the people when I assert that we will not only defend ourselves to the uttermost, but will make it very certain that this form of treachery shall never again endanger us.

我断言，我们不仅会尽最大的努力来保卫自己，还将确保这种背信弃义的行为永远不会再次危及我们。我相信，这也是表达了国会和人民的意志。

本例中的“这”字作为从句内容的替代出现于后半句中，使前后连贯。采用逆序法进行翻译使译文的可读性和可接受性增强。

（四）解说法

英语句子经常将解释与说明放置句尾,因而具有句尾开放的特点,但汉语复句分句间也通常有解释说明和总分的关系,因而可采取解说法这一翻译技巧进行翻译,先依据英语句意对汉语进行解说,先分后总或先总后分来翻译。例如：

This has become a kind of code, in which few words are spoken because each, along with its attendant murmurings and pauses, carries a wealth of shared assumptions and attitudes.

这已经成了一种社会惯例,话语极少,因为每一个词,随着说话人的沉吟与停顿,都表达了大量相互默契理解的心思与态度。

本例中原句包含一个定语从句、一个原因状语从句以及一个介词短语。主句先进行总述,然后从句对内容进行详细解释,和汉语的叙述方式很雷同,因而采用解释法的翻译技巧进行翻译更为恰当。

（五）顺承法

英语中的一些长句有时和汉语一样是按照空间、时间以及逻辑关系先后顺序等进行安排的,因而可以按照英语原句的表达顺序进行翻译。例如：

The SPC members work on short-term tangible projects that help companies improve their supply chains, such as a Starbucks（SBUX）case study comparing its old packaging for chocolates to new packaging that reduced the amount of materials overall while increasing percentage of recycled materials.

SPC成员致力于开发短期又实际的项目来帮助公司们改善他们的供应链,例如星巴克（SBUX）这一案例中,使用新的包装来包装巧克力,较旧的包装而言,整体减少了材料使用的数量,但同时提高了循环使用材料的百分比。

二、定语从句的翻译

定语从句具体包括限制性定语从句和非限制性定语从句两种。下面对这两大类定语从句翻译的具体技巧进行分析。

（一）限制性定语从句的翻译

在限制性定语从句中,从句对其所修饰的先行词起修饰、限制作用,两者关系密切,也通常没有借助于逗号隔离。这种类型的定语从句在翻译时通常采取以下几种翻译方法。

1. 前置译法

运用这种翻译方法进行翻译通常将英语非限制性定语从句译为带“的”字的前置定语,并将其置于被修饰词的前面。这样就可以将英语中的复合句译为汉语中的简单句。通常而言,简单的定语从句常常使用前置法进行翻译。例如:

You can take any one which you like.

你可以把你喜欢的那个拿走。

本例中 which you like 译为“的”字的定语词组“你喜欢的”。

2. 后置译法

当定语从句的结构较为复杂时,将其译成汉语的前置定语则会显得冗长,与汉语的表达习惯不一致,这种情况下可以采用后置法进行翻译,将其译为后置的并列分句。主要包括以下两种情况。

(1)省略英语先行词,译成并列分句。例如:

He was an old man who hunted wild animals all his life in the mountain.

他是个一辈子在山里猎杀野兽的老人。

(2)重复英语先行词,译成并列分句。例如:

She will ask her friend to take her daughter to Beijing where she has some friends.

她将请朋友把她的女儿带到北京,在北京她有些朋友。

3. 溶合译法

这种翻译方法是将原句中的主语与定语从句融合为一体并译为一个独立的句子。基于限制性定语从句和主句之间关系的密切性,运用溶合翻译的技巧对限制性定语从句进行翻译较为常见,它取消了主句的动词,将定语从句作为主体译为简单句,这种翻译技巧在含有 There be 结构的句型汉译时也很常见。例如:

There was another man who seemed to have answers and that was Robert McNamara.

另外一个人似乎胸有成竹,那就是罗伯特·麦克纳马拉。

(二)非限制性定语从句的翻译

英语中的非限制性定语从句仅仅是对先行词进行叙述、解释或描写,其修饰限定作用不是很明显，且常用逗号隔开。对这类定语从句进行翻译时通常也可以采用以下几种方法。

1. 前置译法

这种翻译方法是将英语非限制性定语从句译成带“的”字的前置定语，并将其置于被修饰词的前面。例如：

Amy liked her sister, who was warm and pleasant, but she did not like her brother, who was aloof and arrogant.

艾米喜欢热情快乐的妹妹，而不喜欢冷漠高傲的哥哥。

本例原文中存在两个非限制性定语从句“she liked her sister, who was warm and pleasant”,“but she did not like her brother, who was aloof and arrogant”。对句中这些信息进行翻译时，都译为“的”字结构，即“热情快乐的”“冷漠高傲的”，分别修饰“妹妹”“哥哥”，作前置定语。

2. 后置译法

对非限制定语从句进行翻译还可以使用后置法，主要包括以下两种情况。

(1)译为独立分句。例如：

They were also part of a research team that collected and analyzed data which was used to develop a good ecological plan for efficient use of the forest.

他们还是一个研究小组的成员，这个小组收集并分析数据，用以制订一项有效利用这片森林的完善的生态计划。

(2)译为并列分句。例如：

When he was lost to her view, she pursued her homeward way, glancing up sometime at the sky, where the clouds were sailing fast and wildly.

当她看不见他了，才朝家里走去，有时抬头望望天空，乌云在翻滚奔驰。

(三)状语化功能的定语从句的翻译

英语中有些定语从句在意义层面和主句间存在表示原因、目的、结果、让步、条件假设等状语关系，具有一定的状语化功能，在对此进行翻译时，译者需要根据原文中的上述逻辑关系，译成符合汉语表达习惯的篇章复合句。对这类定语从句进行翻译时具体有如下几种情况。

(1)译为表时间的偏正句。例如：

He expressed his philosophy in letters to his friend General George

Roges Clark, who was also being unfairly criticized.

在他的朋友乔治·罗杰斯·克拉克将军同样遭到不公正的批评时，杰斐逊给他写信表示自己的观点。

(2)译为表目的的偏正句。例如：

Nobody knows what she thinks. So she has decided to give a speech, that will show her attitude towards the coming election.

没有人知道她想什么,所以她决定举行一次演讲,以便申明她对于即将到来的选举的态度。

(3)译为表结果的偏正句。例如：

Jack built a telescope through which he could study the stars.

杰克做了一架望远境,使他能够研究空中的星星。

(4)译为表条件、假设的偏正句。例如：

A man who has friends must show himself friendly.

要交朋友,必须以友谊待人。

(5)译为表让步的偏正句。例如：

Lily persisted in having a bicycle which she had no use for.

莉莉坚持要买一辆自行车,尽管她用不上。

(6)译为表原因的偏正句。例如：

The solders, who may have felt sorry for the boy, had him stand with his back to his father.

士兵可能因为可怜那男孩,让他背向父亲站着。

三、其他句子的翻译方法

(一)正译法和反译法

1. 正译法的运用

对于英语中形式上是否定但内容却有强烈的肯定含义的句子,通常采取正译法将其译成肯定句。

(1)形容词正译。例如：

She was an indecisive sort of person and always capricious.

她这个人优柔寡断,而且总是反复无常。

All the articles are untouchable in the museum.

博物馆内所有物品都禁止触摸。

(2)副词正译。例如：

John carelessly glanced through the note and got away.

约翰粗略地看了看那张便条就走了。

Many agreed that the Prime Minister had in effect resigned dishonorably.

许多人认为首相辞职实际上是很丢人的。

(3)动词正译。例如：

The doubt was still unsolved after her repeated explanations,

虽然她一再解释,疑团仍然存在。

(4)名词正译。例如：

She brought dishonor on hor family.

她为家族带来了耻辱。

It was said that someone had sown discord among us.

据说有人在我们中间挑拨离间。

(5)短语正译。例如：

Peter has no more than eight dollars in his pocket.

彼得口袋里只有八美元。

She cannot see enough of him.

她总愿意和他呆在一起。

(6)句子正译。例如：

Amy is too angry not to say it.

艾米盛怒之下肯定会那么说的。

Man in general does not appreciate what he has until he lose it.

一般人要等到失去他的所有才知道珍惜。

2. 反译法的运用

对于英语中那些形式是肯定的但却暗含着否定意思的词或短语,在翻译时可用反译法译为否定句。

(1)形容词反译。例如：

She seems very reluctant to give the money away.

她似乎很不愿意花钱。

Deception is foreign to her nature.

欺骗与她的本质格格不入。

(2)动词反译。例如：

Such a chance was denied to him.

他没有得到这样一个机会。

The scientist rejects authority as an ultimate basis for truth.
科学家不承认权威是真理的最后根据。

(3)副词反译。例如:

Eric evidently thinks otherwise.
艾瑞克显然有不同的想法。

(4)名词反译。例如:

This failure was the making of her.
这次不成功是她成功的基础。

Mary was in ignorance of your plan.
玛丽不知道你们的计划。

(5)连词反译。例如:

I will not go unless I hear from John.
如果约翰不通知我,我就不去。

Life may well turn out to be the true, rather than exception.
很可能生命是普遍存在的,而不是一种例外,这一点很可能得到证实。

(6)介词反译。例如:

I don't think it is beyond her power to fulfill the task.
我的确认为要完成这项任务是她力所不及的。

This problem is above me.
这个问题我不懂。

(7)短语反译。例如:

The old man is dying with only strangers around.
这个老人临终前,身边连一个亲人也没有。

It's dishonest scheme and I'm glad to be out of it.
这是一个不光彩的计划,我很高兴没有参与。

(二)合译法和分译法

1. 合译法的运用

合译是指把原文中两个及以上的简单句或一个复合句在译文中用一个单句来表达。在翻译中运用合译的翻译技巧是为了使译文符合汉语表达习惯。运用合译的技巧进行翻译主要有以下几种情况。

(1)如果原文为并列复合句,可将其译成一个单句。例如:

The time was 11:30, and traffic on the street was heavy.
11:30的时候,街上来往的车辆拥堵。

It was in mid-August, and the repair section operated under the blazing sun.

八月中旬，修理组人员在骄阳下工作。

（2）如果原文为主从复合句，也可将其译成一个单句。例如：

She's blest if I know.

她一点也不知道。

Claire was born with a silver spoon in her mouth who thought that she could do whatever she wanted.

克莱尔出生在富贵之家，认为凡事皆可随心所欲。

（3）如果原文中有两个或两个以上的简单句，可将其译为一个单句。例如：

She was very clean. Her mind was open.

她为人单纯而坦率。

The young man was very miserable. He had no money about him. All his savings had boon stolen.

这个年轻人惨到身无分文的地步，因为他所有的积蓄都被窃走了。

2. 分译法的运用

英汉翻译过程中分译技巧的运用是在对某个单词或短语进行翻译时，为了使译出的单词或短语既有地方放置又忠实于原文，通常可以将原文的一个单词或短语译成一个分句或简单句，具体如下。

（1）单词译成句子

第一种情况是形容词译成句子。例如：

She had a sound feeling that idiom was the backbone of a language and she was all for the racy phrases.

她感到习语是语言的主要支柱，因此特别主张用生动的短语，这样的想法是非常正确的。

第二种情况是副词译成句子。例如：

Incidentally, I hope to get better education in these countries than I can get here in the United States.

顺便提一下，我希望能在这些国家受到比在美国还要好的教育。

He, not surprisingly, did not respond at all.

他根本没有答复，这是不足为奇的。

第三种情况是名词译成句子。例如：

Her informality impressed me deeply.

不拘礼节，这是她给我留下的深刻印象。

（2）短语译成句子

第一种情况是分词短语译成句子。例如：

We were at home in the home of the people, moving confidently without fear.

我们在群众家里感到自在，活动时一点也不拘束。

That girl sat with her hands cupping her chin, staring at a corner of the little kitchen.

那个女孩坐在那儿，双手托着下巴，凝视着小厨房的一角。

第二种情况是名词短语译成句子。例如：

He wrote six books in the first two years, a record never touched before.

他头两年写了六本书，打破了以往的记录。

第三种情况是介词短语译成句子。例如：

She arrived in Washington at a ripe moment internationally.

她来到华盛顿，就国际形势而言，时机正合适。

We power increased with their number.

我们的人数增加了，势力也随之壮大。

第六章　英汉语篇修辞对比及翻译

一篇好的文章只靠选好词、造好句子是不够的，还需要将句子合理有序地组织起来，共同服务于一个主题，这就涉及语篇修辞的问题。在不同的语言中，语篇修辞有着不同的表现和特点，这些特点直接影响着语篇的翻译。本章首先对英汉语篇修辞进行一番全面的对比，继而讨论英汉语篇修辞的翻译问题。

第一节　英汉语篇修辞对比

一、语篇策略对比

所谓篇章策略，即当语篇主题、整体架构基本确定以后，作者用以实现写作目的的写作手段、内容组织等。中西方民族思维方式不同，这导致英汉语篇的修辞策略也有所不同。概括来说，汉语语篇强调以情动人，借古说今，而英语语篇则强调以理服人，借今说今。

（一）汉语语篇以情动人、借古说今

自古以来，中国人说话、写文章多注重情感宣泄，借此引发读者的情感共鸣。因此，汉语语篇中常用大量“豪情万丈”的语言来表达主观论断和鲜明、丰富的情感。例如：

……是荒谬的

我们必须……

我们坚决要求

我们坚决反对……

我们应该/不应该……

另外，汉语语篇中多使用成语典故、习语警句，习惯用古代的智慧证明自己的观点、表达自己的思想。

（二）英语语篇以理服人、借今说今

英语常常以理服人，多客观论据、理性逻辑、创新变化。英语文章多用事实说话，以真实的论据、严密的逻辑和推理使读者信服。汉语语篇中大量的情感诉求是英语说理文章的大忌。英美人士认为，对于本就存在争议的事物，要想让别人接受自己的观点，必须摆事实、讲道理，而如果加入太多作者的主观意见，宣泄情感，反而会招致他人的反感和排斥。毕竟人们都认为自己的观点是正确的，只有合乎逻辑的严密论证才能令人信服。

另外，在论证自己的观点、表达自己的思想时，英美人士习惯用与当下所处时间更近的普通人、普通经历进行说明，从而强调观点的普适性，以增强文章的说服力。

总之，在篇章策略的选择上，中国文章习惯重复论点、引用典故、套用成语，依赖传统和权威来说服读者；而英语文章更倾向于通过客观的数据和事实，严密的逻辑和推理，以及和读者距离更近的常人经历来说服读者，更具有创造力。

二、语篇结构对比

语篇结构体现了语篇的发展模式，而影响语篇发展模式的就是人类的思维。我们知道，不同民族的思维习惯存在较大差异。西方的一些语言学家曾按照文化源流将世界各民族的思维模式分成四种类型，即东方型、闪族型、斯拉夫型和英美型，如图 6–1 所示。

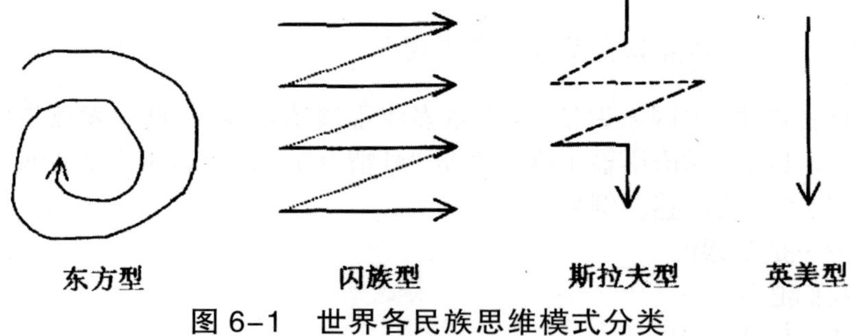

图 6–1　世界各民族思维模式分类

通过上述可以看出，英美人的思维像一条直线一样向前推进，而中国人重感性，较为谦逊，因此思维呈螺旋状发展。这种思维模式的差异对英汉语篇的结构具有很大影响。

（一）英语线型结构

英美人的思维模式是直线型的，因此英语文章通常按照逻辑直线推理的方式进行，先陈述中心意思，然后分点说明，分点说明的目的在于展开主题、论证或阐述主题，同时为在以后的段落中增加其他意思做准备。

直线型篇章结构最大的特点就是语篇意思清晰、条理有序、互相联系。另外，在展开主题的过程中，语篇中的每一个句子都是从前面的句子中自然而然产生出来的，因此整个语篇就是在前文的基础上不断加深、拔高，层层递进，最后达到高潮，具有鲜明的动感和强大的吸引力。

直线型篇章结构的开展方式有很多种，如按照时间顺序、空间顺序、重要程度、强调顺序来发展段落（即英语中的意合）。其间，大量过渡连接词的使用也会进一步增强语篇的这种直线特征。例如：

(1) Although the New Testament writers used the popular language of their day, they often achieved great dignity and eloquence. (2) Convinced of the greatness of their message, they often wrote naturally and directly, as earnest men might speak to their friends. (3) Although St. Mark's writing was not necessarily polished, he wrote with singular vigor and economy. (4) St. John struggled with the language until he produced sparse and unadorned prose of great beauty. (5) St. Paul, at his best, reached heights of eloquence which some consider unsurpassed in literature. (6) St. Luke, the most brilliant of the New Testament writers, gave us Jesus' Parable of the Prodigal Son. (7) Taken as a whole, the work of these great Christian writers of the first century has a dignity and splendor all its own.

这段文字共有七句话。其中，(1)和(2)点明了全篇的主题：尽管那些《新约》的作者们用了他们当时流行的语言，他们常常取得了高贵和雄辩。深信于他们言语的伟大，他们经常写得自然而直接，就像热心的人们向他们的朋友述说那样。换句话说，(1)和(2)告诉读者，作者将从文学作品而不是圣经的角度对《新约》进行讨论。接着，(3)、(4)、(5)、(6)分别以圣马可、圣约翰、圣保罗、圣卢克为例来说明本段的主题：圣马可的创作有奇异的活力和简约的风格，圣约翰用精练和朴实创造出华美的散文，圣保罗的雄辩程度难以超越，圣卢克是最有才气的新约作者。通过对这四个例子的分析，读者可以明白，正是因为《新约》作者的文采才使得《新约》受到世人尊敬并享有雄辩的赞誉。(7)作为总结句再次重申了作者的观点：基督的作者们享有尊严和荣耀。总体来说，这是一个典型的直线型篇章，观点鲜明、理由充分、结论明确。

It is a miracle that New York works at all. The whole thing is implausible. Every time the residents brush their teeth, millions of gallons of water must be drawn from the Catskills and the hills of Westchester. When a young man in Manhattan writes a letter to his girl in Brooklyn, the love message gets blown to her through a pneumatic tube—pfft—just like that. The subterranean system of telephone cables, power lines, steam pipes, gas mains, and sewer pipes is reason enough to abandon the island to the gods and the weevils. Every time an incision is made in the pavement, the noisy surgeons expose ganglia that are tangled beyond belief. By rights New York should have destroyed itself long ago, from panic or fire or rioting or failure of some vital supply line in its circulatory system or from some deep labyrinthine short circuit. Long ago the city should have experienced an insoluble traffic snarl at some impossible bottleneck. It should have perished of hunger when food lines failed for a few days. It should have been wiped out by a plague starting in its slums or carried in by ships' rats. It should have been overwhelmed by the sea that licks at it on every side. The workers in its myriad cells should have succumbed to nerves, from the fearful pall of smoke-fog that drifts over every few days from Jersey, blotting out all light at noon and leaving the high offices suspended, men groping and depressed, and the sense of world's end. It should have been touched in the head by the August heat and gone off its rocket.

(E. B. White: *The Miracle of New York*)

本例一开头就直接点明了文章主题——纽约是一个奇迹。随后文中的每一个细节、每一句话都围绕这一主题展开，讲述了纽约的各种奇特之处。在证明主题的过程中，作者按照重要程度来组织所有细节：最开始渲染一种“不安”的心理，然后逐渐加深、层层递进，直到最后引出“疯了”的心理，整篇文章逻辑清晰、严密，是一篇典型的线型结构。

（二）汉语螺旋型结构

中国人的思维模式是曲线型的，习惯跳动、迂回、环绕的方式，使汉语篇章呈现出螺旋型的特点。具体来说，汉语篇章以反复而又发展的螺旋型形式对一个意思加以展开，中间做出的结论又被进一步展开，或者成了一个新的次主题的基础。例如：

索引在我国出现得较晚。有人认为起源于南北朝的类书就具备了索引的性质，这种说法是不科学的。类书是将群书中可供参考的资料辑录出来,分类或依韵编排的一种工具书。它具有文献摘要的性质,并且所记录的范围漫无边际,而索引则只注明文献的出处,使读者“执其引以得其文”,并不司摘录原文之职。并且索引还有严格的范围,如作《史记人名索引》就绝不可将《汉书》中的同名人物一并编入。

为古书作索引大体始于明清之际。明末的著名学者傅山曾编制了《春秋人名韵》、《春秋地名韵》。乾隆时汪辉祖编制的《史姓韵编》是依韵编排的。嘉庆时毛谟所编制的《说文检字》,采用了用部首笔划来进行编排的方法。

本例中,“索引在我国出现得较晚”是主题句,但下面的内容并没有以此为中心思想展开。第一段主要是讨论类书和索引的区别,在第二段作者才回到主题上来,继续谈索引在我国出现的时间,充分体现出迂回、反复的特点。

综上所述,正是由于英汉语篇在篇章策略、篇章结构上的种种差异,中国学生才会在掌握了有效的材料,迅速写出了正规的英语段落以后,却仍然得不到英语读者的欣赏。对此,英语学习者在学习英语时,不能只顾学习英语语言知识、技能,还要注意英语修辞的学习,掌握英汉修辞的差异,这样才能在说话、写作中避免“中国式”修辞,使表达更加符合英语表达习惯和规范。

三、语篇衔接对比

语篇是由句子构成的,但不是句子杂乱无章的堆砌,而需要通过一定的衔接手段,使各成分构成逻辑关系才能形成有意义的语篇。语篇的衔接手段包括以下两种。

(1)语法衔接(grammatical cohesion),包括照应(reference)、替代(substitution)、省略(ellipsis)、连接(conjunction)。

(2)词汇衔接(lexical cohesion),包括词汇重述(reiteration)、同义(synonymy)、反义(antonym)、上下义(superordinate/hyponym)、搭配(collocation)。

上述几种衔接手段在英汉两种语言中都有使用,但使用的特点却有所不同。英语强调主客体分离,注重显性接应和结构完整,因此常常将句中的词语或分句用语言形式手段连接起来,以加强语法意义与逻辑关系,使语篇呈现出“形合”的特点。汉语强调主客体统一,注重隐性接应与逻辑顺序,所以很少使用甚至不用形式连接手段,体现出较强的“意合”色彩。

总地来说,英汉两种语言在词汇衔接手段上同大于异,但在语法衔接手段上则异大于同。下面我们就对英汉语法衔接手段进行一番细致的对比。

(一)英语语篇衔接

英语常用的形合方式主要有五种:使用连接词、使用代词、使用平行结构、适当重复、语法照应。下面我们分别进行举例介绍。

1. 使用连接词

过渡连接词是一种关系指引词,在传统英语语法中被称为“虚词”。尽管如此,它们在语篇中的作用却不容小觑。通过连接词,英语本族语者能够顺利地展现句与句之间的逻辑关系,保持段落的流畅和通顺,是形合的一种常用手法。例如:

I know that there are objections to my decision to become a social worker. **Specifically**, there is the big one my father points out: money. I know, **of course**, that a woman has to make a living; **but**, as I tell him, a woman doesn't need more than her tastes require. He says, in good nature, that I don't know how expensive my tastes are, that I have had lots of privileges I don't even recognize as such, **for example**, coming to this kind of college. It doesn't do much good to reply that, **even though** I have had it easy, I want something beyond that easiness of life. You see, he cuts me off here, and says that I have a good hard logical mind and a person isn't happy unless she is using her best talents, and that, **consequently**, I should go into law or something like that to use mine. **Undoubtedly**, my father is right, **generally speaking**. He himself, **in fact**, has used his talents; for he is one hell of a good corporation lawyer, and is happy in his business. **But** I am me.

根据在文章中的作用,过渡连接词大体可以分为以下几类。

(1)表时间的连接词有:in due time, presently, before, afterwards, at last, in the meantime, shortly, meanwhile, shortly after, then, immediately, once, soon, recently until, now, earlier, at length, while, recently, etc.

(2)表方位关系的连接词有:here, there, above, below, beyond, next to, on the opposite side, to the/one's right/left, etc.

(3)表顺序关系的连接词有:next, then, first, second, third, finally, a second, a third, etc.

(4)表举例的连接词有: for example, for instance, namely, in this case, in particular, to illustrate, etc.

(5)表原因的连接词有: as, for, because (of), for that reason, since, etc.

(6)表结果的连接词有: thus, so, therefore, accordingly, thus far, as a result, hence, so far, consequently, then, etc.

(7)表增加的连接词有: also, again, further, furthermore, and, and then, moreover, in addition, too, beside, etc.

(8)表强调的连接词有: chiefly, doubtless, certainly, indeed, to be sure, above all, as a matter of fact, in fact, unquestionably, without doubt, etc.

(9)表转折关系的连接词有: but, however, yet, nevertheless, although, etc.

(10)表总结的连接词有: to sum up, finally, in brief, to conclude, in conclusion, in summary, in other words, in short, etc.

(11)表比较相同的连接词有: too, also, just as, similarly, likewise, in the same way, at the same time, etc.

(12)表对比不同的连接词有: still, on the other hand, on the contrary, in contrast, instead, nevertheless, after all, rather ,etc.

2. 使用代词

尽管重复关键词是实现段落连贯的一个有效手段,但不必要的词汇重复反而会影响段落的可读性。对此,代词的使用就尤为重要。恰当地使用代词不仅可以避免无谓的重复,还能将前后句子联系起来,形成一个连贯的段落。例如:

Second, there will be advances in biological knowledge as far-reaching as **those** that have been made in physics. We are only beginning to learn that we can control our biological environment as well as our physical one. Starvation has been prophesied twice to a growing world population: by Malthus about 1,800 and by Crookes about 1,900. **It** was headed off the first time by taking agriculture to America and the second time by using the new fertilizers. In the year 2000, starvation will be headed off by the control of the diseases and the heredity of plants and animals by shaping our own biological environment.

3. 使用平行结构

平行结构的特点是结构相同、语义相关,能够在语言形式上制造出明显的联系,是英语形合的一个重要手段。例如:

American political life in the early 20th century was marked by a general reform movement which stemmed from both major parties. Shouting the cry of "progress", Democrats and Republicans alike introduced laws to **control** food and drugs, **regulate** public banking, **recognize** labor unions, **provide** revenue through a federal income tax, and **eliminate** child labor and sweetshops. The goal of these reformers was nothing more radical than to make the pursuit of happiness a meaningful possibility for all Americans. **Their method was to** make government a vital instrument for that purpose. And **their faith was to** see that it could and would be done.

4. 适当重复

平行结构具有结构上的相似性,因此很容易将后一句与前一句联系起来。恰当使用平行结构不仅有助于行文工整,也有助于语义的连接。例如:

In addition to her busy career as a writer, **Aphra Behn also found time** to briefly marry and spend a little while in debtor's prison. **She found** time to take up a career as a spy for the English in their war against the Dutch. **She made** the long and difficult voyage to Suriname (in south America) and became involved in a slave rebellion there. **She plunged** into political debate at Will's Coffee House and defended her position from the stage of the Drury Lane Theater. **She actively argued** for women's rights to be educated and to marry whom they pleased, or not at all. **She defied** the seventeenth-century dictum that ladies must be "modest" and wrote freely about sex.

5. 语法照应

除了上述几种方法外,英语语篇还通过保持段内人称、单复数、时态的一致性来实现形合。例如:

In the story, Albert Hammond **was** a spy. He **went** to his office where he **found** everybody dead. Other spies **wanted** to kill him, so he **took** refuge in the cellar.(时态照应)

Everybody looks for satisfaction in **his** life. **He** wants to be happy. But if **he** seeks only pleasure, **he** will soon run out of pleasure and life will catch up to **him**. So **he** still needs to pursue the deeper pleasure of satisfaction in work and in relationships.（单复数和人称照应）

需要指出的是，英语语篇并非不使用意合衔接，只是使用的频率较低而已。

（二）汉语语篇衔接

尽管汉语也使用过渡连接词来衔接语篇，但相对于英语来说，其使用比率较低。汉语更倾向于通过语义上的内在联系实现语篇衔接。因此，汉语是一种以意合为主的语言，这也是它与英语的一个显著区别。

1. 汉语意合的主要结构

现代汉语语篇的意合关系通常借助其内部各层次之间的关系来实现。具体来说有总—分—总、横式和纵式三种模式。

（1）总—分—总结构

总—分—总结构中，一般开始第一句或第一段是总起句，点明文章的主题；最后一句或最后一段是结论句，进一步点明、深化主题；中间部分则是对主题的分别论证、说明。例如：

盼望着，盼望着，东风来了，春天的脚步近了。

一切都像刚睡醒的样子，欣欣然张开了眼。山……水……太阳……

小草偷偷地从土里钻出来……。

桃树、杏树、梨树，你不让我，我不让你，都开满了花赶趟儿……。

“吹面不寒杨柳风。”不错的，像母亲的手抚摸着你……鸟儿……牛背上牧童的短笛……

雨是最寻常的，一下就是三两天……。

天上风筝渐渐多了，地上孩子也多了……。

春天像……

春天像……

春天像……

（朱自清《春》）

本例是《春》各段的主要内容，由此可以看出：第一段是盼春，第二到七段从小草、树、雨、风筝等方面分别描绘了春天的景象，最后三段则通过三个比喻歌颂了春天，总括了全文，是典型的总分总结构。

（2）横式结构

横式结构中，文中各个层次呈平行关系，互不从属。例如：

他不过有二十岁，一张圆脸，厚厚的嘴唇上抹着一层淡淡的茸毛，一绺头发从软胎的帽舌底下掉出来，被汗水牢牢地贴在前额上，显出一股调皮劲。

（王愿坚《普通劳动者》）

阅读上面这几句话可以发现，这段文字没有使用任何一个连接词，但读起来却仍然十分流畅，由此可以明显看出汉语的意合特点。

（3）纵式结构

纵式结构中，各层次是连接关系，是层层递进的。例如：

听见有人喊："出海市了！"只见海天相连处……海上劈面立起一片从来没有见过的山峦……满山都是古松古柏；松柏稀疏的地方，隐隐露出一带渔村……一会儿山头上现出一座宝塔，一会儿山洼里现出一座城市，市上游动着许多黑点，影影绰绰的……又过一会儿，山峦城市渐渐消散……转眼间，天青海碧，什么都不见了。

（杨朔《海市》）

上例描写了海市蜃楼的出现和消失。先写出现"山峦"，然后是山上的"古松古柏"，再后来是透过古柏看到的"渔村"，是从大到小的描写。后面先描写山峦，随后描写城市、人群，是从上到下的描写。再往后描写了海市蜃楼的消失，是从深到浅的描写。总体来看，全段层层递进，将海市蜃楼的出现和消失描绘得十分逼真。

2. 跳断中的意合

除了前面三种意合方式以外，有时为了取得特殊的修辞效果，还会故意让语句不连贯，出现"断裂"。然而，这种断裂虽然从表面上看影响了文章的连贯性、完整性，但却可以实现特殊的语篇表达需要，如反映所述人物心理、思想等方面的变化，刻画场景等，从而产生一种特殊韵味。

现代汉语语篇中，常见的跳断主要有五种表现形式：因心理、情感等原因而造成话语不连贯的断续；因某种原因，话语被别人打断的岔断；思维、心理变化导致的话语跳跃；交际对象变化造成的话语变换；话语无法继续下去的急收。下面分别举例说明。

（1）断续

汉语中在写到人物因为心理、情感上的某些原因而说话不连贯的时候会使用断续来进行体现。例如：

女客：（少顿）让我来做你的太太，好不好？

男客：什么!!

女客：喔，你不用吓得那么样，我不是向你求婚。

男客：喔，你误会了我的意思，——我……我……因为我实在没有想到这个方法。

女客：这是最妙的一个方法。她说你没有家眷同住，这房子就不能租给你。现在你说你有了家眷，看她还有什么话说？

男客：她一定没有话说。不过——你愿意么？

女客：我为什么不愿意？这于我有什么损害？——又不是真的做你的太太。

（丁西林《压迫》）

本剧中，房东太太由于男客人没有家眷而拒绝把房子租给他，此时出现了一位女客人，因而产生了上面这段对白。男客人说话的断续反映出了他对女客人提议的意外和尴尬。

（2）急收

汉语语篇中，由于某种原因，话语无法继续下去而停在那里的情况叫做急收。例如：

鲁妈：我要回家去，我不见太太了。

鲁贵：为什么？这次太太叫你来，我告诉你，就许有点什么很要紧的事跟你谈谈。

鲁妈：我预备带着凤儿回去，叫她辞了这儿的事。

鲁贵：什么？你看你这点——

（曹禺《雷雨》）

本例中，从鲁贵最后没说完而急收住的话语可知他对鲁侍萍叫四凤辞职回家的做法极为不满。

（3）跳跃

汉语语篇为了突出人物思想、心理的变化会使用跳跃的表达。例如：

“一代不如一代，——”

九斤老太正在不平，趁这机会，便对赵七爷说：

“现在的长毛，只是剪人家的辫子，僧不僧，道不道的。从前的长毛，这样的么？我活到七十九岁了，活够了。从前的长毛是——整匹的红缎子裹头，拖下去，拖下去，一直拖到脚跟；王爷是黄缎子，拖下去，黄缎子；红缎子，黄缎子，——我活够了，七十九岁了。”

（鲁迅《风波》）

上例话语的跳跃实际上反映了九斤老太思维的跳跃。

（4）变换

在描写人物语言的时候，由于交谈对象改变，人物的语言也会出现内容上的不连贯。这种不连贯被称为“变换”，它是语篇动态发展的结果。例如：

明镜：我还没说你呢，你这个大哥是怎么当的，他被港大开除这么大的事情，你居然都不知道……你不要每天只顾着升官发财好不好呀，你也顾顾家里，你看现在家里都成个什么样子了啊。

明楼：是。

明镜：（看向明诚）还有阿诚，啊，整天穿得像个纨绔子弟，（看向明楼）好好的孩子都跟你学了些什么呀，整天穿得像个，像个小开一样！（瞥了一眼明台）看什么？把外套给我脱下来。

（明诚开始脱衣服）

明镜：我没说你，我说明台。

（张勇《伪装者》）

本例中，明镜因为弟弟明台跟人打架被退学十分生气，盛怒之下迁怒于另外两个弟弟明楼和明诚，因此讲话时针对的人物切换极快，以至剧中人自己也难以把握住这种语言对象的快速变换。

（5）岔断

汉语语篇中，在表示对话或动作被别人打断的时候会出现语言的停顿，即岔断。例如：

鲁贵：你还别忘了告诉你妈，你在这儿周公馆吃的好，喝的好，即使白天侍候太太少爷，晚上还是听她的话，回家睡觉。

鲁四凤：那倒不用告诉，妈自然会问你。

鲁贵：（得意）还有？啦，钱，（贪婪地笑着）你手下也有许多钱啦！

鲁四凤：钱！？

鲁贵：这两年的工钱，赏钱，还有（慢慢地）那零零碎碎的，他们……

鲁四凤：（赶紧接下去，不愿听他要说的话）那您不是一块两块都要走了么？喝了！赌了！

（曹禺《雷雨》）

剧中鲁贵是个酗酒好赌之人，每每缺钱都会找女儿鲁四凤要。这里鲁贵本意想说四凤从太太少爷处收了不少赏钱，应该给自己一些，被鲁四凤识破，打断了话语，并指钱都被父亲拿走了，以此表示自己没钱了。

四、语篇模式对比

简单来说，语篇发展模式就是语篇中的布局谋篇或信息分布。不同的民族在思维习惯上存在差异，因此语篇发展模式也存在一定的差异。下面我们就来分析英汉两种语言的语篇发展模式。

（一）英语语篇发展模式

1. 叙述模式

所谓叙述模式，就是依照一定的时间顺序描述事件发生过程的语篇模式。这种语篇模式常见于人物传记、虚拟故事、历史故事和新闻报道中。该语篇模式常采用第一人称或第二人称，一般要交代五个方面的问题，即何时（when）、何地（where）、何事（what）、何人（who）以及为何（why），我们将这个五个方面简称为“五个w”。

2. 匹配比较模式

这种模式多用于比较两种事物的异同。严格地说，比较模式是用来说明事物的相似之处的；而对比模式则是说明事物的相异之处。而比较和对比又可分为整体比较和对应点比较。

3. 主张—反主张模式

该模式的语篇描述顺序为：提出主张或观点—进行澄清—说明主张或观点／提出反对主张或真实情况。

4. 概括—具体模式

概括—具体模式是一种十分常见的语篇模式，又称“一般—特殊模式”、“预览—细节模式”、“综合—例证模式”。该模式通常在段落开头提出观点，然后通过实例等对主题展开论证说明。其大致结构表现为：概括陈述—具体陈述1—具体陈述2—具体陈述3……

5. 问题—解决模式

问题—解决语篇模式的大致程序是：先说明情况，再出现问题，接着做出反应，最后进行评价。这种模式在科学论文、试验报告、新闻报道以及文学篇章中十分常见。但该语篇模式的顺序并不是一成不变的，其顺序也可能会有所调整，或是缺少四个构成成分中的一个。

（二）汉语语篇发展模式

汉语的模式比较多样化，如“主张—反主张模式”、“匹配比较模式”和“叙事模式”等。汉语篇章模式的典型特点首先是篇章的焦点和重心的位置不固定，具有流动性。例如：

两百多年前，法国一位医生想发明一种能判断胸腔健康状况的器械。他经过刻苦钻研，始终想不出什么好办法。一天他领着女儿到公园玩。当女儿玩跷跷板的时候，他偶然发现用手在跷跷板上轻轻地敲，敲打的人自己几乎听不见，而别人把耳朵贴近跷跷板的另一端却听得清清楚楚。他高兴地大喊起来“有办法了！”马上回家用木料做了一个喇叭形的东西，把小的一端塞在耳朵里，大的一端贴在别人的胸部，不仅声音清晰，而且使用方便。世界上第一个听诊器就这样诞生了。如此看来，科学家的灵感并不是什么神秘莫测的东西。关键在于勤奋，在于实践，在于不怕失败，努力探索。鲁班发明锯子的传说同样给我们深刻的启示。据说他有一次上山用手抓着丝茅草攀登，一下子把手拉破了。鲁班发现丝茅草两边的细齿很锋利，用手指去扯，就划破一个口子。他想，如果把铁片打成锯齿状，不是可以锯树吗？他立刻和铁匠一起试制，做成了木工最常用的工具——锯子。许多人都被茅草拉破过手，而只有鲁班由这件事启发了灵感，发明了锯子。

其次，有时汉语篇章中的焦点并不明确，有时也可能根本就没有焦点。例如：

近一段时期以来，从报纸、广播、电视上得知，不少地方都在做同一项工作——补发拖欠教师的工资。有的是“省市主要领导亲自过问”，有的是“限令在教师节前全部补齐”。湖北某市的领导还卖掉日产“公爵王”轿车，把35万元卖车钱用于还欠教师的债。总之，这些报道在宣传“领导的尊师重教之情”，向我们报告着一个又一个的好消息。

第二节　英汉语篇修辞翻译

语篇是由词和句子构成的，语篇翻译在做好词、句翻译的基础之上，还应注重段内外的连贯性以及篇章使用场合，这样才能使译文更加完整，读起来更加流畅，并符合目的语读者的习惯。

一、保证段内连贯

由于语言之间的差异性，因此译者不能对文章中的话进行死译，这样会造成文章的逻辑线索或脉络混乱、不清晰，译文有如断线残珠，四下散落。

每一个连贯的语篇都有其内在的逻辑结构。因此，译者在翻译时也需要对语篇脉络进行分析，将语篇中的概念进行连接整合，进而使译文能够逻辑清晰，顺序明确。

在实际的语篇翻译过程中，译者可以使用具体的翻译技巧对文章段落进行内部的衔接和整合。

（一）替代与重复

一般来说，在英语段落中通常是依靠词语的替代来完成句子与句子之间的呼应，即使用代词、同义词、近义词以及代替句型等来替换前面出现过的单词；而在汉语段落中，句子间的呼应通常是由重复的词语来完成。因此，在英译汉过程中，原文中替代的部分通常要用重复的手法进行翻译，即通过重复实现译文的段内衔接。例如：

Wrought iron is almost pure iron. It is not frequently found in the school shop because of its high cost. It forges well, can easily be bent hot or cold, and can be welded.

熟铁几乎就是纯铁。熟铁在校办工厂里不太常见，因为价格较为昂贵。熟铁好锻，很容易热弯和冷弯，还能够焊接。

在上面列举的英语原文中，用代词 it 替代了 wrought iron，实现了句子间的衔接。在中文译文中，译者通过重复的手法来进行句子间的衔接，即重复使用“熟铁”这一词语。

在进行汉译英的过程中，由于汉语原文中出现的重复词语较多，因而需要使用替代的方法。例如：

尹雪艳着实迷人。但谁也没能道出她真正迷人的地方。**尹雪艳**从来不爱擦脂抹粉，有时最多在嘴唇上点着些似有似无的蜜丝佛陀。**尹雪艳**也不爱穿红戴绿，天气炎热，一个夏天，她都浑身银白，净扮得了不得。不错，**尹雪艳**是有一身雪白的肌肤，细挑的身材，容长的脸蛋儿配着一副俏丽甜净的眉眼子，但是这些都不是**尹雪艳**出奇的地方。见过**尹雪艳**的人都这么说，也不知是何道理，无论**尹雪艳**一举手、一投足，总有一份世人不及的风情。别人伸个腰、蹙一下眉，难看，但是**尹雪艳**做起来，却又别有一番妩媚了。**尹雪艳**也不多言、不多语，紧要的地方插上几句苏州腔的上海话，又中听、又熨贴。有些荷包不足的舞客，攀不上叫**尹雪艳**的台子，但是他们却去百乐门坐坐，观观**尹雪艳**的风采，听她讲几句吴侬软语，心里也是舒服的。**尹雪艳**在池子里，微仰着头，轻摆着腰，一迳是那么不慌不忙地起舞着；即使跳着快狐步，**尹雪艳**也从来没有失过分寸，仍旧显得那么从容，那么轻盈，像一球随风飘荡的柳絮，脚下没有扎根似的。**尹雪艳**有她自己的旋律。**尹雪艳**有她自己的拍子。绝不因外界的迁异，影响到她的均衡。

Yin Hsueh-yen was genuinely bewitching, though no one could say precisely where her charm lay. She rarely bothered to put on makeup; at most she might touch her lips with a little Max factor now and then; so faint as to be barely noticeable. Nor did she care to wear vivid colors. All through the summer, when the weather was burning hot, she dressed entirely in silvery white, looking cool and fresh beyond words. Indeed, she had lovely snow-white skin and a slender figure, with sweet, exquisite eyes set in an oval face, but it was not these features that made her so extraordinary. Everyone who had ever set eyes on Yin Hsueh-yen said that, for some mysterious reason, every gesture of her hand and every movement of her foot held an alluring charm unmatched in all over the world. While a yawn or a frown would have been unbecoming to others, in her it carried another kind of attraction. She spoke little: at crucial moments she might throw in a few words, ever so pleasant and soothing to the ear, in her Soochow-accented Shanghainese. Some patrons who could not afford to have her at their tables came nevertheless to the Paramount just to enjoy her radiant presence and listen to her soft Soochow speech, which seemed to make it all worthwhile. On the dance floor, her head slightly raised, her hips gently swaying, she always danced unhurriedly; even when it was a quick fox-trot, she never let go of herself displaying the ease and the suppleness of a windblown catkin drifting along, free of roots. Yin Hsueho-yen had her own rhythm; she moved to her own beat. No outside disturbance could affect her natural poise.

通过对汉语原文的翻译可以看出，文章中多次强调了“尹雪艳”这一专有名词，但是英语的译文中只出现了三次。第一次在段落开头将主人公名字提出来；第二次出现在第六句中语气和句型发生变化的位置，“尹雪艳”一词由主语转变为宾语；第三次作为主语出现在本段最后总结性的句子中，较好地呼应文章的开头。其余部分中的“尹雪艳”则由第三人称代词 she 或 her 替代。

（二）省略部分

英汉两种语言中都有省略，但双方省略的成分却并不一样。英语通常省略名词、动词、表语等语法结构，而汉语则多根据上下文意思省略主语、中心语、关联词、动词谓语等语义成分，且情况复杂。很多时候，汉语中的省略是一种表达习惯，如果将省去的成分加上，反而会使整个语篇更加别扭。因此，在翻译英语语篇时，译者必须时刻注意汉语是意合的语言，不能画蛇添足地把所有成分都翻译出来。在翻译汉语语篇时，则要注意

英语是形合的语言,要适当补充原文中没有的关联词。例如:

A man may usually be known by the books he reads as well as [...] by the company he keeps: for there is a companionship of books as well as [...] of men; and one should always live in the best company, whether it be [...] of book or [...] of men.

要了解一个人,可以看他交什么样的朋友,可以看他看什么样的书,因为有的人跟人交朋友,有的人跟书交朋友,但不管跟人交朋友还是跟书交朋友,都应该交好朋友。

该例原文中共有四处省略现象。第一处省略了谓语 be known,第二处省略了名词短语 a companionship,第三处和第四处省略了名词短语 the best company。总的来说,这些省略均是语法层面的省略。对应汉语译文中将这些省略部分都补充了出来,使译文读起来更为通顺、流畅。

Histories make men wise; poets [...] witty; the mathematics [...] subtle; natural philosophy[...]deep; moral[...] grave; logic and rhetoric[...] able to contend.

读史使人明智,读诗使人灵秀,数学使人周密,科学使人深刻,伦理学使人庄重,逻辑修辞学使人善辩。

而汉译英时,汉语原文中省略的部分,在相应英语译文中往往又不能省略。例如:

漫步山间时,[……]听得四处竹林间的淙淙泉声,众多的细泉汇成一条狭长而深邃的小溪,顺山势而下,及至悬崖处,猛然跌落二三丈,形成一瀑布,水珠飞溅,凉透肌肤。

Strolling along the path, you can hear springs singing everywhere in the bamboo forest. A number of little springs assemble into a narrow but deep little river, which runs along the mountainside. When it meets a small cliff, it falls down eight or nine metres, forming a thin water curtain. The cool drops fly about and splash over your skin.

上述汉语原文中省略了主语。英语是主谓结构显著的语言,没有主语的句子是不成立的,因而英译文中将主语 you 补充了出来。

二、实现段际连贯

语言片段以语篇意向为主线所形成的语义上、逻辑上的连贯性称作"段际连贯"。同段内衔接一样,段际连贯可以通过替代、重复、连接词的使用、省略等手段来实现,也可以通过一定的时空、逻辑关系的贯通来实现。因此,译者在翻译的过程中,必须把每个词、每句话都放在语篇语境

中去考虑,正确推断上下文的逻辑关系,领会作者的意图,适当遣词,从而保证译文的意思清晰、明了。例如:

When I first started to look into the origins of the symbol, I asked a Turk about the history of their flag...

As an explanation, however, this is at odds with astronomical data...

The rejection of this hypothesis on astronomical grounds is strongly supported by historical information that...

Going back in time, the next set of three hypotheses involves the fall of Constantinople on 29 May 1453...

The astronomical explanation associating the star and crescent with the fall of Constantinople must all be wrong. But there is also strong evidence for the use of the symbol throughout the Middle East at least as far back as the founding of Islam. For example...

我在开始研究星月图案起源的时候就曾问过一个土耳其的学生,他们国旗上星月图案的由来……

但是,这位学生的说法和天文资料的记载不太一样。据天文资料记载……

从这一资料的记载可以断定,这位土耳其学生的说法不成立……

从历史来看,人们对星月图案,还有三种说法,并均与 1453 年 5 月 29 日君士坦丁堡的陷落有关……

将星月图案的出现与君士坦丁堡的陷落联系在一起就是牵强附会。有确凿的证据表示:星月图案在整个中东地区的出现至少能追溯到伊斯兰教诞生之前。例如……[①]

该例原文中使用了替代的手法来实现各段之间的衔接,如用 the symbol 替代 the star and crescent,用 this, this hypothesis 来替代 the origins of the symbol。其译文主要是靠重复的手段实现文章的连贯。

三、注意篇章语域

衔接是通过词汇或语法的手段使得语篇上下文连接一致,构成了语篇的有形网络。而连贯则是在信息发出者与信息接受者共同了解的基础上,通过逻辑推理的方式实现语义上的连贯,就像是一个无线的网,构成了语篇的无形网络。

译者在进行语篇翻译时,需要充分地表达句内、句间或段间的关系,

① 张春柏.英汉汉英翻译教程[M].北京:高等教育出版社,2003:193-194.

从而理解原语篇的意义和题旨，从中体会上下文的连贯意义，进而译出高质量的语篇。例如：

The C62A（N）Weather Steel Open-top Wagon

The wagon is applicable to the transportation of coal, ore, steel, timber, construction materials, machinery and container cargoes. Built with shaped steel for the body, the wagon consists of draft gear, bogie, air brake and hand brake devices. The body is a fully-welded steel structure supported by an under frame and side walls. All the parts of the body frame made of weather-resistant steel are corrosion-resistant. The No.13 coupler is used with MX-1 fiction rubber shock absorber and the two-axle Z-8A rolling bearing bogie. The GK triple valve is used for air brake device. An automatic brake block slack adjuster is installed.

C62A（N）耐候钢敞车

该敞车适用于装运煤炭、矿石、钢材、木材、建材、机械设备及集装箱货物。全车由车体钢结构、缓冲装置（draft gear）、转向架（bogie）及气、手制动装置等构成。车体系底架与侧壁承载式全钢焊接结构。其主要梁柱骨架零件全部用抗腐蚀剂的耐候钢。车钩系13号车钩（coupler），配用MX-1型摩擦式橡胶缓冲器。转向架为两轴式Z-8A型滚动轴承（rolling bearing）转向架。气制动装置采用GK型三通阀并配置制动器阀瓦间隙（brake block slack）自动调整器。

这是一篇科技语体的翻译实例，在翻译时应注意把握科技文专业术语多和常使用被动语态结构等特点，如英语篇章中的draft gear, bogie, weather-resistant steel, coupler, rolling bearing, triple valve, automatic brake block slack adjuster应对应译成“缓冲装置、转向架、耐候钢、车钩、滚动轴承、三通阀、制动器阀瓦间隙自动调整器”。并将英文中的被动语态用汉语中的主动结构来表述，如将built with译成“全车……构成”，将fully-welded steel structure译成“全钢焊接结构”，将the GK triple valve is used译成“采用GK型三通阀”，将an automatic brake block slack adjuster is installed译成“配置制动器阀瓦间隙自动调整器”。此外，还应充分考虑英语名词化结构的应用，如the transportation of, air brake, automatic brake block slack等，应使译文符合篇章语域的特点。

再如：

Impulse（Excerpt）

Conrad Aiken

Michael Lowes hummed as he shaved, amused by the face he saw—the pallid, asymmetrical face, with the fight eye so much higher than the left, and its eyebrow so peculiarly arched, like a "v" turned upside down. Perhaps this day wouldn't be as bad as the last. In fact, he knew it wouldn't be, and that was why he hummed. This was the bi-weekly day of escape, when he would stay out for the evening, and play bridge with Hurwitz, Bryant, and Smith. Should he tell Dora at the breakfast table? No, better not. Particularly in view of last night's row about unpaid bills. And there would be more of them, probably, beside his plate. The rent. The coal. The doctor who had attended to the children. Jeez, what a life. Maybe it was time to do a new jump. And Dora was beginning to get restless again.

But he hummed, thinking of the bridge game. Not that he liked Hurwitz or Bryant Smith—cheap fellows, really—mere pick-up acquaintances. But what could you do about making friends, when you were always hopping about from one place toanother, looking for a living and fate always against you! They were all right enough.Good enough for a little escape, a little party—and Hurwitz always provided goodalcohol. Dinner at the Greek's, and then to Smith's room—yes. He would wait till late in the afternoon, and then telephone Dora as if it had all come up suddenly. Hello, Dora—is that you, old girl? Yes, this is Michael—Smith has asked me to drop in for a hand ofbridge—you know—so I'll just have a little snack in town. Home by the last car asusual. Yes. Good-bye!...

And it all went off perfectly, too. Dora was quiet, at breakfast, but not hostile. The pile of bills was there, to be sure, but nothing was said about them. And while Dora was busy getting the kids ready for school, he managed to slip out, pretending that he thought it was later than it really was. Pretty neat, that! He hummed again, as he waited for the train. Telooralooraloo. Let the bills wait, damn them! A man couldn't do everything at once, could he, when bad luck hounded him everywhere ? And if he could just get a little night off, now and then, a rest and change, a little diversion, what was the harm in that ?

At half-past four he rang up Dora and broke the news to her. He wouldn't be home till late.

"Are you sure you'll be home at all ? " she said coolly.

That was Dora's idea of a joke. But if he could have foreseen—!

He met the others at the Greek restaurant, began with a couple of araks, which warmed him, then went on to red wine, bad olives, pilaf, and other obscure foods; and considerably later they walked along Boylston Street to Smith's room. It was a cold night, the temperature below twenty with a fine dry snow sifting the streets. But Smith's room was comfortably warm, he trotted out some gin and the Porto Rican cigars, showed them a new snapshot of Squiggles (his Revere Beach sweetheart), and then they settled down to a nice long cozy game of bridge.

It was during an intermission, when they all got up to stretch their legs and renew their drinks, that the talk started—Michael never could remember which one of them it was who had put in the first oar—about impulse. It might have been Hurwitz, who was in many ways the only intellectual one of the three, though hardly what you might call a highbrow. He had his queer curiosities; however, and the idea was just such as might occur to him. At any rate, it was he who developed the idea, and with gusto.

"Sure," he said, "anybody might do it. Have you got impulses? Of course, you got impulses. How many times you think—suppose I do that? And you don't do it, because you know damn well if you do it you'll get arrested. You meet a man you despise—you want to spit in his eye. You see a girl you'd like to kiss—you want to kiss her. Or maybe just to squeeze her arm when she stands beside you in the street car. You know what I mean."

"Do I know what you mean!" sighed Smith. "I'll tell the world. I'll tell the cock-eyed world!..."

"You would, "said Bryant." And so would I."

"It would be easy," said Hurwitz," to give in to it. You know what I mean? So sidle. Temptation is too close. That girl you see is too damn good-looking—she stands too near you—you just put out your hand it touches her arm—maybe her leg—why worry? And you think, maybe it she don't like it I can make believe I didn't mean it..."

"Like these fellows that slash fur coats with razor blades" said Michael. "Just impulse, in the beginning, and only later a habit."

"Sure...And like these fellows that cut off braids of hair with scissors. They just feel like it and do it...Or stealing."

"Stealing?" said Bryant.

"Sure. Why, I often feel like it...I see a nice little thing right in front of me on a counter—you know, a nice little knife, or necktie, or a box of candy—quick, you put it in your pocket, and go to the other counter, or the soda fountain for a drink. What would be more human? We all want things. Why not take them? Why not do them? And civilization is only skin-deep...

"That's right. Skin-deep," said Bryant.

"But if you were caught, by God!" said Smith, opening his eyes wide.

"Who's talking about getting caught? ... Who's talking about doing it ? It isn't that we do it, it's only that we want to do it. Why, Christ, there's been times when I thought to hell with everything. I'll kiss that woman if it's the last thing I do."

"It might be," said Bryant.

Michael was astonished at this turn of the talk. He had often felt both these impulses. To know that this was a kind of universal human inclination came over him with something like relief.

"Of course, everybody has those feelings," he said smiling. "I have them myself... But suppose you did yield to them ? "

"Well, we don't," said Hurwtz.

"I know—but suppose you did ? "

Hurwtz shrugged his fat shoulders, indifferently.

"Oh, well," he said, "it would be bad business."

"Jesus, yes," said Smith, shuffling the cards.

"Oy," said Bryant.

The game was resumed, the glasses were refilled, pipes were lit, watches were looked at. Michael had to think of the last car from Sullivan Square, at eleven-fifty. But also he could not stop thinking of this strange idea. It was amusing. It was fascination. Here was everyone wanting to steal—toothbrushes, or books—or to caress some fascinating stranger of a female in a subway train—the impulse everywhere—why not be a Columbus of the moral world and really do it ? ...

迈克尔·洛斯一边刮脸,一边哼着歌儿。看着镜子里那张苍白而不对称的脸,觉得很好玩儿——右眼比左眼高出那么多,眼眉向上拱起,怪怪的,像个倒写的V字。今天也许不会像昨天那么糟。事实上,他知道不会,所以才这么哼哼呀呀的。今晚他可以到外面逛一逛,和赫维茨、布赖恩特、史密斯打打桥牌。他两周才有这么一次解脱的机会。吃早饭时要告诉多拉吗?不,最好别告诉她,尤其是考虑到昨晚刚为欠账的事吵了一架。一会吃饭时，他的盘子旁边可能又会放着一叠新账单：房租、煤钱、孩子们的医疗费。天哪，这是过的什么日子！也许该时来运转了。你看，多拉又开始见什么烦什么啦。

不过，他还是想着桥牌，嘴里哼着歌儿。这倒不是说他喜欢赫维茨、布赖恩特或者史密斯，那都是些小气鬼，萍水相逢而已。然而当你到处奔波谋生，命运潦倒时，又能指望交上什么样的朋友呢。这些人也蛮不错，一块玩玩，聚一聚。赫维茨还总能弄点好酒来。先是在希腊餐厅吃晚饭，然后去史密斯家——好，就这么办。等天快黑时再打电话给多拉，装得一切都像是偶然发生似的。你好哇，多拉，是你吗，亲爱的？我是迈克儿，史密斯邀我去打桥牌。所以，你看，我只能在城里凑合着吃一顿了。我坐末班车回家，和往常一样，对。再见！……

而且，一切也都十分如意。吃早饭时多拉虽然一声不吭，可并没有敌意。桌上倒是摆着一叠账单，可谁也没提还账的事。多拉正忙着打点孩子们上学，他装出以为要迟到的样子溜出家门。哈，干得真漂亮！等车的时候他又哼起歌来。“特鲁拉——鲁拉——鲁”。账单先别管它，让它见鬼去吧！一个人命运蹇蹙，四处碰壁，总不能一下子就把什么都干好吧？晚上偶尔出去玩玩，休息一下，散散心，又何害之有呢？

四点半钟他打电话给多拉，告诉她得很晚才能回家。

“谁知你还能不能回来？”她冷冷地说。

这是句玩笑话。不过他要是能预见到……

他和那几个人在希腊餐厅见了面，先喝几杯烧酒暖暖身子，又喝了些葡萄酒，吃了不大新鲜的橄榄果和肉饭，还有几个不知名的菜。天色很晚了，他们才一起沿博伊尔斯顿大街朝史密斯家走去。夜很冷，气温在华氏20度以下，街上飘着干冷的小雪花。可史密斯家倒挺暖和、挺舒服。史密斯拿出杜松子酒和波多黎各雪茄，还把一位姑娘的近照给大家看。那是他在里维尔海滩结识的情人斯奎格尔斯。然后他们坐下来，没完没了地打起桥牌来。

打了几局，大家站起来伸伸腿脚，往杯子里添点酒。这时，有人扯起冲动这个话题来。迈克尔也记不清是谁开的头儿，多半是赫维茨。他虽说不上有学问，但在那三个人当中，在很多方面也算是有知识的人了。不过，他对什么都好奇，这种话题也只有他才能想得出来。不管怎么说，反正是他提出这个想法的，而且谈得津津有味。

“当然啦，”他说，“谁都可能冲动。你就没有心血来潮的时候？当然有。多少次你想，假如我这么干会怎么样，可你没干。因为你清楚得很，一干就得给抓起来。你遇到一个你看不起的男人，想当面啐他。你看见一个可爱的小妞儿,想亲她一下。或是在电车上她靠你站着的时候,捏一下她的胳膊。你明白我的意思。”

“我太明白了。”史密斯出了口长气。“我要对全世界说。要让这个荒唐的世界知道!……”

“对,”布赖恩特说,“我也会这么做。”

“你很容易就屈从于那些冲动的念头,”赫维茨说,“明白我的意思吗?很简单。诱惑近在眼前。你看到的那小妞儿太漂亮了,离你又那么近,一伸手就能碰到她的胳膊,也许是大腿。怕什么?你想,如果她不高兴,我也许能让她相信我这不是故意的……”

“就像那些用刀片割皮大衣的家伙一样,”迈克尔说,“一开始只是心血来潮,可后来就成了恶习。”

“没错……还有用剪子铰人家辫子的。他们想这么干,就干了……偷东西也是这样。”

“偷?”布赖恩特说。

“当然喽。怎么,我就常有这种念头……柜台上摆着个可爱的小东西,就在我眼皮底下——你知道,那是把可爱的小刀,或是一条领带、一盒奶糖——哧溜一下把它放进衣袋里,然后到别的柜台去,或者到冷饮柜前喝一杯。还有比这更自然的吗?谁不财迷?干吗放着不拿?文明只不过是摆摆样子罢了……”

“可不是嘛,就是摆样子的。”布赖恩特说。

“可要是给抓住了,天哪!”史密斯瞪大眼睛说。

“谁说给抓住来着?……谁说去偷啦?我们不是真干,只是想干。啊,上帝,有时候我想我什么也不在乎了,我就是要亲亲那个小妞儿。”

“那可真说不准,”布赖恩特说。

迈克尔听到这儿,心里一凉。这两种念头他就常常有。照他们这么说,这是人所共有的癖性,倒也觉得有点心安理得了。

“当然啦,人人都有一时冲动的念头,”他咧嘴笑笑。“我就有……不过假如你真的那么干了……”

“哟,我们可不干。”赫维茨说。

“我知道——假使你干了呢?”

赫维茨漫不经心地耸耸他的肥肩膀。

“哎呀,”他说,“那可就糟了。”

“啊,没错,”史密斯边说边洗牌。

“哎呀。”布赖恩特说。

桥牌又重新开始,大伙儿添酒、点烟,还不时看看表。迈克尔惦记着从沙利文广场开来的末班车。但同时那个奇怪的念头也总是挥之不去。真有趣,真有人。你看,这儿人人想偷——牙刷、书,还想在地铁车厢里摸摸哪个迷人的妞儿——冲动的欲望到处都有——干嘛不做个道德世界的哥伦布去亲自干一干呢? ……

这是一篇文学语体的翻译实例。本例讲述了一个借着酒劲实践自己欲望而后被抓的故事,整篇文章无论是故事内容还是表达方式都是英语文化和英语表达的典型体现。因此,为使译文一方面忠实于原文,另一方面能够为汉语读者更好地理解,译者在翻译中灵活使用了多种译法。例如,翻译 amused by the face he saw 时,增加了"镜子里"一词;翻译第三段第四句话时使用了意译的方法,以提高译文的可理解程度等。这些译法提高了整篇译文的质量。

又如:

HYDRACTION

Moisturization so deep that it shows

DIOR INNOVATION

HYDRATION offers your skin deep moisterization for an immediately visible result and an intensely long-lasting comfort.

Innovative double-action technology

· Instantly, visible moisterization:

The revolutionary AquacaptTM complex increases and reinforces water reserves in the form of invisible water cushions, thereby limiting water evaporation. Skin is immediately and intensely quenched, visibly plumped and radiant.

· In the long term, deep moisterization

Aquaporin techonology contributes to a cutaneous irrigation system which helps promote better water circulation between cells. It improves water movement, allowing the deep reserves to move towards the skin's upper layers for extreme and long-lasting comfort.

Result: Skin is transformed day after day. It is visibly fresher, more supple, lastingly comfortable. It comes to life and looks beautifully radiant.

HYDRACION 水动力
深入滋润,瞬间改变

HYDRACTION 瞬间滋润肌肤,呈现显著改善,持久舒适(自然)。

双效创新科技

看得到的瞬间滋润:AquacaptTM 复合物以肉眼看不见的水垫形式提高和加强肌肤内的水分储备,从而限制水分蒸发。肌肤瞬间充分吸收水分,丰盈饱满,光彩照人。

持久深入润泽保湿:Aquaporin 技术促进皮肤灌溉系统,加快细胞间水分循环,改善水分运动,令深层水分流向皮肤表层,带来极端持久的舒适感受。

效果:肌肤即刻转变,显著清新柔和,持久舒适,光彩照人。

这是一篇商务领域的说明文。对于原文中涉及的先进技术(Aquaporin)、革命性的新成分(AquacaptTM)都采用了零译法,避免了翻译过程中可能产生的信息遗失。另外,译者根据原文字面信息,结合了商务说明书的文本功能,采用了解释+宣传的语言来翻译,可以说既忠实于原文内容,又忠实于原文功能,实属佳译。

第七章 英汉词语修辞格对比及翻译（一）

在文学作品中，词语修辞格的使用可以使语言生动、形象、活泼、优美。无论是英语中，还是汉语中，都存在大量的词语修辞格，如比喻、类比、借代、夸张、通感、双关、委婉语、移就、拟人、矛盾、反语、仿拟等。由于英汉语言与文化之间具有很大的差异，因此英汉词语修辞格也有很多不同。本章先对英汉部分词语修辞格进行对比分析，在此基础上探讨其翻译。

第一节 比喻（Figures of Comparison）

一、英汉比喻对比

（一）英语 Figures of Comparison

Figures of Comparison 即为英语中的比喻，是指用另外的与它有相似点的事来表现，而不把要说的事物平淡直白地说出来的修辞方式。

在英语中，Figures of Comparison 是一种常见且应用广泛的修辞格之一。在写作和口语中使用 Figures of Comparison，可以有效增加语言的生动性、形象性、精练性、鲜明性、具体性和通俗性。

英语 Figures of Comparison 主要包括三种，即 Simile（明喻）、Metaphor（暗喻）、Metonymy（借喻）三种，下面就分别对其进行介绍。

1.Simile

Simile 一词源于拉丁语 similis，相当于英语中的介词 like。关于 Simile 的定义，《英语百科全书》（*Encyclopedia of English*）（Zeiger，1978）提供的释义为："a direct comparison between two or more unlike things; normally introduced by like or as."①

① 转引自吕煦．实用英语修辞 [M]．北京：清华大学出版社，2004：123.

英语中的Simile是对两个不同事物的相似点加以对比，用浅显、具体的事物去说明生疏、深奥的事物，使语言表达生动形象，更好地传神达意。

从结构上看，Simile基本上由三个要素构成，即本体、喻体和喻词。本体指被比喻的对象，喻体指用来比喻的对象，比喻词用于本体与喻体之间，具有连接介绍的作用。

Simile的基本表达方式是："甲像乙"。在英语中，Simile（明喻）修辞中常用的比喻词有：like, as, seem, of, as...as, than, seem, the way, compare to, remind of, resemble, liken to, A is to B（what or as）C is to D等。下面就对英语的明喻进行具体的举例说明。

（1）like结构。like作比喻词是明喻中最常见的表达方式。例如：

Eric drinks like a fish.

艾利克能喝很多酒。

（2）as结构。as作比喻词时在明喻中也比较常见。例如：

This year has gone as a tortoise goes, heavy and slow.

这一年过得像乌龟爬一样，沉重而缓慢。

（3）of结构。of作比喻是明喻的表达方式。例如：

An electric current of agony surged through him.

痛苦像电流一般灼过他的心头。

（4）as...as结构。比喻结构as...as也是明喻较为常见的表达方式。例如：

as firm as a rock 坚如磐石

as white as snow 洁白如雪

as deep as a well 深不可测

as clear as water 清澈见底

as good as gold 乖巧温顺

as light as a feather 轻如鸿毛

as pretty as a picture 精美如画

（5）than结构。than作比喻词是明喻的表达方式。例如：

When in fury, Mrs. Mosby is more savage than a tigress!

莫斯比太太发怒的时候比母老虎还凶。

（6）seem结构。seem用作比喻词是明喻的表达方式。例如：

So as she shows she seems the budding rose. Yet sweeter far than is earthly flower.

当她出现时，犹如含苞待放的玫瑰，但却远比尘世间的花儿更加馥郁芬芳。

（7）the way 结构。比喻词为 the way 时即明喻的表达方式。例如：

The best work is done the way ants do things—by tiny, tireless and regular additions.

最好的作品是像蚂蚁干活那样完成的——一点一滴地坚持不懈地增补而成。

（8）compare to 结构。compare to 用作比喻词时为明喻的表达方式。例如：

Shakespeare compared the world to a stage.

莎士比亚将世界比作舞台。

（9）remind of 结构。remind of 用作比喻词时为明喻的表达方式。例如：

The red roses remind me of my dear wife five years ago.

这些玫瑰勾起了我对五年前爱妻的思念。

（10）resemble 结构。resemble 用作比喻词时为明喻的表达方式。例如：

His cap decorated to resemble the comb of a rooster.

他的帽子装饰得像公鸡的冠。

（11）liken to 结构。liken to 用作比喻词时为明喻的表达方式。例如：

People usually liken the heart to a pump.

人们通常把心脏比作水泵。

（12）what 结构。what 用作比喻词时，明喻表达主要有三种句型结构：A is to B what C is to D 结构；A is to B as C is to D 结构；What C is to D, that A is to B 结构。例如：

The people are to the people's army what water is to fish.

人民军队离不开人民，就像鱼儿离不开水。

Food is to men as oil is to machines.

食物之于人犹如油之于机器。

What salt is to food, that wit and humor are to conversation.

隽语与幽默对于会话，正如盐对于食物一样。

英语 Simile 修辞使用广泛，结构多样，恰当地使用明喻修辞表情达意有利于提高修辞的效果。

2.Metaphor

Metaphor 一词源于希腊语 metaphorn，意为 a transfer of a meaning。*Webster's New World Dictionary* 将 Metaphor 定义为："a figure of speech containing an implied comparison, in which a word or phrase ordinarily and primarily used of one thing is applied to another."[①]

英语中的 Metaphor（隐喻 / 暗喻）不用比喻词，而是直接把喻体当作本体来描述，其比喻的关系隐含在全句中。所以，从某种程度上来讲，Metaphor 的修辞效果较 Simile 更加有力、突出。

Metaphor 的结构大致分为以下三种类型。

（1）喻体直陈式

喻体直陈式是指喻体在句中直接出现，并将本体直接认定为喻体。此种表述使语言表达更富于逻辑力量。例如：

For some music lovers, Bach's concertos are a tonic.

对于一些音乐爱好者来说，巴赫的协奏曲是一副兴奋剂。

（2）喻体半隐式

喻体半隐式是指喻体本身并未直接呈现出来，而是借助于由表示喻体的名词转化而来的动词等方式使喻体半隐半现。例如：

They stormed the speaker with questions.

他们猛烈质问演讲者。

（3）喻体全隐式

喻体全隐式是指表面上看似乎并没有出现喻体，实际上喻体隐藏于句中，通过对整个句子的理解就可以发现喻体。这类暗喻通常用喻体直接代替本体。例如：

He that cannot forgive others breaks the bridge over which because he must pass himself for every man has need to be forgiven.

不能原谅别人的人，等于毁掉了他自己必须经过的桥，因为每个人都有需要别人原谅的时候。

3.Metonymy

Metonymy（借喻），又被称为"转喻"，主要借助两者相近或类似的特征的联想，借助于喻体用来代替本体。换言之，借喻修辞格涉及名称互换，借喻体喻指本体，借喻修辞手法中本体与比喻词都不出现，只出现喻体。Metonymy 以形传神，光彩夺目，它是一种广泛而有效的修辞手法。例如：

Her heart ruled her head.

情感战胜了理智。

The pen is mightier than the sword.

语言比武力更强大。

① 转引自吕煦．实用英语修辞［M］．北京：清华大学出版社，2004：137.

（二）汉语比喻

比喻又称“譬喻”，俗称“打比方”，就是根据心理联想抓住和利用不同事物相似点，用另一事物来描绘所要表现的事物。[①] 比喻主要用于描写事物、人物、景物以及说理论事。

根据比喻事物与本体事物之间的划分，汉语比喻通常分为三类：明喻、暗喻和借喻。下面分别予以介绍。

1. 汉语明喻

明喻又称“直喻”和“显比”。明喻的使用可以使所描述的事物形象化、具体化、浅显化、通俗化。

明喻的本体与喻体之间常用“像”“似”“若”“比”“同”“如”“如同”“似的”“一样”“仿佛”“像……一样”等词语作比喻词。汉语明喻中的本体、喻体和比喻词三个要素一般同时出现，基本形式是：甲（本体）像（喻词）乙（喻体）。例如：

你看他**如风吹败叶**，**似鱼打残花**，将他两个赶出水面。

（吴承恩《西游记》）

我们去！我们去！孩子们一片声地叫着，不待夫人允许就纷纷上马，敏捷得**像猴子一样**。

（姚雪垠《李自成》）

2. 汉语暗喻

暗喻又称“隐喻”，是比喻的一种。与明喻相比，暗喻的本体与喻体之间的关系更密切。

暗喻可分为两种情况：带喻词的暗喻和不带喻词的暗喻。例如：

当我在人的密林中分不清南北东西，时间**是一个陀螺和一根鞭子**。

（罗洛《我和时间》）

骆驼，你，**沙漠的船**，你，**生命的山**。

（郭沫若《骆驼》）

3. 汉语借喻

借喻，就是本体不出现，用喻体直接替代本体的比喻。借喻是比喻的最高形式，借喻可以省去许多直白的文字，令语言精练简洁、结构紧凑。

借喻表现的对象可以是人、物、事，也可以是理、情、意。借喻多用于抒情散文、诗歌以及通俗的口语中。例如：

---

① 何远秀．英汉常用修辞格对比研究[M]．成都：西南交通大学出版社，2011：42.

"这个鬼地方，一阴天，我心里就堵上个**大疙瘩**！"

（老舍《龙须沟》）

"骤雨过后，**珍珠散落**，打遍新荷。"

（元好问《骤雨打新荷》）

（三）英汉比喻的异同

1. 相同点

英汉比喻修辞存在一些相同点，具体体现在以下两个方面。

（1）英汉比喻都用事物比喻事物。用一种事物来说明另一种事物的形象或所特有的品质。它是英汉比喻中都比较常用的一种形式。

（2）英汉比喻都用事理比喻事理。用事理比喻事理，即用一种事情的道理，来比作另一种事情的道理。在英汉语言中，人们通常在论证时使用这种修辞手段。

2. 不同点

英汉比喻修辞也存在一些差异，主要体现在以下几个方面：汉语比喻的结构形式比英语的复杂很多，分类也更细致；英语隐喻与汉语中隐喻、借喻和拟物三种修辞格相似，因此英语比喻中的隐喻所涵盖的范围更广泛。

（1）英语中的 Metaphor 与汉语隐喻相似

英语隐喻与汉语比喻的格式相同，即本体和喻体同时出现。例如：

He has an iron will and gold heart.

他有钢铁般的意志和一颗金子般的心。

这是梅花，有红梅、白梅、绿梅、还有朱砂梅，一树一树的，每一树梅花都是一树诗。

上面的英语例句采用了 Metaphor 修辞手法，将 will（本体）比作 iron（喻体），将 heart（本体）比作 gold（喻体）；汉语例句则采用了隐喻修辞手法，且是一个带有喻词的隐喻，喻词是"是"，将"梅花"（本体）比作"诗"（喻体），英汉两个例句中均出现了本体和喻体，可见，英语 Metaphor 与汉语隐喻相似。

（2）英语中的 Metaphor 与汉语借喻相似

在这种修辞格中，喻体是象征性的，同时含有一个未言明的本体。它的基本格式是"以乙代甲"。例如：

Laws（are like cobwebs，they）catch flies but let hornets/wasps go free.

法律像蛛网，只捕苍蝇而放走马蜂。

晚妆新，高绾乌云。

（杨果《春情》）

上面的英语例句中采用了 Metaphor 修辞手法，句中 flies（喻体）喻指“小坏人、小罪犯”（本体），hornets/wasps（喻体）喻指“大坏人、大罪犯”（本体），但本体并未出现；汉语例句则采用了借喻修辞手法，句中“乌云”（喻体）借以喻指“黑色的头发”（本体），本体也没有出现，英语 metaphor 与汉语借喻的格式都是“以乙代甲”。

（3）英语中的 metaphor 与汉语中的拟物相似

在汉语中，比拟可分为两种：拟人与拟物。其中，拟人与英语中的 personification 对应，而拟物是英语中的 metaphor 的变体形式之一。例如：

His eyes were blazing with anger.

他的两眼发出愤怒的火光。

有时候起风了，把他打得出不来气……

（老舍《骆驼祥子》）

上面的英语例句采用了 metaphor 修辞手法，把 eyes 当作发光的物体来描述；汉语例句则采用了拟物修辞手法，把“风”当作可以打人的东西来描述，英语 metaphor 与汉语拟物都是把此物当作彼物来描写。

二、比喻的翻译

比喻有明喻和暗喻之分，下面分别对其翻译进行分析。

（一）明喻的翻译

1. 直译法

英语中有 like，as，as if，as though 等比喻词，而汉语中有“像”“好像”“仿佛”“如”等比喻词。因此，在多数情况下，英语明喻可以采用直译法进行翻译，这样可以最大限度地保留原文的特点。例如：

A man can no more fly than a bird can speak.

人不能飞翔，就像鸟不会讲话一样。

The pen is to a writer what the gun is to a fighter.

作家的笔犹如战士的枪。

上述两个例句的翻译都采用了直译法，译文中的本体、喻体与原文中的一致。

2. 意译法

英汉语言在诸多方面存在差异，因此有些明喻也不能采用直译法进行翻译，此时需要采用意译法。例如：

Records fell like rip apples on a windy day.

记录频频打破。

本例采用了意译法，舍去了原文的喻体，符合汉语的语言习惯。

（二）暗喻的翻译

1. 直译法

英语暗喻有 be, become, turn into 等标志词，汉语中与之相对的有"是""变成""成了"等词语，所以一般可采用直译法来翻译英语暗喻。例如：

Three years' jungle life had turned him into a wild beast.

三年的丛林生活把他变成了野兽。

本例原文中将 him 比喻为 a wild beast，译者将其直译为"野兽"，很好地保留了原文暗喻的形象。

2. 意译法

暗喻也不能一味地进行直译，有时也要根据实际情况采用意译法进行翻译，以使译文更符合译入语习惯。例如：

Please do best to convince SINOCHEM that they are really barking up the wrong tree. We are liable for nothing.

请尽量说服中国化工进出口公司，他们确实错怪人了。我们没有任何责任。

如果将 bark up the wrong tree 直译为"啃错了树"，显然难以理解。这里应采用意译法进行处理。再如：

He is a weathercock.

他是个见风使舵的家伙。

She is a fox.

她是位时髦迷人的女郎。

第二节　类比（Analogy）

一、英汉类比对比

（一）英语 Analogy

Analogy 一词源自希腊语，意思是 according to ratio。原意之一是“比例”，之后被引申衍化为“类型的相似之比”。①

英语类比又称“类推”或“类比推理”，是将对象之间某些属性的相同点作为依据，从而推断它们的其他属性也可能具有相似性。类比就是同类相比，是一种推理方式，由此及彼。但是，这两种事物之间必须具有相似点或可比性。英语类比的比体可以在前，被比体在后，借乙比甲，格式是“乙→甲”；比体也可以在后，被比体在前，其格式是“甲→乙”。

英语类比常用于逻辑推理和论证，并广泛用于诗歌和其他富于想象力的文学创作中。事实上，明喻属于类比的一种明确表达形式，隐喻属于类比的一种暗含表达形式。一般而言，类比都是运用人们熟知的或具体的事物来类比陌生的或抽象的事物。例如：

Intellectual assimilation takes time. The mind is not to be enriched as a coal barge is loaded. Whatever is precious in a cargo is carefully taken on board and carefully placed. Whatever is delicate and fine must be received delicately, and its place in the mind thoughtfully assigned.

吸收知识需要时间，头脑的充实不能像驳船装煤那样。正如珍贵的货物必须小心翼翼地搬运上船，并小心翼翼地安放好，知识的精华必须灵敏巧妙地吸入头脑中，并加以缜密的安排。

本例中将头脑中吸取知识精华与驳船装运珍贵货物进行类比，以此说明吸取知识要像装运物品一样格外小心，不能像驳船装煤一样“囫囵吞枣”。

Before you reprehend together, take heed you are not culpable in what you go about to reprehend. He who cleans a blot with bottled fingers makes a greater blur.

在责备别人之前，要注意自己不要有这个毛病。用脏手去擦污点的

① 何远秀．英汉常用修辞格对比研究[M]．成都：西南交通大学出版社，2011：66.

人只会弄得更脏。

本例中的比体是“用脏手擦污渍,污渍非但擦不掉,还会弄得更脏”,以此来说明一个道理,即“在指责别人毛病之前,要注意自己不要有这个毛病,否则,只能把事情弄得更糟”。

(二)汉语类比

汉语类比修辞也是两物相喻的意思,即将相同、相似,或在某一点上义理相通的事物放在一起使其相互参照,用于阐明一种事理或表明一种情况。有的修辞学家将其称作“扩喻”,并将其看作是比喻的一种特殊形式。

与汉语中的明喻和隐喻修辞相比,类比修辞的描述更加全面、充分,而且其着眼点也相对宽泛。明喻和隐喻主要是通过描写、联想等来获得形象生动的修辞效果。然而,类比修辞则主要是借助劝说、阐释等方式来表明观点和思想,且利用比体和被比体的义理相同关系和平行句式是它的显著特征。汉语类比修辞还多用于劝告、说理,使人们在类似相通的事物联想中,得到新的启发和领悟,这种效果也是抽象议论所不能企及的。

汉语类比的比体与被比体的位置可以在前,也可以在后,格式也随之做相应的变化。例如:

这真是所谓“你不说我倒还明白。你越说我越糊涂了”。英国有许多先前的文章不流行,我想,这是总会有的,但竟没有想到它们的消灭,乃因为不写永久不变的人性。现在既然知道了这一层,却更不解它们既已消灭,现在的教授何从看见,却居然断定它们所写的却不是永久不变的人性了。

只要流传的便是好文学,只要消灭的便是坏文学;抢得天下的便是王,抢不到天下的便是贼。莫非中国式的历史论,也将沟通了,国人的文学论欤?

(鲁迅《文学与出汗》)

上述例子中作者为了批驳“普通的人性是一切伟大的作品的基础”的谬论,揭穿将“流传”和“消灭”作为判断文学好坏标准的荒谬性,用“成者为王,败者为寇”的反科学的社会历史发展观做类比,比体是“抢得天下的便是王,抢不到天下的便是贼”,被比体是“只要流传的便是好文学,只要消灭的便是坏文学”,使读者从比体和被比体相似的逻辑中,接受并赞同作者对被比体做出的否定性论断。

(三)英汉类比的异同

英语 Analogy 与汉语类比基本相同,但二者也存在一定的相异之处,具体体现在如下几个方面。

(1)英语 Analogy 的涵盖面相对窄一点,汉语类比则包含英语的 Allegory(讽喻)。类比的比体可以是具体的事物或日常生活的事件,还可以是抽象的道理;讽喻的喻体多为谚语、格言、神话、寓言和故事。

(2)严格地说,类比不是比喻修辞的范畴。比喻中喻体与本体是依属关系,喻体也决不可脱离本体而独立存在。在类比中比体可以脱离本体而单独存在,二者之间是并列关系。

(3)类比的作用主要是通过比较、参照来阐明某个观念、某种道理,以便使人信服。而明喻、隐喻的功能则是通过生动的形象提高表达效果,达到扣人心弦的效果。

(4)类比注重对两个不同事物进行平行比较,尽量罗列出两个事物之间的相同点或相似点,以便突出它们在整体上的相似性。而比喻中的明喻、隐喻则着眼于两个不同事物之间的某一相似点上。

二、类比的翻译

通常而言,类比的翻译可以采取直译法与意译法。

(一)直译法

在类比修辞的翻译中,直译法是较为常见的。直译法可以使译文更加具体形象,且易于理解和接受。例如:

Knowledge always desires increase: it is like fire which must first be kindled by some external agent, but which will afterwards propagate itself.

(Samuel Johnson)

知识总渴望不断提高,如同一团火,先是星星之火,但可燎原。

本例对“知识”与“星星之火”进行了类比,翻译也采用直译法将意思直接译出。

(二)意译法

由于英汉语言的结构存在差异,所以在翻译类比修辞格时有时是无法用直译法的,这就需要采用意译法进行处理。例如:

For answers successfully arrived at are solutions to difficulties previously discussed. And one cannot untie a knot if he is ignorant of it.

(Aristotle)

答案可以从前面的讨论中得到,一个无知的人怎能解开知识之结呢?

该例中的亚里士多德将“答案”与“结”进行类比,前后两句彼此对照,使表意更加深刻。译者为了有效传达出原文的意思,采用了意译法翻译此句。

第三节 借代(Metonymy)

一、英汉借代对比

(一)英语 Metonymy

Metonymy 这一术语源自希腊语,意为 a change of name。对于 Metonymy 的定义,*Webster's Third New International Dictionary* 解释为 “a figure of speech that consists in using the name of one thing for that of something else with which it is associated.” 即“用一事物的名称代替与之密切相关的另一事物的名称的一种修辞”。[①]

英语 Metonymy 大致包含以下几种借代关系。

(1)用容器名称指代所盛的内容。例如:

The kettle is boiling.

壶开了。

该例中,kettle 指代壶中水。

(2)用工具指代工具使用者的行为或能力。例如:

Only the knife can save him.

只有开刀才能救他。

该例中,knife 指代外科手术。

(3)用特征指代特征所有者。例如:

The blue eyes walked into the office.

那些蓝眼睛走进了办公室。

该例中,blue eyes 指代长着蓝眼睛的人。

① 转引自何远秀.英汉常用修辞格对比研究[M].成都:西南交通大学出版社,2011:110-111.

（4）用器官指代人的行为或能力。例如：

He has a rough tongue.

他言语粗鲁。

该例中，tongue 指代说话方式、能力。

He was not the man who let his heart rule his head.

他是一个不会让情感冲昏头脑的人。

该例中，heart 指代情感；head 指代理智。

（5）用作者的姓名指代其作品。例如：

Only billionaires are able to collect Picasso.

只有那些亿万富翁才有能力收集毕加索的立体画。

该例中，Picasso 指代毕加索的美术作品。

（6）用商标指代其产品。例如：

First she drank Brandy, and then she drank Whisky.

她先喝了点白兰地酒，然后又喝了点威士忌酒。

该例中，Brandy 和 Whisky 分别指代白兰地酒和威士忌酒。

（7）用处所指代人。例如：

The whole village rejoiced over the victory.

全村人都为这一胜利而欢呼雀跃。

该例中，village 指代村庄里的人。

（8）原因与结果互代。例如：

On the 14th of March, at a quarter to three in the afternoon, the greatest living thinker ceased to think.

3 月 14 日下午两点三刻，当代最伟大的思想家停止思想了。

该例中，ceased to think 指代死亡。

（9）以抽象代替具体。例如：

The programme helps blacks and whites get to know each other.

这个计划有助于黑人和白人之间的相互了解。

该例中，抽象的 black 和 white 指代具体的黑人和白人。

（10）以具体代替抽象。例如：

Had he known a little about Pavlov's dog, he wouldn't have made such a blunder in the treatment of the patient.

如果他懂得一点巴甫洛夫神经学的话，就不会在这个病人的处理方案上有这么大的失误。

该例中，Pavlov's dog 代替巴甫洛夫神经学。

（二）汉语借代

所谓借代，就是放弃直接说出事物或人的名字的方式，而用另一名称来代替。其中，被代替的事物为本体，用来代替的事物为借体。例如：

巾帼不让须眉

其中的“巾帼”指代的是“女子”，“须眉”指代的是“男子”。

汉语借代的运用可使人产生无限的联想，使表达更加生动、形象、突出。

汉语借代主要分为两大类：旁代和对代。

1. 旁代

旁代主要包含以下类型。

（1）用特征或标志指代本体。例如：

纨绔不饿死，儒冠多误身。

（杜甫《赠韦左丞诗》）

该例中，“纨绔”指代富贵子弟，“儒冠”指代文人学者。

（2）用作者指代作品。例如：

年轻人应该多读点马列和孔夫子。

该例中，“马列”、“孔夫子”指代的是马克思、列宁和孔夫子写的书。

（3）用人或事物所在地指代事物或人。例如：

一人有难，八方支援。

该例中，用“八方”指代四面八方的人。

（4）用事物的制造者代替本体。例如：

慨当以慷，忧思难忘。

何以解忧，唯有杜康。

（曹操《短歌行》）

该例中，作者用“杜康”这一造酒人来代替酒名。

（5）用材料指代事物的本体。例如：

无丝竹之乱耳，无案牍之劳形。

（刘禹锡《陋室铭》）

该例中，“丝竹”是乐器的原材料，在这里替代弦乐和管乐。

（6）用事物的数量代替本体。例如：

子曰，吾十有五，而至于学。三十而立。四十而不惑。五十而知天命。六十而耳顺。七十而从心所欲，不逾距。

（《论语》）

该例中，“三十”“四十”等实际上指代的是三十岁、四十岁等年龄。

2. 对代

所谓对代，就是借用人或事物相对应的方面代替本体。对代又可分为以下几类。

（1）具体与抽象之间的互代。例如：

南国烽烟正十年。

（陈毅《梅岭三章》）

该例中，以“烽烟”代指战争，是以具体指代抽象。

老夫聊发少年狂，左牵黄，右擎苍。

（苏轼《临江仙·夜归临皋》）

该例中，“黄”和“苍”分别指代黄毛色的猎犬和一种暗褐色的猎鹰，是以抽象代具体。

（2）部分与全体之间的互代。例如：

两岸青山相对出，孤帆一片日边来。

（李白《望天门山》）

该例中，用船的一部分“帆”代替船，是以部分代整体。

“我们是红军！缴枪不杀！”红军的吼声，像春雷划破河边夜空。

（杨得志《大渡河畔英雄多》）

该例中，用“红军”代红军战士，是整体代局部。

（3）用结果来代原因。例如：

专弄文墨，为壮士捧腹——专门耍弄笔杆子，是要被有能耐的人耻笑的。

（柳宗元《送独孤书记序》）

该例中，“捧腹”是“笑”的结果，是以结果代替原因。

（三）英汉借代的异同

从具体内涵来看，英语 Metonymy 与汉语借代的范围既不完全相同又有重合。例如，汉语借代修辞格的旁代中包括用材料指代成品的关系，但这种关系在英语 Metonymy 中并不存在；汉语对代中的具体和抽象之间的互代关系与英语 Metonymy 中的指代关系相对应。因此，客观地说，英语 Metonymy 与汉语旁代大致相当。

总之，从本质上看，英汉借代之间、汉语各种借代之间以及英语各种借代之间具有相似性。从用法上看，各种借代又具有差异性。只有准确、恰当地使用，才能充分发挥其修辞作用。

二、借代的翻译

无论是英语中还是汉语中的借代常会使用带有浓重民族色彩的词语,因此在翻译时需要对原文进行加工,如添加注释说明,或者采用意译法等。例如:

Poor Charlie! Of all the girls in the world, he should have fallen in love with the daughter of a Judas!

译文1:可怜的查理!世界上有那么多女孩,他却爱上了一名犹大(注:圣经中耶稣十二使徒中出卖耶稣者,常被用来指代叛徒)的女儿!

译文2:可怜的查理!世界上有那么多女孩,他却爱上了一名叛徒的女儿!

Judas在中国也广为人知,因此可以直译,但为了照顾不太了解圣经的读者,可以加脚注进行说明,也可以采用意译法将Judas译为"叛徒",但文化色彩稍逊于直译。

Upon my word, Basil, I didn't know you were so vain; and I really can't see any resemblance between you, with your rugged strong face and your coal-black hair, and this young Adonis, who looks as if he was made out of ivory and rose-leaves.

译文1:说真的,巴西尔,我没想到你会这么自负。我实在看不出你跟这个阿多尼斯一样俊美的少年之间有任何相似之处。你的脸粗犷有力,头发黑得像煤炭,而他看上去就像是用象牙和玫瑰花瓣做成的。

译文2:说真的,巴西尔,我没想到你会这么自负。我实在看不出你跟这位阿多尼斯(注:希腊神话里的美少年,为爱神所钟爱,常被西方人用来指代美貌少年)之间有任何相似之处。你的脸粗犷有力,头发黑得像煤炭,而他看上去就像是用象牙和玫瑰花瓣做成的。

译文3:说真的,巴西尔,我没想到你会这么自负。我实在看不出你跟这位俊美少年之间有任何相似之处。你的脸粗犷有力,头发黑得像煤炭,而他看上去就像是用象牙和玫瑰花瓣做成的。

Adonis是神话传说中的美少男,后常被西方人用来指代美貌少年,但在中国并不广为人知,因此可采用多种方法对其身份进行补充说明。

第四节　夸张（Hyperbole）

一、英汉夸张对比

（一）英语 Hyperbole

英语中的夸张（Hyperbole）出自希腊语 hyperbole，本意为 excess（超过）。对于 Hyperbole 的定义，霍尔曼（C. Hugh Holman）指出："Hyperbole: A figure of speech in which conscious exaggeration is used without the intent of literal persuasion. It may be used to heighten effect, or it may be used to produce comic effect."（一种修辞格，不带任何真正劝说意义的有意识的夸大。用于强调某种效果或产生幽默效果。）[①]

根据这一定义可知，Hyperbole 是一种修辞方式，用夸大的言辞来增加语言的表现力，突出某种情感和思想，但这种夸大的言辞并不是欺骗。这种修辞手法可以深刻地表现出作者对事物的鲜明态度，给读者留下深刻的印象，同时有助于揭示事物的特征、本质，强烈地表达出作者的思想感情。

英语 Hyperbole 按照不同的分类方式具有不同的分类。下面进行具体介绍。

1. 根据性质划分

根据性质划分，英语夸张可分为两种，即扩大夸张与缩小夸张。

（1）扩大夸张

扩大夸张是故意将表现对象的形象、数量、状态、程度等向高、多、大等方面夸张。具体包括以下几种形式。

利用形容词、副词的最高级形式进行夸张。例如：

The **most effective** water power in the world—women's tear.

世界上最有效的水力——女人的眼泪。

借助名词、介词短语进行夸张。例如：

Daisy is clever **beyond comparison**.

戴西聪明绝顶。

---

① Hugh Holman C. *A Handbook to Literature*[M].New York: The Odyssey Press, 1972: 113.

利用数字或表示数量的词进行夸张。例如：

I have **a thousand and one things** to do.

我有许多事情要做。

借助拟人、比喻、类比等修辞格进行夸张。例如：

A man with **a mouth like a mastiff, a brow like a mountain and eyes like burning Anthracite**—that was Dan'l Webster in his prime.

（S. V. Beiet: *The Devil and Danniel Webster*）

他的嘴像猛犬的一样噘现，他的脑门像小山一样凸出，他的眼睛像燃烧着的煤球一样灼亮——这就是时值壮年的丹尼尔 · 韦伯斯特。

利用加强某些词语的语义进行夸张。例如：

Everybody was **clapping their hands off**.

（Bernard Shaw）

每人都拼命鼓掌。（每人都把手掌拍掉了。）

（2）缩小夸张

缩小夸张就是故意将表现对象的形象、数量、状态、程度等向低、小、差、少等方面夸张。例如：

I've not had **a wink of sleep** these last two nights.

（John Galsworthy: *Villa Robin*）

这两天晚上我一直没合眼。

2. 根据方法划分

根据方法划分，可以将夸张分为普通夸张与特殊夸张两种。

（1）普通夸张

普通夸张就是基于表现对象原来的基础进行夸张，或者说是“不借助其他手段而构成的夸张”。[①] 所以，普通夸张又叫“一般夸张”、“直接夸张”或“单纯夸张”。

（2）特殊夸张

特殊夸张，“即与其他修辞方式相结合进行的夸张（或者说夸张方式体现在其他修辞方式之中）”。[②] 所以，特殊夸张又叫“间接夸张”“结合夸张”或“融合夸张”。与普通夸张相比，特殊夸张更加生动、形象。

（二）汉语夸张

《辞海》将“夸张”定义为：“修辞格上辞格之一，运用丰富的想象，夸

① 王勤．汉语修辞通论［M］．武汉：华中理工大学出版社，1995：209．
② 同上，第 210 页．

大事物的特征，把话说得张皇铺饰，以增强表达效果”。[①] 因此，夸张又被称为“夸饰”“扬厉”“铺张”“增语”“倍写”“甚言”等。

夸张可以引发人们的联想与想象，既有利于揭示事物的本质，又能使读者对作者的观点、态度等产生共鸣。

汉语夸张与英语 Hyperbole 的分类方法基本一致，根据不同的标准，有不同的分类。这里主要介绍以下两种分类方式。

1. 根据意义分类

根据意义分类，可以将汉语中的夸张分为扩大夸张、缩小夸张以及超前夸张。

（1）扩大夸张

汉语扩大夸张就是故意将事物的数量、特征、作用、程度等夸大。例如：

每年——特别是水灾、旱灾的时候，这些在日本厂里有门路的带工，就亲身或者派人到他们家乡或者灾荒区域，用他们多年熟练了的、可以将一根稻草讲成金条的嘴巴，去游说那些无力“饲养”可又不忍让他们的儿女饿死的同乡。

（夏衍《包身工》）

本例使用了扩大夸张来故意夸大嘴巴的厉害程度——“可以将一根稻草讲成金条”。

（2）缩小夸张

缩小夸张就是故意把事物的数量、特征、作用、程度等往小、弱等方面夸张。例如：

我从乡下跑到城里，一转眼已经六年了。

（鲁迅《一件小事》）

作者用“一转眼”来强调时间过得很快。

（3）超前夸张

超前夸张是指故意将两件事中后出现的事说成是先出现的，或是同时出现的。汉语中的这种夸张手法是英语夸张中所罕见的。需要注意的是，汉语中的超前夸张也并不常用。例如：

他酒没沾唇，心早就热了。

（郑直《激战无名川》）

先喝酒，然后心里热，这符合正常逻辑，本例中的“酒没沾唇，心早就

---

① 转引自何远秀．英汉常用修辞格对比研究 [M]．成都：西南交通大学出版社，2011：127.

热了”就使用了超前夸张,故意把后出现的事情说成是先出现的。

2. 根据构成标准分类

根据构成标准分类,可以将汉语中的夸张分为融合夸张与单纯夸张。

(1)融合夸张

融合夸张就是借助修辞方式表现出来的夸张,如比喻、拟人、借代等。例如:

从化的荔枝树多得像汪洋大海,开花时节,那蜜蜂满野嘤嘤嗡嗡,忙得忘记早晚。

(杨朔《荔枝蜜》)

该例同时使用了夸张与比喻修辞,属于融合夸张。

(2)单纯夸张

单纯夸张就是不借助其他修辞方式,直接表现出的夸张。例如:

君不见,黄河之水天上来,奔流到海不复还;君不见,高堂明镜悲白发,朝如青丝暮成雪。

(李白《将进酒》)

本例中,作者用“黄河之水天上来”来形容黄河发源地之高,用“朝如青丝暮成雪”来表现时间流逝之快,且只使用了夸张修辞。

(三)英汉夸张的异同

1. 相同点

英语 Hyperbole 除借助词汇手段来实现夸张外,也会借助明喻、暗喻、比拟等修辞手段来进行夸张。相似地,汉语也有单纯夸张与融合夸张之分。英语的两种夸张方式与汉语的两种方式只是名称或提法不同,其本质是一样的。可见,英语 hyperbole 与汉语夸张在定义、使用方式、表达效果等方面基本相同,二者都采取夸大或缩小的方式来达到夸张的效果。

2. 不同点

当然,英语中的 hyperbole 与汉语夸张也存在不同点,主要表现在以下两个方面。

(1)汉语中的超前夸张在英语中极为少见。

(2)汉语侧重选词来夸张,英语侧重采用一些构词法的运用。例如,英语常以名词的复数形式或名词的重复形式(冠词 + 名词 +of+ 复数名词)来表现夸张。例如:

It is ages since we last met.

自从我们上次遇见后已很久没见了。

She's feeling miles better today.

她今天感觉好多了。

上述两例分别用名词复数 ages 来表示"很久没见"、用 miles 来形容程度夸张，这种名词复数的形式可实现极强的夸张效果。但是，汉语的名词无单复数之分，故无此形式的夸张。

二、夸张的翻译

夸张的翻译主要采取直译法与意译法。下面分别举例加以介绍。

（一）直译法

英汉两种语言中夸张使用十分普遍，也存在一些相似之处，因此为了更好地保持原文的艺术特点，可采用直译法进行翻译。例如：

If you gave me eighty necklaces and eight hundred rings I would also throw them away. What I want is nothing but dignity.

你就是给我八十条项链和八百个戒指，我也不要，我要的是尊严。

Yes, young men, Italy owes to you an undertaking which has merited the applause of the universe.

是的，年轻人，意大利由于有了你们，得以成就这项寰宇称颂的伟业。

上述两个例子对原文的夸张修辞格的翻译均采用了直译法，使译文具有与原文相同的艺术效果。

（二）意译法

由于英汉夸张的表现手法、夸张用语以及英汉语言的表达习惯有着很大的差异，因此不能机械地照搬原文，有时需要采用意译法对原文进行适当的处理，以使译文通顺易懂，符合译入语的表达习惯。例如：

She is a girl in a million.

她是个百里挑一的姑娘。

原文中的 in a million 如果直译为"百万里挑一"，会令读者觉得很别扭，因此这里应采用意译法，译为"百里挑一"，符合汉语的语言习惯。再如：

Seventy times has the lady been divorced.

这位女士不知离了多少次婚了。

He ran down the avenue, making a noise like ten horses at a gallop.

他沿街跑下去，喧闹如万马奔腾。

第八章　英汉词语修辞格对比及翻译（二）

上一章研究了英汉比喻、类比、借代、夸张四种修辞格对比及翻译，本章将继续探讨英汉词语修辞格对比及翻译，重点对通感、双关、委婉语、移就修辞格进行论述与分析。

第一节　通感（Synaesthesia）

一、英汉通感对比

（一）英语 Synaesthesia

The Random House College Dictionary（《兰登书屋韦伯斯特大学词典》）将 Synaesthesia 解释为："A sensation produced in one modality when a stimulus is applied to another modality, as when the heating of a certain sound induces the visualization of a certain color."①

根据上述定义可知，英语通感是指将人的听觉、视觉、嗅觉、味觉、触觉等各种感觉沟通、交错起来，将原本用来描述某一感觉的表达用来描绘另一感觉，实现五感相通，从而使所描述的感觉更加全面、生动，给读者留下深刻的印象。

英语通感可以大体分为两类：单项移觉与多项移觉。

1. 单项移觉

所谓单项移觉，就是将一种感觉移向另一种感觉，从而实现通感。单项移觉涉及视觉与听觉、嗅觉与听觉、味觉与视觉以及视觉与触觉的相通。例如：

Strolling through the delicious spring landscape is amazing!

① 转引自吕煦．实用英语修辞[M]．北京：清华大学出版社，2004：177.

在春天的美景中漫步实在太好了！

本例由味觉移向视觉，通过 delicious（美味的）来形容景色的秀丽。

Why do you bear such a sour look？

为什么一副嫉妒的脸色？

本例由味觉移向视觉，通过 sour（有酸味的）来描写脸色。

What a noisy scarf it is!

这条围巾太艳丽了！

本例由视觉到听觉，通过“喧闹”来描绘围巾的艳丽程度。

2. 多项移觉

所谓多项移觉，就是将多种感觉移向某一种感觉。显然，多项移觉有着极强的表现力，使被描述的内容更加具有立体感，所以使用起来较为困难。例如：

Soft music like a perfume and sweet light.
Golden with audible odours exquisite.
Swathe me with cerements for eternity.

（A. Symons：*The Opium Smoker*）

柔和的音乐宛如芳香甜美的光，
金黄色而带着听得见的气味，
包裹着我令我沉寂于永恒之中。

西蒙斯将味觉（sweet,odour）、嗅觉（perfume）、触觉（swathe）、视觉（light）等多种感观调动起来，从而彻底表达自己的内心感受。不难看出，同单项移觉相比，多项移觉具有更强的表现力，使被描述的内容更具立体感，因而使用起来也较为困难。

（二）汉语通感

汉语通感修辞就是使人的各种感官相互影响，用一种感觉来比喻另一种感觉的手法，从而使语言更具生动性和感染力，开拓意境，启发联想，抒发情怀，深化主题，耐人寻味，还能使抽象的事物具体化、形象化，使陌生的事物生动、传神。

汉语通感可以分为两类：五感互通和赋予某种事物以某种感觉。

1. 五感互通

五感互通是通感的最基本用法，在文学作品中使用广泛。例如：

层层的叶子中间，零星地点缀着些白花……微风过处，送来缕缕清香,仿佛远处高楼上渺茫的歌声似的。

（朱自清《荷塘月色》）

“歌声”只能听不能闻,“清香”只能闻不能听。但是,作者在此用“歌声”来比喻“清香”,扩展了人们想象的空间。

（听了她唱完这首歌,我五脏六腑里）像熨斗熨过,无一处不伏帖,三万六千个毛孔,像吃了人参果,无一个毛孔不畅快。

（刘鹗《老残游记》）

本例中,“像熨斗熨过,无一处不伏帖”属于触觉,“像吃了人参果,无一个毛孔不畅快”属于味觉,作者将触觉与味觉用来描写听觉。

2. 赋予某种事物以某种感觉

这种通感虽然在传统的通感定义中未曾提及,但却常见于日常生活中。例如：

望梅止渴

这个成语中的“望”属于视觉,“渴”属于味觉,即从视觉移向味觉。

风随柳转声皆绿,麦受尘欺色易黄。

（严遂成《满城道中》）

“声”属于听觉,“绿”属于视觉,听觉向视觉的转移为读者描绘了一幅美丽的春天画卷。

他看了我一眼,那种正直而慈祥的眼光,使我立刻感到身上受了父亲的抚摩——严肃和慈祥就像可以抚摩似的。

（阿累《一面》）

“一眼”是视觉,“抚摩”是触觉,本例从视觉移向触觉。

（三）英汉通感的异同

1. 相同点

英语 Synaesthesia 与汉语通感的相同之处主要表现在以下几个方面。

（1）二者都能赋予某种事物以某种感觉。

（2）二者都具有普遍的感官相通,如听觉与嗅觉、视觉与听觉、触觉与嗅觉、视觉与触觉、嗅觉与视觉等感官之间的相通,或者一种感觉与其他两种或两种以上感觉的相通。

（3）二者的表达结构相似,都有使用比喻词和不使用比喻词的两种结构。

使用比喻词。例如：

Soft music like a perfume.

本例使用了比喻词like。

像一条钢丝抛入天际回还转折……如一条白蛇在黄山三十六峰半中腰盘旋穿行。

(刘鹗《老残游记》)

本例使用了比喻词“像”、“如”。

不使用比喻词。例如:

Sweet Thames! Run softly, till I end my song.

论季节,北方也许正是搅天风雪,水瘦山寒。

(杨朔《茶花赋》)

上述两例都没有使用比喻词。

2. 不同点

英汉通感修辞的差异主要体现在联想上。由于中西方文化背景的不同,人们对同一事物的感官体验不同,引发的联想也不同。例如,汉语中的“酸”有“嫉妒”的意思,如“讲话酸溜溜的”;而英语中的sour却无此联想。英语中a sour face的意思是“一副生气的脸”,而不是“一张酸溜溜(嫉妒)的脸”。

二、通感的翻译

(一)直译法

英语与汉语的文化背景存在很大的差异,但人类的生理、心理、认知思维方式等是相同的,因此在通感修辞的翻译过程中,可以使用直译的方法。例如:

The fog was that thick and it stole into the room from the closed door, intermingled with the pitter-pattering of the light rain and the scent of the lily.

雾大得很,悄悄挤进门缝来,还夹杂着淅沥的雨声和百合的清香。

原文将人的听觉和嗅觉融合起来,译文保留了原文的修辞手法,实现了与原文几乎相同的表达效果。

(二)归化与异化

归化就是将原文中的异文化去掉,换成目的语读者熟悉的文化意象的翻译方法;异化是指保留原文中的异文化的翻译方法。归化和异化本身没有优劣之分,只有根据实际情况选择最合适的翻译方法。例如:

The children's bright laughter could be heard throughout the house.

译文 1：整个屋子里都回荡着孩子们咯咯的笑声。

译文 2：整个屋子里都回荡着孩子们朗朗的笑声。

本例原文将听觉和视觉融合在一起构成了通感。译文 1 采用归化法将孩子的笑声翻译为"咯咯的笑声"，丢失了原文的通感；译文 2 采用异化法翻译为"朗朗的笑声"，保留了原文的通感，因此译文 2 更佳。

第二节 双关（Pun）

一、英汉双关对比

（一）英语 Pun

双关对应的英语单词是 Pun。关于 Pun 的定义，*The Oxford English Dictionary* 提供的释义为：the use of a word in such a way as to suggest two or more meanings or different associations, or the use of two or more words of the same or nearly the same sound with different meanings, so as to produce a humorous effect.[①]

由此定义可以看出，双关是借助同音异义或同形异义，使表达具有两种不同含义的一种修辞方式。使用双关需要一个前提：双关的字面含义和隐藏含义要具有一定的相似点，这样才能使句子拥有两个含义，引发读者联想。

双关的特点是表达含蓄。通过双关可以使语言产生幽默、诙谐的效果，将隐藏之意以含蓄、幽默的方式表达出来，使听话人更容易接受，最终达到一石二鸟的作用。

英语 Pun 主要包括以下几种类型：谐音双关、语义双关与音义双关。

1. 谐音双关

谐音双关（Homophonic Puns）又称"语音双关"，是利用同音异义词促使人产生联想而构成的双关。使用谐音双关可增加语言的诙谐、幽默与活泼之感。例如：

On Sunday they pray for you and on Monday they prey on you.

星期日他们为你祷告，星期一他们对你掠夺。

① 转引自吕煦．实用英语修辞［M］．北京：清华大学出版社，2004：218.

句中 pray 和 prey 同音，但是意思却大为不同。讲话者巧妙利用这一点，表达了对那些“虔诚”的绅士们的讽刺之情。

2. 语义双关

语义双关是由于一词多义或同形异义而造成的双关。语义双关通常是言在此而意在彼，表达含蓄、委婉语，可以加强语言的表达效果。例如：

Some persons can be everywhere at home; others can sit musingly at home and can be everywhere.

有些人可以四海为家无拘无束；也有些人可以静坐家中而周游世界。

句中出现了两次 at home，但是意思却不相同，前后构成双关，由此可以看出作者高超的驾驭语言的能力。

3. 音义双关

在文学作品中，作家在塑造人物形象时通常会采用音义双关的修辞手段，赋予人物的特殊命名，对人物的性格、地位、行为和命运的刻画起着十分独特的作用。例如，*Jane Eyre*（《简·爱》）中的女主人公 Jane Eyre，Eyre 与 air 是同音异义词，表明简·爱清纯、自然、质朴的性情。音义双关手法的运用，让读者感到简·爱追求平等、自由和真挚爱情的勇气和执着犹如一股清风。

（二）汉语双关

汉语中的双关是利用词语的同音、多义等条件，有意用同一个词语、句子等语言片段在相同的语境中同时照应两种事物，表达两种意思：表面意思和隐含意思。其中，表面意思被称为表体，隐含意思被称为本体。本体是双关表达的重点。

汉语双关可以分为三类：谐音双关、语义双关和歧解双关。

1. 谐音双关

利用词语语音的相同或相似而构成的双关即为谐音双关。例如：

杨柳青青江水平，闻郎江上唱歌声。
东边日出西边雨，道是无晴却有晴

（刘禹锡《竹枝词》）

本诗末尾的“晴”与情感的“情”同音，构成双关，表现了女子含羞不露的内在情感。

2. 语义双关

汉语中的语义双关是利用词语的多义现象而构成的双关。例如：

繁：你受过这样高等教育的人现在同这么一个底下人的女儿，这是一个下等女人——

萍：（爆烈）你胡说！你不配说她下等，你不配，她不像你，她——

繁：（冷笑）小心，小心！你不要把一个失望的女人逼得太狠了，她是什么事都做得出来的。

萍：我已经打算好了。

繁：好，你去吧！小心，现在（望窗外，自语，暗示着恶兆地）风暴就要起来了！

（曹禺《雷雨》）

本例最后的“风暴”一词是个语义双关词，表面上是一种天气现象，实际上是指即将到来的激烈矛盾。

3. 歧解双关

汉语中的歧解双关是由语言成分的语音相同、相近和语义多样而造成的。例如：

第二天，又上课了。几个相当用功的学生兴冲冲地给老师送上了几个答题的卷子。他们说，他们已经做出来了，能够证明那个德国人的猜想了。可以多方面的证明它呢，没有什么了不起的！哈！哈！

“你们算了！”老师笑着说，“算了！算了！”

“我们算了，算了。我们算出来了”

（徐迟《哥德巴赫猜想》）

本例中教师所说的“算了，算了”是让学生们不要费力解题了，而学生却理解为“算题”的“算”，是一个典型的歧解双关。

（三）英汉双关的异同

1. 相同点

通过英语 Pun 和汉语双关的定义可以看出，二者皆是利用词语的同音、多义而构成的。英汉双关修辞都在文学作品、评论文章以及广告中得到了广泛的应用，一方面使语言产生含蓄、幽默、委婉之感，另一方面均可对社会丑恶进行批判和讽刺。

2. 不同点

英语中经常借助 antanaclasis（同音同型异义词重复）来构成双关，而关于 antanaclasis 是否与汉语中的双关对应还存在争论。有学者认为英语中的 antanaclasis 与汉语中的“换义”类似。另外，汉语双关只能关照两种事物和意义，而英语 Pun 有时能关照两个以上的事物和意义。例如：

Not I, believe me. You have dancing shoes
With nimble soles: I have a soul of lead.
So stakes me to the ground. I can not move.

（William Shakespeare: *Romeo and Juliet*）

我实在不能跳。你们都有轻快的舞鞋。
我只有一个铅一样重的灵魂，把我的身体紧紧地钉在地上，
使我的脚不能移动。

本例中，作者利用同音异形词 sole（舞鞋）和 soul（灵魂）构成了谐音双关，从而引发三种不同的对照：（1）sole（舞鞋）和 sole（舞鞋）对照，意思是：你们都有轻快的舞鞋，我只有铅一样重的舞鞋；（2）sole（舞鞋）和 soul（灵魂）对照，意思是：你们都有轻快的舞鞋，我只有铅一样重的灵魂；（3）soul（灵魂）和 soul（灵魂）对照，意思是：你们都有舞鞋，心情又轻松，而我虽然有舞鞋，却心情沉重。这三种对照实际上从各个侧面反映了罗密欧当时苦恼、沉郁的心情。

二、双关的翻译

对双关的翻译通常采用以下几种方法：对译法、套译法、拆译法以及加注法。

（一）对译法

如果英语中的多义词可以在汉语中找到对应的词语，即可采取对译的方法保留原文的双关来翻译。例如：

She's the nimblest girl around. Nimble is the way she goes. Nimble is the bread she eats, light, delicious, Nimble.

她是附近最敏捷的女孩，敏捷是她的举止特点。"敏捷"是她食用的面包——松软味美的"敏捷"。

本例是一则面包广告。nimble 本义是"敏捷的"，这里还有另外一个含义：面包的商标名称。译文将面包名称翻译成"敏捷"正是利用谐音传递了原文的双关修辞效果，做到了忠实原文。

（二）套译法

英汉习语都具有一定的文化背景，并且在目的语中也有类似的表达，

翻译时可利用这些模式进行套译。套译可以忠实地传递源语的文化内涵，同时使语言简洁、凝练，但是其缺点是会遗失一部分的双关内涵。例如：

An Apple for everybody keeps worries away.

电脑选苹果，烦恼远离我。

本例是苹果电脑的广告语，这个广告语和英语习语“An apple a day keeps the doctor away.”类似，因此可根据该习语的翻译套译这则广告。

（三）拆译法

拆译法是指在翻译双关时将原文的双层语义拆开，将其字面意义和隐含意义分别译出。例如：

The Unique Spirit of Canada.

别具风味的加拿大酒，独特的加拿大精神。

本例是一则酒的广告，spirit 是个多义词，既可以表示“烈性酒”，又可以表示“精神”。为保留原文的语义双关，翻译时将其双层含义拆开翻译，前面译为“酒”，后面译为“精神”。

（四）加注法

当无法找到合适的汉语表达来体现原文双关时，不妨采取加注的方法对原文中的双关含义进行解释。例如：

Don't labor the point, or be conservative in your choice, or liberal with your money. Come to Butlin's for the real party. Great Party Ahead.

布特林旅行社——你明智的选择。宣传不用太劳工费神，选择不必太保守谨慎，花钱不要太自由放任。我们的工作不是结党而是组团——快来参加我们充满欢乐的旅行团吧。

（注：labor，conservative 和 liberal 是英国的工党、保守党、自由党，Party 既指“政党”，又指“旅行团”。）

本例是一则旅行团广告。原文中的 labor，conservative，liberal 可分别表示英国的工党、保守党、自由党。其中 labor 还有“劳神”的意思。party 也既可以指“政党”，又可以指“旅行团”。由于英汉文化的差异，这种双关是很难翻译的。这里采用加注法，通过注释使读者自己体会原广告语中的双关含义。

第三节　委婉语（Euphemism）

一、英汉委婉语对比

（一）英语 Euphemism

英语 Euphemism 一词源自希腊语，eu 是前缀，意思是 good; sounding good，pheme 是词根，意思是 saying; speech，放在一起就是 good/pleasant speech（好听的话）。Neaman 将 Euphemism 定义为“substituting an inoffensive or pleasant term for a more explicit, offensive one, thereby veneering the truth by using kind words”（用不冒犯人或令人愉快的词语去替代直率的、触怒人的词语，用好听的词语去掩饰事实）。[①]

Webster's New Collegiate Dictionary 将 Euphemism 解释为：“Substitution of an agreeable or inoffensive expression for one that may offend or suggest unpleasant.”（使用一个令人愉快的或无害的表达方式代替一个有可能冒犯他人的或令人不快的表达方式。）

英语的 Euphemism 主要可以分为两大类：传统委婉语和文体委婉语。

1. 传统委婉语

（1）关于疾病的委婉语

疾病往往给人带来痛苦、折磨，是一个令人厌恶的事物。因此，很多疾病的表达都有一定的委婉说法。需要指出的是，不是所有疾病都要委婉，只有会引起心理负担的疾病（如某些不便启齿的疾病或绝症）才需要。例如：

heart attack（心脏病）—heart condition（心脏状况有异）

leprosy（麻风病）—Hansen's disease（汉氏病）

mad, crazy, insane（疯）—mentally ill, mentally handicapped（精神上有问题）

（2）关于死亡的委婉语

古今中外，死亡是令人恐惧的、谈之色变的。为避免这一话题可能引

① 转引自何远秀. 英汉常用修辞格对比研究[M]. 成都：西南交通大学出版社，2011：182-183.

起的恐慌,人们常常借助一些委婉表达来传递“死亡”的含义。例如:

be gone 去了

be at rest 安息

be at peace 心安神泰

be with God 与上帝同在

go to heaven/go to paradise 上天堂

go to one’s long home 回到永久的家

go to one’s final rest 长眠

be no longer with us 与我们永别了

pass away/pass on/pass over 走了

be safe in the arms of Jesus 在耶稣怀抱里得到平安

go the way of all flesh 走众生之路

be gone to a better land 到一个更好的地方

join one’s ancestors 加入祖宗的行列

answer the final summons 响应最后的召唤

lay down one’s life 献出自己的生命

go to glory 获得天国的荣耀

go to one’s final reward 得到了最后的报偿

depart from the world forever 撒手人寰,离开人世

to return to earth 归于尘土

be heard of no more 不再有声息了

breath one’s last breath/ draw the last breath 咽气; 断气

(3)关于残障的委婉语

残障人士由于身体上的缺陷而常常很在意他人的评论。自尊心很强而心理脆弱,容易受到伤害。为保护这些弱势人群,英语中常使用一些委婉语。例如:

blind(失明的)—visually retarded(视力上有障碍的), sight-deprived(被剥夺视力的), sightless(无视力的)

deaf(耳聋的)—hard of hearing(听觉困难的), sight-deprived(听觉损伤的)

the crippled(瘸子)—physically handicapped/physically inconvenienced(生理上有障碍的)

(4)关于分泌和排泄的委婉语

分泌和排泄几乎在所有文化中都是污秽不雅的,不便言谈。因而人们常用一些委婉表达取而代之。例如:

fart(放屁)—break wind, pass wind(排气)

urinate(小便)—give oneself ease(使自己舒服一下), do number one(一号,做第一件事), caught short(被搞得措手不及)

defecate(大便)—do number two(二号,做第二件事), move the bowels(轻松一下肠子)

(5)关于性爱、生育的委婉语

有关性和生育方面的事物往往令人羞于启齿,直说不仅会使自己显得粗俗无礼,也会令听者难堪。因此,在需要表达相关事物的时候,也通过迂回婉转的方法来表达。例如:

rape(强奸)—deflower(剥夺花朵),do violence to sb.(对某人施暴)

pregnant(怀孕)—be expecting(在期待之中), awkward(笨拙的)

pregnancy outside marriage(未婚先孕)—get into trouble(陷入困境), have an accident(意外事件,出了问题)

2. 文体委婉语

(1)关于贫困、失业的委婉语

贫穷、失业是谁都不想遇到的事情。而身处其中的人大多都有一定的焦虑感,对自己的社会地位也十分敏感。对于这些人,必须给予一定的维护,恰当使用委婉语。例如:

a man in debt(债台高筑的人)—negative saver(积蓄为负值的人)

unemployed(失业的)—claimants(提出要求者), unwaged(不发工资的), involuntarily leisured(不情愿的悠闲者)

(2)关于地位、职业的委婉语

地位低下、职业卑微的人通常面临着很大的生活压力,也常感自卑和渺小。照顾到这些人的情感,要注意关于地位和职业的委婉语的使用。例如:

bootblack(擦鞋匠)—footwear maintenance engineer(鞋类保养工程师)

cobbler(补鞋匠)—shoe builder(鞋靴再造者)/shoetrician(鞋靴专家)

head-waiter(侍者领班)—captain(总管)

butcher(肉商)—meat technologist(肉类技术专家)

plumber(管工)—pipe engineer(管道工程师), heating engineer(水暖工程师)

garbage collector(垃圾工人)—sanitation engineer(卫生工程师)

housewife(家庭主妇)—domestic engineer(内务工程师)/household executive(家政委员)

porter（搬运工）—packing engineer（搬运工程师）

gardener（园林工人）—landscape-architect（风景建筑师）

farmer（农民）—agricultural science specialist（农业专家）

janitor（看门人）—security officer（安全长官）

tree-trimmer（修枝工,花木匠）—tree surgeon（树医）

secretary（秘书）—administrative assistant（行政助理）

（3）关于政治、军事、外交的委婉语

政治、军事活动是残酷而血腥的,外交活动也常有狡猾、奸诈之感,因此民众通常对这类活动都很反感。为推行这些活动,政客们常使用委婉语来加以美化。例如:

economic crisis（经济危机）—depression（萧条）

strike（罢工）—industrial action（产业行动）

suppression（镇压）—police action（警察行动）

air attack（空袭）—close air support（密集空中支援）

bomb（轰炸）—air action（空中行动）

retreat（撤退）—redeployment（重新部署）

bloody conflicts（流血的军事冲突）—border incident（边境事件）

aggressive war（侵略战争）—preventive war（防御性战争）

political exploration（政治试探）—send a trial balloon（释放探测气球）

nuclear accidents（核事故）—core rearrangement（原子核重排）

restoration of diplomatic relations（恢复外交关系）—normalization of relations（关系正常化）

（4）关于罪与罚的委婉语

犯罪为人们所不齿,而对犯罪的打击和惩罚则会伤害罪犯及其家属的情感。照顾到当事人及社会大众的情绪,关于犯罪和惩罚的委婉表达也十分常用。例如:

steal（偷窃）—take things without permission（未经允许拿别人的东西）

cheater（骗子）—a fast change artist（快速兑换能手）

rob a bank（抢劫银行）—to break a jug（打破罐子）

drug（毒品）—merchandise（商品）

cocaine（可卡因）—white mosquitoes（白蚁）

a juvenile delinquent（少年犯）—a problem child（有问题的孩子）

stolen money（不义之财,盗窃或非法所得）—easy money（易得之财）

（二）汉语委婉语

在汉语中，委婉语又称“婉曲”“曲折”“婉言”，是指说话人由于某些顾忌而无法将自己的意思直接明白地表达出来，而用一些意思相近但更加中听的表达来代替的一种修辞手法。委婉语能够有效避免那些粗俗表达可能带来的不美、不悦，甚至难堪，因而有助于交际的顺利进行。

根据语言表达方式的不同，汉语委婉语可以分为婉言和曲语两类。

1. 婉言

婉言是指发话人不直接说出本意，故意含蓄。例如：

才过二十，小翠儿妈就催着小翠儿解决**个人问题**。相亲相了一个又一个，就是没有一个如意的。

本例中的“个人问题”指恋爱婚姻问题。由于女孩子对这种问题多少会有些害羞，因而在日常生活中也常用“个人问题”来代替。

2. 曲语

曲语是指发话人通过描绘与本意相关事物来烘托本意，而非直接说出本意。例如：

朱雀桥边野草花，
乌衣巷口夕阳斜。
旧时王谢堂前燕，
飞入寻常百姓家。

（刘禹锡《乌衣巷》）

本诗前两句写景，后两句虽然写“燕”，实则重点在于通过写燕子栖身之所的变化来暗示世事的巨变，是一种曲语表达。

（三）英汉委婉语的异同

1. 相同点

英汉委婉语在下面几个方面存在着相似之处。

首先，英汉委婉语具有相似的表现手法。由于委婉语是着眼于说话的目的，而不是表达方式，所以可通过各种手段来实现“委婉”。下面就介绍几种常见的手段。

（1）运用谦敬语。这里的“谦”是对自己而言的；而“敬”则是对他人的。例如，汉语中用作自称的“鄙人”，英语中与之对应的敬辞是 your excellency（直接称呼），her/his excellency（间接称呼）等。

（2）采用替代。例如，英语用 stout 代替 fat（肥胖），汉语用“富态”“发福”代替“肥胖”。

（3）多用省略方式。例如，out of work（失业）常被省略成 out。汉语中的“棺木”常被省略成“木”，指“离死期不远，就要进棺材了”。

（4）借用隐喻。英汉语言中有很多委婉语原本就是生动且通俗的隐喻。例如，英语将 die 说成 go to his long home 或 go to sleep forever，汉语则将“死”说成“回老家去了”或“长眠”。

其次，英汉委婉语具有相似的语体特征，主要可通过以下几个方面体现出来。

（1）地域变异。不同的国家使用不同的委婉表达。同一国家，也可能因地域的差异而采用不同的委婉表达法。例如，虽然英美两国都说英语，但其所忌讳的词汇有时也是不同的，如美国人忌讳 ass，bull，cock 等，常用 donkey，ox，rooster 来代替，相反英国就没有对这些词的忌讳。同样，在中国人们都说汉语，而不同的地区所忌讳的话语也是不同的，如湖南长沙、宁乡、湘潭一带，忌讳“龙”“虎”“鬼”等词，常用“蛇”代替“龙”，于是“龙王庙”在那里就被说成了“龙蛇庙”；“虎”用“猫”代替；“鬼”用“浸老倌”代替等。

（2）语域变异。语域既包括说话者的不同性别、年龄、身份和文化程度等，又包括委婉语所处的不同语境。例如，英语关于“上厕所”的委婉语：rear 是男性用语；powder one's nose 是女性用语；go to W.C. 是大人用语；go to the pot and make the number one 或 sit on the pottery 是儿童用语。而汉语“上厕所”的委婉语：“去方便一下”“去盥洗室”“去洗手间”表示“上厕所”，小孩则用“屙瑟”表示“小便”“屙巴巴”表示大便。

（3）时代变异。同一事物，在不同的时代也有着不同的委婉表达法，即委婉语的时代变异性。例如，17 世纪英语忌讳谈论与“性”有关的词语，多用委婉语 occupy 代替 have sex with，但如今已废弃不用，随着人们思想的逐渐开放，人们开始敢直接说 have sex with 等忌讳的话语。汉语中对于“怀孕”也有委婉的表达，并且这些说法是随着时代的变迁而不断变化和发展的。下面就是表示“怀孕”的委婉语，它们就充分体现了委婉语的时代变异性。

“她有身”

“她有喜了”

“她这些日子不知怎么，经期有两个月没有来，叫大夫瞧了，又说并不见喜”

“她有了”

“她肚子大起来了”

再次，英汉委婉语具有相似的功能，主要体现为如下几点。

（1）避讳功能。委婉语的产生主要是从禁忌开始的。无论是何种社会、何种文化，都存在着语言禁忌。为了避讳这一现象，在语言中就形成了禁忌语。因此，可以说委婉语具有避讳功能。在英汉两种语言中，避讳主要体现在病、死、丧、葬等方面。例如，生病是人们所避讳的，因此人们总是采用委婉的说法来谈论疾病，如英语中常用 in a bad way 来代替 ill，用 mental problem 来代替 mad，用 the big C 来代替 cancer 等；汉语中也是如此，常用“挂彩”来替代“受伤”，用“失明”来替代“眼瞎”，用“重症”来替代“癌症”等。

（2）礼貌功能。在语言的交流过程中，为了表示向对方的尊重，或顾及自己和别人的面子，经常使用委婉语。例如，在中国，通常将“长胖”称之为“富态”或“发福”，往往将“失业”称之为“下岗”等。在问候别人姓名时，中国人常用“尊姓大名”或“贵姓”等词语，以显示礼貌。在英语中，说话人为了显示自己的彬彬有礼，常用“May I know your name?”而不用“What's your name？”。

2. 不同点

英汉委婉语的差异主要有以下几点。

（1）体现不同的社会价值观

受儒家思想的影响，汉语民族中有着浓厚的重义轻利、重义轻财的价值观。于是出现了“君子喻于义、小人喻于利”、“士不理财”等。随着改革开放的不断深入，人们发现了金钱的重要性，对有钱人的称呼有“大款”“暴发户”等，而知识分子去经商的行为则叫“下海”。经济的迅速发展使人们更加崇尚知识，羡慕国家公务员的职业，称其“铁饭碗”。而在英美国家，由于人们崇尚金钱物质，对钱的态度较为大方、坦然，因此没有与之相关的委婉语。

（2）体现不同的宗教信仰

例如，“死亡”一词，在英语中的委婉表达有 be in the golden heaven（上天堂了），go to/reach a better world（去了更好的地方）等。这主要是因为西方人多信仰基督教，认为生命是上帝赋予的，人在其有生之年必然要经历罪恶、堕落和赎罪，并且只有赎清原罪，才有机会有来世，进入天堂，否则将会下地狱经受煎熬，于是人们都希望死后可以进入天堂。而汉语中“死亡”的委婉语多来自佛教和道教。佛祖释迦摩尼居住在西方极乐世界，佛教的善男信女们生前积德行善，希望死后可以到达西方极乐世界，见到佛祖，于是就有了“归西”“上西天”“上天”等死亡的委婉表达。道教是我国的本土宗教，源自老子和庄子的道家思想，于是委婉语中就体现了达观、淡泊等生死观，如“隐化”“物化”“生仙”等。

(3)体现不同的等级观念

尽管我国目前已经形成了民族平等的社会体制，但在人际交往中，仍存在“名讳”情形，即上级对下级或长辈对晚辈可以直呼其名，而下级对上级则只能称官职，晚辈也不可直呼长辈之名，如局长“王佳”，上级可以直呼其名，下级则要称其为“王局长”“王局”而要避免称名道姓。这与西方文化就存在较大差异，英美文化中没有这种明显的等级观念，人们无论身份、年龄、性别都可以直呼其名。

二、委婉语的翻译

委婉语的翻译通常可以采取直译法、意译法、移植法、加注法。下面逐一进行介绍。

（一）直译法

尽管英汉委婉语之间存在很大的差别，但仍有许多相近之处。换言之，同一委婉语在英汉两种语言中都有相应的表达，这时可采取直译进行处理，以使译文在内容和文体上与原文保持对等。例如：

And, it being low water, he went out with the tide.

正是退潮的时候，他跟潮水一道去了。

本例中把 dead (死了)比作 went out with tide (跟潮水一道去了)，显得十分含蓄、委婉。汉语中也可有这样的委婉说法，因此采用直译。

Tom did something, and the police...well, now he is staying at the correctional center.

汤姆做了点什么事情，警察……哦，现在他正待在纠错中心。

本例原文中，correctional center 是 prison 的委婉表达，did something 也是犯错的一种说法。采用直译法进行翻译既能够保留原文中的委婉语气，也可以使读者根据上下文准确理解其真实含义。

“Sarah, when I close my eyes, make sure that nobody goes near my apartment until the first of the next month.”

“莎拉，一旦我眼睛闭上，你要等到月底再把房子退给人家。”

本例中的 close my eyes 是死亡的委婉说法，汉语中也有类似说法，因此可采用直译。

I'm afraid she can't act that part—she is a little on the plump side.

恐怕她扮演不了那个角色——她有些发福。

本例中的 on the plump side 的意思是“发福”，汉语也有这样的表达，因此可直译。

（二）意译法

由于英汉在语言、文化、习俗、历史等方面都存在一定的差异，有些委婉语无法在译入语中找到与之对等的委婉语，这时可采用意译法进行翻译。例如：

disabled 跛子

unemployment benefit 救济

under the weather 生病

low IQ 傻子

上面这些英文表达均是委婉语，翻译时采用了意译法。再如：

When boys and girls are old enough, their parents will tell them the birds and the bees and where babies come from.

男女孩子到了一定年龄的时候，父母就会教给他们关于性的基本知识，告诉他们婴儿是怎样出生的。

本例原文中的 the birds and the bees 是性知识的委婉表达。这里如果直译成“小鸟和蜜蜂”，中国读者就无法理解。这里采用意译法将其实际意思直接表达出来。

We will have oil the Mayor to get the permit.

我们得贿赂市长，以便获得允许。

本例中 oil the Mayor 是“贿赂市长”的委婉表达，但如果直译成“给市长上油”就十分可笑了。这里应采用意译法进行翻译，以准确地传达原文的真实含义。

His relation with his wife has not been very fortunate.

他经常和妻子吵架。

本例中，has not been very fortunate 是吵架的委婉说法，翻译时应采用意译将其意思表达出来。

（三）移植法

英语委婉语的移植指的是在汉语译文中直接借用英语原文中的词语。移植法通常包括两种情况，即直接移植法和音译法。

1. 直接移植法

直接移植,即译文原封不动地挪用原文中的词语。直接移植多见于科技翻译和新闻媒体中。例如,MD(精神病),VD(性病),TB(肺结核),BO(狐臭),DA(吸毒者),DWI(酒醉驾车),B-girl(吧女;妓女),D & D(酒后滋事)等。

2. 音译法

音译,是用一种语言文字写成或读出另一种语言的词和词组的发音。当译入语中没有原文中的事物时,如科技新词、商标、文化词等,常采用音译法来翻译。例如:

Dink 丁克

Sauna 桑那

Aids 艾滋病

taboo 塔布

hacker 黑客

own goal 乌龙球

(四)加注法

在翻译委婉语时,如果直译和意译都无法如实传递原文信息时,可在直译的基础上增加一些解释性的词,将其中的文化内涵清楚明白地传达给译语读者,使译文更加准确。其优点在于对源语文化的保留和还原。例如:

Harry used an Anglo-Saxon word.

哈里用了一脏词。

(注:Anglo-Saxon 是委婉语。英语中最脏的粗话有很多都来源于古英语, Anglo-Saxon word 因此得名。)

The boy's laziness all summer got his father's goat.

那男孩整个夏天都很懒,这使他父亲很生气。

(注:《圣经·旧约》中上帝命撒旦去烧 Job 的羊群以激怒他,考验他对上帝的忠诚与忍耐。后用 got one's goat 表示使某人生气的意思。)

In the blue grass region,
A paradox was born:
The corn was full of kernels
And the colonel full of corn.

(H. L. Menchen)

肯塔基州出现了一个似是而非的怪事：玉米上长满粒；上校身上也是粒。

（注：诗中的“上校”实际上指的是农民。由于美国没有世袭的贵族封号，因而美国人会用一些尊称来寻求自我安慰。“上校”就十分常见。本诗实际上讥讽了名为“上校”实为“农民”的一种社会现象。）

如果将原文中的 colonel 译成“上校”而不加注，其诗的深层含义也就很难为读者所领悟。译者在此加注说明，诗的真实含义就更容易为读者所理解了。

第四节 移就（Transferred Epithet or Hypallage）

一、英汉移就对比

（一）英语 Transferred Epithet or Hypallage

A Dictionary of Literary Terms（《文学术语词典》）将英语 Transferred Epithet 解释为：“A figure of speech in which the epithet is transferred from the appropriate noun to modify another to which it does not really belong.”①

移就修辞是一种简洁、明快、表现力很强的修辞手法。在文学作品中常用来表达寻常手法不足以表达的情感，或以加深读者的印象，或以渲染情节中的气氛。移就修辞的作用是使读者感到突然，引起读者注意，从而达到强调的效果。②

英语移就修辞的基本格式为：将本来应该用来修饰甲事物的性质、状态的定语移去修饰乙事物。

英语移就修辞主要有两大类：移人于物和移物于物。

1. 移人于物

移人于物，就是将表示人的词语移用于事物。具体包含以下四种情况。

（1）将说明人的修饰语用于修饰具体事物。例如：

Sometimes they threw（him）bits of food, and got scant thanks; sometimes a mischievous pebble, and a shower of stones and abuses.

① 转引自吕煦．实用英语修辞［M］．北京：清华大学出版社，2004：158.
② 范祖民．实用英语修辞［M］．北京：科学出版社，2010：102.

有时,人们朝他扔去零碎食物,却很少听到任何感谢;有时,人们恶作剧似地扔去块石子,得到的回报却是暴风雨般的石头和谩骂。

形容词 mischievous 本用于修饰人,在这里却用来修饰具体事物 pebble。

(2)将说明人的修饰语用于修饰抽象事物。例如:

He was left outside in the pitiless cold.

他被拒之门外,门外寒气袭人。

pitiless 本用于修饰人的性格,这里用来修饰 cold。

(3)将说明人的修饰语用于修饰人体某个部分。例如:

Hans shrugged a scornful shoulder.

汉斯轻蔑地耸了耸肩。

scornful 本来是修饰人的心理状态的,在这里修饰了名词 shoulder。

(4)将说明人的修饰语用于修饰抽象概念或与人有关的行为状态。例如:

He behaved with guilty caution and rather enjoyed stealing a march on Doctor Ed.

他举止小心谨慎,心中虽然感到内疚,但为能偷偷地抢在埃德大夫之前颇为得意。

形容词 guilty 本用来描写人的心理活动,这里用来修饰抽象名词 caution。

2. 移物于物

移物于物,就是将原本修饰甲事物性质的词语移来修饰相关的乙事物。具体包含以下四种情况。

(1)将说明具体事物的修饰语用于修饰抽象事物。例如:

The American society saw a gnawing poverty during the years of the Great Depression.

在大萧条的岁月中,美国社会经历了虫咬般刻骨铭心的贫困。

gnawing 表面上是修饰 poverty 的,实际上修饰的是美国人,美国人感到虫咬般的难受。

(2)将说明具体事物的修饰语用于修饰具体事物。例如:

Her panic gave place to anger and burning humiliation.

她由恐惧变为愤怒,感到有一种奇耻大辱在燃烧着她的心。

形容词 burning 多用于修饰不断升华的情况,如 burning passion, burning anger 等,这里被移用修饰 humiliation,目的在于说明主人公受到了极大伤害，蒙受了莫大的耻辱。

（3）将说明抽象事物的修饰语用于修饰具体事情。例如：

An expensive failure can be made into an asset if you've learnt from it, but Monsanto still has some learning to do.

失败的代价虽然昂贵，但只要你能从中吸取教训，它也能成为一笔财富。不过，蒙山托公司仍然需要总结教训。

形容词 expensive 本用于说明商品的价格，这里被移用于描写失败，这样处理旨在向读者表明失败的代价极为沉重。

（4）将说明抽象事物的修饰语用于修饰抽象事物。例如：

He wheeled in his pacing, pausing and glared at this plate. There was a suspenseful silence.

他踱着步，突然转身，停了下来瞪着他的盘子，屋里充满了令人不安的沉寂。

形容词 suspenseful 原本用于修饰一种悬而未决的结果或状况，表示令人不安的心态，这里移用修饰 silence，取得了意想不到的效果。

（二）汉语移就

汉语移就是指将原本用于修饰甲事物的修饰语临时拿来修饰乙事物，由于是一种临时移用，所以这种修饰语不直接说明它所修饰对象的性质、形象或特色，而往往绕一个弯子去表示该对象给人的某种感觉。

汉语移就的种类比英语移就多一个，包括移人于物、移物于人和移物于物。例如：

又一阵残暴的脚步声，震动着魔窟，渐渐近了就在窗前经过。

（罗广斌、杨益言《红岩》）

例句用描写人的“残暴”来描写“脚步声”，构成了由人到物的移就。

丹柯嚷着，高高地举起他那颗燃烧的心，给人照亮道路，自己领头向前奔去。

（高尔基《伊则吉尔老婆子》）

“燃烧”实际上是一种物理性质，而例句用其描绘根本无法燃烧的人的心，构成了由物到人的移就。

日子是暗淡的，很暗淡的……没有头，没有尾；像那些无边的云一样……在很远的什么地方，几声暗淡的钟声，在灰色的天空中发抖，人们对它只有一种呆木的感觉。

（郭风《钟声》）

“暗淡”是光的亮度，“钟鸣”是金属震颤发出的音声，用形容光色的词语来描绘钟声就构成了移物于物。

（三）英汉移就的异同

英汉移就修辞的主要区别就在于英汉移就修辞的分类上，汉语移就修辞比英语的更加丰富，其包括移物于人。但是英汉移就修辞在表达方式上是大体一致的，具体体现为如下几个方面。

（1）将表示事物的颜色词用于修饰具有感情色彩的事物。与此同时，英语中的颜色词汇常用来移置于修饰情感状态。例如：

He got many black looks for his speech against the government.

他的反政府言辞遭到大家无比愤怒的目光。

此例用 black 来修饰 looks，黑色表现了人们当时的愤怒之情。

汉语移就修辞中，这种现象也很常见。例如：

吴荪甫突然冷笑着高声大喊，一种铁青的苦闷和失望，在他紫酱色的脸皮上泛起来。

（《茅盾文学第三卷》）

这句出自文学作品，此中将“铁青”用于修饰“苦闷”和“失望”，形象地说明了吴荪甫当时苦闷和失望的心情。

（2）将描写有生命物体的词语用在无生命的事物上。例如：

Tom closed the car window and sat back in his seat, in hostile silence. His uncle cleared his throat and said: “well I hope we get on reasonably well.”

（Philippa Pearce：*Tom's midnight Garden*）

汤姆关上了车窗，坐回了他的位子上，满怀敌意的沉默不语。他的叔叔清了清嗓门说：“喂，希望我们能勉强凑合。”

本例 hostile 是用于表达人的情感的词语，此处却用其来修饰 silence，用环境描写充分烘托出了汤姆当时敌对的情绪。

……啊，啊！农家夫妇的幸福、读书阶级的飘零！我女人经过的悲哀的足迹，现在由我一步步的在践踏过去！……四周的景色，忽而变了，一刻前那样丰润华丽的自然美景，都好像在那里嘲笑我的样子。

（郁达夫《还乡记》）

本例用“悲哀”一词来修饰足迹，用“丰润华丽”来形容四周的景色，利用这些词语充分表现了当时作者心境交映的情景。

（3）将本应用于描写甲事物的词巧妙地用于乙事物。例如：

The room was easily traced by the noise that was coming from it. It didn't sound a studious noise.

（Edward Blish：*Roaring Boys*）

根据传来的声音很容易就能找到那间教室。声音听起来不像那种勤奋的声音。

本例 studious 一词原本用于修辞有生命的物体的，此处将其用于修饰 noise。巧妙地将教室的不安静与嘈杂展现出来。

“我们走吧！”丹柯嚷着，高高地举起他那颗燃烧的心，给人们照亮道路，自己领头向前奔去。

（高尔基《伊则去尔老婆子》中译本）

此句“心”原本是不会燃烧的，此处却用“燃烧”一词来表现主人公崇高的英雄主义品质。

二、移就的翻译

由于移就是超乎常规的词语转移搭配，因此翻译时首先要透彻地领悟原文中词语的搭配关系，在符合译入语表达习惯的基础上，清晰地表达原文的含义。具体来讲，移就的翻译大致有以下几种方法。

（一）直译法

采用直译法进行翻译可忠实地体现原文的变异搭配的形式和效果，充分反映原文的写作风格。因此，移就能直译的尽量直译，但前提是要保证译文的可读性和流畅性。例如：

Without any companion it grew there uttering joyous leaves of dark green.

没有任何伙伴，它独自生长，发出暗绿色的枝叶，让人看了觉得快乐。

joyous 本是用于修饰人的，这里用于修饰 leaves，采用了移就修辞手法，翻译时将其直接译为“让人看了觉得快乐”。

（二）还原译法

还原译就是将移用的词语译成状语，使其“物归原主”。例如：

At last he whispered a hurried goodbye to his host and darted towards the door.

最后，他匆匆地向主人轻声道别，急步走向门口。

本例原文中的 hurried goodbye 属于移就，译文将 hurried 译为状语“匆匆地”。

（三）引申译法

引申译就是将移用的词语和其修饰的名词之间的语义关系梳理清楚，通过增补成分、引申词义或调整结构等，使词语的搭配更加合理，更符合汉语的表达习惯。例如：

They teach you to be proud and unbending in honest failure.

他们教导你们在正大光明的失败面前要不气馁，不屈服。

本例原文中的 honest failure 采用了移就修辞手法，译文用引申译法，将其译为“正大光明的失败”。

（四）词类转译法

将原文中某一词类转译为汉语中的另一词类就是词类转译法。采用词类转译法进行翻译，可以使译文更符合汉语的表达习惯。例如：

He is now again seated in his usual sleepy corner.

现在他又坐到那个角落里去了，坐在这儿很容易使他打瞌睡。

本例原文中的 sleepy corner 采用了移就修辞手法，译文用词类转译法，将形容词 sleepy 转译为动词“打瞌睡”。

第九章　英汉词语修辞格对比及翻译（三）

修辞是一种极具特色的语言表达法，是语言的艺术和精华所在。英汉语言的修辞手法存在很多相同之处，著名翻译理论家刘宓庆先生研究发现英汉中共有32种相对应的修辞。然而由于语言体系、历史环境及思维方式及审美角度等的不同，英汉修辞也各具特色。掌握英汉修辞的异同并进行合理翻译是推动中英文化交流和促进英汉语言共同发展的重要基础。本章来对比拟人、矛盾、反语和仿拟修辞这四种词语修辞格，并探讨各种修辞格的翻译方法。

第一节　拟人（Personification）

一、英汉拟人对比

（一）英语 Personification

1. 定义

A Dictionary of Literary Terms 对 Personification 的解释是："The personification or embodiment of some quality or abstraction, the attribution of human qualities to inanimate objects." *American English Rhetoric* 认为 personification 的定义应该描述为："attributes human qualities and abilities to inanimate object, animals abstractions, and events."

可见，Personification（拟人）即是把物当作人来描写的一种修辞手法，具体来讲，是指用描写人的词语来描写事物，以使物具有人的言行、思想和情感，借此来增强语言的生动性和感染力，利于作者表达思想情感。

2. 构成方式

拟人修辞的运用并不是随意的，它经常会出现在如下几种情况中。

（1）将事物或自然现象当作人来描写。例如：

Australia is **so kind**, just **tickle her** with a hoe, and **she laughs with a harvest**.

（D. Jerrold）

澳大利亚是这么可亲，只要用锄头逗她发痒，她就会带着收获笑逐颜开。

（2）将动物、植物当作人来写。例如：

The bear came up and sniffed at the man's head. It put his nose close to his mouth and ears. The man held his breath. The bear thought he was dead and walked away, for bear never touched the dead man.

狗熊走过来嗅着那个人的头。它把它的鼻子凑近他的嘴和耳朵。他摒住呼吸。狗熊想他已经死了，便走开了，因为狗熊从来也不碰触死了的人。

He glanced at the dew-covered glass, and it winked back at him.

他看了看沾满水珠的玻璃，它向他眨了眨眼。

（3）将抽象概念当作人来写。例如：

Avarice presented treated this with ridicule...In short, poor Conscience had certainly been defeated in the argument, and had not Fear stepped into her assistance.

（Henry Fielding：*Tom Jones*）

贪婪立即对这个想法进行嘲弄……简而言之，如果不是**恐惧走进来帮良心的忙**，可怜的良心可能已经**在这场辩论中打了败仗**。

These little thoughts are the rustle of leaves；**they have their whisper of joy in my mind**.

（R. Tagore：*Stray Birds*）

这些思维是绿叶的嗽嗽之声啊；**他们在我的心里，愉快地微笑着**。

（二）汉语拟人

汉语交际或写作中也经常会采用拟人的修辞手段。拟人是指把生物或无生物当作人，给它们以人的思想情感，具有人的声情笑貌。我国著名美学家朱光潜（1996）曾说："因为类似联想的结果，物固然可以变成人，人也可以变成物。物变成人通常称作'拟人'。"拟人会使没有生命的物体变得栩栩如生，使有生命的东西更加可爱，可有效加强读者对所描写事物的印象，使读者与作者之间形成情感的共鸣。例如：

相见时难别亦难，东风无力百花残。

春蚕到死丝方尽，蜡烛成灰**泪始干**。

（李商隐《无题》）

诗人李商隐赋予无生命的蜡烛以人的情感，使他的情感表达更加丰富、有力。

盼望着，盼望着，**东风来了，春天的脚步近了**。一切都像刚**睡醒的样子，欣欣然张开了眼**。山朗润起来了，水涨起来了，**太阳的脸红起来了**。小草偷偷地从地里钻了出来，嫩嫩的，绿绿的。

（朱自清《春》）

作者把春天这个季节当成人来描写，赋予它以生命，使它具有人一样的容貌和动作。

（三）英汉拟人的异同

1. 相同点

英汉拟人修辞格的相似之处首先体现在：都可以将物当作人来写，赋予物人的情感外，还都有加强语言的表达效果的作用。例如：

Rough wind, that **moanest**
Grief sad for song;
Wild wind, when **sullen** cloud
Knells all the night long;
Sad storm, whose **tears** are vain
Bare woods, branches strain
Deep caves and **dreary** main,
Wail, for the world's wrong.

（Shelley：*A Dirge*）

诗人通过拟人手段，赋予了物以人的思想和情感：风会号啕大哭，会悲痛，暴风雨会哀伤，会流泪。诗人创造了一个悲愤的世界，充分表达了自己对社会的不满，并激发读者产生同样的情感。

矮小而年高的垂柳，用苍绿的叶子**抚摸**着快熟的庄稼；密集的芦苇，**细心地护卫着**脚下开放的野花。

（郭小川《团泊洼的秋天》）

众所周知，植物是没有情义的，而拟人手法的运用，却使原本无情的植物也充满了感情。

另外，英汉拟人修辞均能增强语言的感染力，使情感抒发得更加强烈。例如：

Then Night, like some great loving mother, **gently lays her hand at our fevered head**, and **turns our little tear-stained face up to tears**, and **smiles**, and **though she does not speak**, we know that **she would say and lay our hot**, flushed cheek against **her bosom** and the pain is gone.

（Jerome K. Jerome）

井冈山的翠竹啊！去吧，去吧，快快地去吧！多少工地，多少工厂矿山，多少高楼大厦，多少城市和农村都在**殷切地等待着你们！**

（袁鹰《井冈翠竹》）

2. 不同点

具体来说，英汉拟人的不同点主要体现在如下两个方面。

（1）英语动词系统的词汇化拟人和汉语指称系统的词汇化拟人。汉语指称系统充满多种多样用来指称事物、现象、状态、行为的隐喻符号，中国人对指称的具象性尤为重视，并据此造出形象性的语词。如表 9–1 所示。

表 9–1　汉语指称系统的拟人化词汇

直立的人和耸立的山之间的同构关系	山顶、山巅、山腰、山脚、山头
以人或人体部分作类比的指称事物	笔胆、肺石、牙盘、脐橙、人心果、人柳、处女地、人面竹、人面子、人参、舌状花、腰豆、
人际关系指称	子公司、子母弹、姊妹作、兄弟厂、母语、母校
建筑各部位的命名	屋顶、耳门、耳房、墙脚

英语动词系统中的综合性拟人表达法也比较丰富，英语语言中普遍存在词汇缺项现象，其特指名词在数量上通常多于特指动词。汉语特指动词缺项与英语也有所不同，如表 9–2 所示。

表 9–2　英汉语特指动词缺项补充方式对比

汉语特指动词缺项补充方式	泛指动词（或成分）+ 特指名词
英语特指动词缺项补充方式	泛指动词（或成分）+ 特指名词
	n. → *v.* 等转类方法创造新词

造成这种差异的原因一方面在于英语“结合法”的构词方法，这种方法使 *n.* → *v.* 等转类成为可能，但汉语中的许多词是兼类的，也就无所谓转化。例如，汉语“头”和英语 head，汉语“头”可用作名词、形容词、量词，

但是不能作动词,英语 head 作不及物动词用的义项有 4 个,作及物动词用的义项有 10 个,其中有的是“死的隐喻”,如 head for Tianjin(朝天津驶去)。可见,英语动词的拟人表达在汉语中无法完全对应,汉语对应表达一般情况下不用拟人。

(2)英汉词汇化不完全对应的拟人现象。词汇化与语言特点、文化背景都有关联,英语中的拟人受到其地理、文化等的影响。英国属于岛国,所以在英语拟人中就出现了很多与航海有关的词汇化拟人,如 a neck of the sea(海峡),a finger of land(陆地伸入海洋的狭长地带)等。中国多山,但汉语常常只对它进行平铺直叙。在西方,人们习惯于用 Father 来拟称河流,如 Father Thames(泰晤士河),Father of Waters(密西西比河)等。中国自古以来以农业为主体,河流哺育了整个华夏民族,所以汉语中则通常将长江、黄河等河流拟称为“母亲河”。

二、拟人的翻译

拟人的翻译多采用以下两种翻译方法。

(一)直译法

由于英汉语言中均会用到拟人修辞,而且两种语言中的修辞还有着许多的相似之处,所以在翻译的时候可采用直译法。直译法可以保留拟人修辞的生动性。例如:

All day the sea-waves sobbed with sorrow.

海浪整天在悲伤呜咽。[①]

He had taken rank at a bound, waked up a national glory.

他一跃成名,唤醒了一个民族的光荣感。

Crime burst in like a flood; modesty, truth, and honour fled.

罪恶像洪水一样泛滥成灾,谦虚、真理和尊严逃得无影无踪。

And certainly, whenever the wind blew, the Reed made the most graceful curtseys.

这倒是真的,风一吹,芦苇就行着最动人的屈膝礼。

Yonder sky that has wept tears of compassion upon my people for centuries untold, and which to us appears changeless and eternal, may change.

---

① 韩素英.浅谈英语拟人修辞在句中的体现方式及其翻译[J].张家口师专英语系,1997,(9):74.

数不尽的世代以来,渺渺苍天曾为我族洒下多少同情之泪;这个在我们看来像是永恒不变的苍天,还是会变的。

History is the witness of the times, the torch of truth, the life of memory, the teacher of life, the messenger of antiquity.

历史是时代的见证,是真理的火炬,是记忆的生命,是生活的老师,是古人的使者。

(二)意译法

实际上,直译法并不适用于所有拟人修辞格的翻译。由于英汉两种语言在表达习惯上有着很大的差异,因此为了使译文更加符合汉语的表达习惯,在翻译拟人修辞格的时候就要采用意译法。例如:

Love rules his kingdom without a sword.

爱情的王国不用刀剑统治。

The ship sadly caught fire and the plans to make her a floating museum died in the smoldering embers.

这艘船不幸着火了,于是把它建成水上博物馆的种种计划也在一片焖燃着的灰烬中泡汤了。

Sickness kept him in the room.

他因病被关在屋子里。

Astonishment deprived me of my power of speech.

我惊讶地说不出话来。[①]

第二节 矛盾(Oxymoron)

一、英汉矛盾对比

(一)英语 Oxymoron

1. 定义

“矛盾”一词对应的英文是 Oxymoron,来自希腊语 oxusmoros, oxus 本意是 sharp, moros 的本意是 foolish,故 Oxusmoros 表示“聪明的愚笨”或

① 何红.英汉语拟人认知形式的比较分析及翻译[J].广元职工医学院, 2011, (11): 280.

“机灵的迟钝”。*Longman Modem English Dictionary* 给出这样的解释：a figure of speech in which apparently contradictory terms are combined to produce an epigrammatic effect。

英语 Oxymoron 将完全对立、相互矛盾的两个概念放在一起，乍一看似乎不合情理，实际上却通过这种语义的矛盾来表现事物的复杂性、矛盾性，借以表达复杂的情感、深刻的哲理，达到引人入胜的效果。可见，英语 Oxymoron 是一种结构新颖、言简意赅、极具表现力的修辞手法。Oxymoron 的独特性决定了它的不易操作性，所以它常用在英美名家的笔下，特别是莎士比亚的剧作中。

2. 分类

以结构为标准，英语 Oxymoron 可以分为如下几种。

（1）名词 + 名词。这种矛盾修辞要用 and 连接两个意义相对或相反的名词，从而构成一个合成词。例如：

a life-and-death matter 生死攸关的事情

life-death struggle 生死搏斗

love-hate relationship 爱恨交织的关系

The Berlin philharmonic's unique love-hate relationship with Karajan is not likely to be replaced with the lower-key Abbado.

（Michael Walsh：*Time*）

柏林交响团与卡拉扬之间爱恨交织的独特关系，不大可能在为人低调的阿巴多身上重现。

过去，卡拉扬与柏林交响团的合作相得益彰。但是，从二战开始，合作关系由于各种原因而最终破裂。正如 love-hate 所描绘的那样，双方关系可谓“剪不断，理还乱”。

（2）形容词 + 名词。这种矛盾修辞是指用一个形容词修饰一个意义与之相反或相对的名词。例如：

a wise fool 聪明的笨蛋

orderly chaos 有序的混乱

thunderous silence 无声胜有声

victorious escape 胜利大逃亡

The mother is undergoing the joyful pain, and the painful joys of childbirth.

这位母亲经受着分娩时那种欢乐的痛苦和痛苦的欢乐。

通过运用矛盾修辞，将母亲迎接新生命时的复杂心情描绘得生动而传神。

（3）名词+形容词。这种矛盾修辞要用一个形容词修饰位于其前面且意义与之相对立或相反的名词。例如：

discord dulcet 悦耳的嘈杂声

darkness visible 黑得肉眼都可以看到

His honor rooted in dishonor stood,
And faith unfaithful kept him falsely true.
他那蒙羞的名誉依然如故，
而那虚伪的忠诚让他变得假假真真。

诗人 Alfred Tennyson 巧妙地用 dishonor 修饰 honor，unfaithful 修饰 faith，falsely 修饰 true，使诗篇产生了奇妙的矛盾修辞效果。

（4）形容词+形容词。这种矛盾修辞是指用两个意义相对或相反的形容词修饰同一个名词。例如：

an honest unscrupulous merchant 老实的奸商

an ugly beautiful girl 丑中带俊的女孩

bitter-sweet memories 苦涩又甜蜜的回忆

Farewell. She that would alter services with thee,
The Fortunate-Unhappy.

（Shakespeare：*Twelfth-Night*）

再会！我是愿意和你交换地位的，幸运的不幸者。

例中的 fortunate 和 unhappy 原为反义词，作者通过用 fortunate-unhappy 这一矛盾修辞来对剧中人物马伏里奥进行讽刺。

（5）副词+形容词。这种矛盾修辞是用一个副词修饰一个意义与之相对或相反的形容词。例如：

hard tender 冷酷的温柔

wisely stupid idea 自作聪明的傻主意

wasteful thrifty 浪费的节俭

It was a brilliantly boring lecture.

那是一场令人生厌的出色讲座。

由 brilliantly boring 可知，这场讲座原本精彩，却因时间过长而让人生厌。矛盾修辞法的运用使“凡事都应有一个度”这一主题更加明确。

（6）动词+副词。这种矛盾修辞是用与动作意义相反的副词来修饰、限制动作。例如：

die merrily 快乐地死去

love harmfully 害人地爱

The moon shone darkly.

月亮暗淡地发光。

Make haste slowly.

急事缓处；冷处理。

（二）汉语矛盾

1. 定义

在汉语中，矛盾修辞是指把通常互相对立、互相排斥的两个概念或判断巧妙地联系在一起，以此来表达复杂的思想感情或意味深长的哲理。正因为如此，矛盾又称为“反映”或“相反相成”。例如：

而他呢？仍然是一个年轻的老革命，一个忘我工作的领导干部。

该例中的“年轻的老革命”属于矛盾修辞。

2. 分类

按照结构划分，汉语矛盾修辞可以分为如下几种。

（1）由主语和谓语构成。例如：

太平盛世并不太平。

“太平盛世”的特点是太平无事，否则就不能叫做“太平盛世”，但是纵观人类历史，战争年代的时间要远远多于和平年代。从当前的情况来看，局部战争几乎年年都有，各洲都有，所以世界并不太平。本例的主语与谓语构成矛盾。

（2）由修饰语和中心词构成。例如：

古人传文字给我们，原是一份重大的遗产，应该感谢的。但在成了不象形的象形文字，不十分谐声的谐声字的现在，这感谢却只好踌躇一下。

（鲁迅《门外文谈》）

本例用“不象形”修饰“象形文字”，用“不十分谐声”修饰“谐声”。

（3）由并列句或句子的并列成分构成。例如：

是在这一年的——回家后第三年的——秋天。在我们家里，同时发生了两件似喜而又可悲，说悲却也可喜的悲喜剧。

（郁达夫《迟桂花》）

本例中的“似喜而又可悲”“说悲却也可喜”“悲喜剧”均属于矛盾修辞。

（4）其他结构方式。例如：

宝玉说：“关了院门吧。”袭人笑道：“怪不得人家说你是无事忙。”

（曹雪芹《红楼梦》）

无事就是不忙,忙就是有事,本例中的"无事忙"是矛盾修辞。

(三)英汉矛盾的异同

1. 相同点

从表达结构上看,英汉矛盾修辞格有着相同或相似的表达结构,具体有以下两种。

(1)偏正的形容词 + 名词

偏正的形容词 + 名词是指,用一个意义与名词相反的形容词修饰名词,这种结构在英汉语言中都普遍存在。例如:

The headmaster's wife keeps on asking me to dinner. It's a perfect nuisance. I never got an evening to myself in that place.

(Katherine Mansfield: *The Singing Lesson*)

校长夫人力邀我赴晚宴,这真是一件体面的麻烦事,因为我从来没有在那种场合吃过饭。

例中的 perfect nuisance 是典型的"形容词 + 名词"结构,译文用"体面的麻烦事"保留了这一结构。

(2)偏正的副词 + 动词

偏正的副词 + 动词是指,将意义相反的副词与动词结合在一起来构成矛盾的方法,这种结构在英汉两种语言中也都存在。例如:

"Nothing", he admitted, and muttered something about staying six weeks, and then laughed miserably.

(Stephen Leacock: *The Awfulty Fate of Meipomenus Jones*)

我们到那里出兵,只消几天没有水吃,就活活地要渴死了。

(《儒林外史》第三十九回)

例中的 laughed miserably 与译文中的"活活地渴死"都是由"副词 + 动词"构成的矛盾。

2. 不同点

以下两种结构的汉语矛盾修辞在英语中是没有对应形式的。

(1)并列的动词 + 动词结构。例如:

世界多极化、经济全球化的深入发展,引起世界各种思想文化,历史和现在的,外来和本土的,进步和落后的,积极和颓废的,展开了相互激荡,有吸纳又有排斥,有融合又有斗争,有渗透又有抵御。

(江泽民《在中国文联第七次全国代表大会、中国作协第六次全国代表大会上的讲话》)

例中多处运用了结构并列且意义相反的动词，如“吸纳”与“排斥”、“融合”与“斗争”、“渗透”与“抵御”。

（2）并列的副词＋副词结构。例如：

……其中似乎确凿只有一些野草，但那里却是我的乐园。

（鲁迅《从百草园到三味书屋》）

例中意义相反、结构并列的两个副词是“似乎”与“确凿”，二者构成了汉语并列的副词＋副词的矛盾修辞形式。

二、矛盾的翻译

矛盾修辞精辟简练，能够产生荡气回肠的艺术效果，广泛运用于文学作品及其他文体中。翻译时一定要透过现象看本质，弄懂其真正寓意，切不可盲目模仿，机械翻译。概括来说，矛盾修辞有下列四种翻译方法。

（一）拆译法

矛盾修辞通常由两个意义相互矛盾的词语构成。拆译法首先拆散这两个词语，然后将这两个词语分别译出。例如：

A desperate longing disturbed her.

似乎已经绝望，却又心存期盼，这种复杂的感情困扰着她。

原文中，desperate 的意思为 suffering from loss of hope，而 longing 的意思为 strong wish，二者意义截然相反。译文透过词义表面的矛盾，将其置于共同的语境中，传达了原文的修辞效果。

People know that they were courting, and, when he sang about the lass that loves a sailor, she always felt pleasantly confused.

人们知道他们俩在谈恋爱，当她唱到一个爱着水手的姑娘时，总有一种又愉快、又搞糊涂了的感觉。

本例出自《伊芙林》。詹姆斯·乔伊斯（James Joyce）笔下的主人公伊芙林一方面因有男友而兴奋，另一方面又因对感情没有足够信心而犹豫。译文对 pleasantly confused 采取拆译法，较好地传达出伊芙林的复杂心情。

他自己毋宁说是更适合那个遥远的山乡。他到那里去寻找秋文，寻找冬冬，寻找那还没有失去的老张头，寻找一个被农民所信赖、所关照的不幸的幸运人。

（王蒙《蝴蝶》）

He felt more at home in that far-away mountain village, where he had gone to fine Qiuwen, Dongdong and Old zhang—the happy yet unhappy man whom the villagers trusted.

（戴乃迭 译）

这里译者将原例中的“不幸的幸运人”这一矛盾修辞拆译为 the happy yet unhappy man whom the villagers trusted。

（二）引申法

引申就是根据上下文对词义进行引申，使之通俗易懂，从而帮助读者更好地理解原文含义。例如：

The director of the company is a cheerful pessimist.

公司经理是一位放纵的厌世者。

本例中，cheerful pessimist 的字面意思是“高兴的悲观主义者”，但不合汉语的语言习惯。在此，译文采取引申法，将其译为“放纵的厌世者”。

Everything listened to the singing larks in brooding thoughtlessness.

周围的一切都忘情地静听着云雀的歌唱。

若将原文中的 brooding thoughtlessness 直译为“沉思中的无思想状态”，很可能令中国读者一头雾水，因而译文将其引申为“忘情地”，使意义更为确切。

（三）移植法

移植法就是将矛盾修饰词按照原来的结构和意义移植到译文中。[①] 例如：

Mary's husband now seems to be an intimate stranger to her.

玛丽的丈夫现在似乎是一个亲密的陌生人。

译文采取移植法，将原文中的 intimate stranger 用译文中的“亲密的陌生人”来表示。

There was a deafening silence in the room.

屋子里是一片震耳欲聋的沉默。

译文通过“震耳欲聋的沉默”来传达“deafening silence”的含义，既保留原文的结构又保留沉默的威力，令读者真切体会到那种鸦雀无声、令人窒息的沉闷气氛。

可悲的喜剧 tragic comedy

平凡的伟大 ordinary greatness

① 李松芬．汉英矛盾修辞的语用功能与翻译[J]．牡丹江教育学院学报，2007，（4）：52.

（四）溶合法

矛盾修辞的双层含义虽然相互矛盾，但又有内在联系。溶合法就是把这双层含义有机结合起来，然后再通过译文传递给读者。例如：

"His discourse," says Speidel, "became lost in fantastic digressions."

斯派达尔后来说："希特勒的谈话，越说越远，越说越离奇，最后不知说到哪里去了。"

本例中，译者采取了溶合法，并通过加字的技巧使原文中的一个句子在译文中被译为三句，使译文符合译入语读者的阅读习惯。

忘却的纪念 the sake of forgetting

宝玉说："关了院门吧。"袭人笑道："怪不得人家说你是无事忙。"

Pao-yu said, "The court gate is shut, isn't it? "No wonder," said Shi-ren in a smile, "they say you made much ado about nothing."

（杨宪益、戴乃迭 译）[①]

显然，原文中的"无事忙"属于矛盾修辞，译者用溶合法将其翻译成 they say you made much ado about nothing。

第三节 反语（Irony）

一、英汉反语对比

（一）英语 Irony

1. 定义

Irony 一词源自希腊文，意思是"伪装者、掩饰者"。在希腊戏剧中，dissembler 的角色多以伪装的面孔出现，它非常聪明，但总是装成大智若愚的模样，在最后总是战胜那些看似英俊、聪明，喜欢自吹自擂的对手。在不断的进化中，irony 最终成了希腊语 eironeia，意思是"掩饰"。*Webster's New World Dictionary* 对 irony 的解释是：A method of humorous or subtly sarcastic expression in which the intended meaning of the words used in the direct opposite of their usual sense.

① 转引自李松芬．汉英矛盾修辞的语用功能与翻译[J]．牡丹江教育学院学报，2007，（4）：52.

可见, Irony 是一种实际表达含义与字面含义相反的表达方法来传递真实思想的修辞方式,分为正话反说和反话正说两种。反语通常包括两层含义:表层含义和深层含义。理解和使用反语修辞时务必要兼顾这两层含义,在理解表层含义的基础上深入挖掘与之相对的深层含义,进而领会作者的实际意图。

构成反语的成分有很多,如名词、形容词、副词、短语、句子等。字面含义与实际含义的强烈反差使反语修辞具有谴责讽刺、幽默诙谐等特点,所以多用于表达犀利、风格辛辣的文章中。

2. 分类

英语 Irony 主要包括词汇反语、情景反语和戏剧反语。

(1)词汇反语

词汇反语就是利用单词、短语构成的反语。例如:

He was such a marvelous teacher that whenever he recognized a spark of genius you could be sure he'd water it.

(Charles Kay Smith: *Styles and Structures*)

他是个了不起的教师,如果他发现了一点天才的火花,你可以相信他一定会把它浇灭。

(2)情景反语

情景反语的最大特点是不一定每个句子都是反语,甚至可能没有一个表达反语效果的词汇,但其整个情景却具有强烈的反语意味。例如:

...until we are marching backwards to the glorious age of the sixteenth century when bigots lighted faggots to burn the men who dared to bring any intelligence and enlightenment and culture to the human mind.

……直到我们倒退到 16 世纪那光辉的年代。那时,如果有谁敢于给人类带来智慧、知识和文化,他就会被那些偏见、固执的宗教信徒们绑在柴堆上活活烧死。

(3)戏剧反语

戏剧反语是一种利用上下文或特定历史背景而造成剧中人物的言谈、希望和预计等都与实际情况不同的、具有讽刺意味的剧情安排。例如:

"Good Sir, this ring was given me by my wife;
...
That I could neither sell, nor give, nor lose it."

(William Shakespeare: *The Merchant of Venice*)

我的好先生，这个戒指是我的未婚妻给我的信物；

……

我曾发誓：永远不卖、不赠、也不丢。

（二）汉语反语

1. 定义

与英语反语类似，汉语反语也是用容易识别的论调表达出与字面含义不同的意思，以此形成强烈的对比，引发受众的反思。同样，汉语反语也有两层含义：表层含义和深层含义。表层含义通过字面理解即可，但这往往并不是发话人真正想要表达的，与之相反的深层含义才是发话人的真正意图，只有理解了深层含义，受话人才能明白发话人的思想观念和情感态度。

2. 分类

按照表达方式进行划分，汉语反语可分为以下两种。

（1）正话反说

所谓正话反说，是指话语本身看似反意，实则表达了正面含义。这种表达具有俏皮、活泼的特点。例如：

屠户又转回来望着女儿，说道："我早上拿了钱来，你那该死行瘟的兄弟还不肯！……如今拿了银子家去，骂这死砍头短命的奴才！"

（吴敬梓《儒林外史》）

本例中屠户虽然口中说"你那该死行瘟的兄弟"，"这死砍头短命的奴才"，但实际上却并非真的气愤怒骂，而是得了银子很高兴，拍姑老爷马屁之举，是一种正意反说。

几个女人有点失望……各人在心里骂着自己的狠心贼。

（孙犁《荷花淀》）

本例中的"狠心贼"看似反意，实则反映了女人们对丈夫的绵绵情谊。

（2）反话正说

所谓反话正说，是指话语本身看似正意，实则表达反意。反话正说通常具有一定的讽刺意味。例如：

时间永是流逝，街市依旧太平，有限的几条生命，在中国是不算什么的……

（鲁迅《纪念刘和珍君》）

本例中"有限的几条生命，在中国是不算什么的"一句是明显的反话正说，讽刺了当时的反动统治者杀害学生罪恶滔天，同时也表达出了作者的沉痛之情。

（三）英汉反语的异同

1. 相同点

通过对比英汉反语修辞的定义可知，无论是英语的 irony 还是汉语反语，都是字面含义与实际含义不同的一种表达方式，均是通过鲜明的对比达到加强语气、强调突出的目的，均能使语言或幽默诙谐，或犀利辛辣。

2. 不同点

从分类上看，英汉反语有一定的差异。英语 irony 可以分为三类：词汇反语、情景反语和戏剧反语，而汉语反语有正话反说和反话正说两种。可见，英汉反语的分类角度是不同的，这就导致反语在英语中的实际运用和汉语中的实际运用有了很大的不同。

二、反语的翻译

一般而言，反语修辞的翻译会采用直译法。例如：

"...When people are in trouble we must leave them alone and not bother them. That's my idea of friendship, and I am sure I am right."

（Oscar Wild：*The Devoted Friend*）

"……别人有麻烦的时候最好他自已呆着，别打扰他。这就是我对友谊的看法，我相信我是对的。"

例中的磨坊主关于"朋友有麻烦时，不应该去打扰他"的言论显然是十分自私可憎的，译者用直译法，保留了原文情景讽刺的意味。

然而，当有些反语修辞用直译可能造成误解，这就需要采用意译。例如：

瞧瞧你干的好事！

Look at what you have done！

本例如果直译成"Look at the good deeds you've done！"显然会造成英语读者的误解，以为真的是好事。

第四节 仿拟（Parody）

一、英汉仿拟对比

（一）英语 Parody

1. 定义

Webster's Third New International Dictionary（《新韦氏国际英语大辞典》(第三版))将 Parody 定义为："A writing in which the language and style of an author or work is closely imitated for comic effect or in ridicule often with certain peculiarities greatly heightened or exaggerated."[①]可见，英语仿拟是在保持所仿成语、谚语等的基本句式不变的情况下，替换其中部分字词而构成新的成语、谚语的一种修辞手段。由于仿拟的成语、谚语等的意思早已为人们所熟知，所以仿拟出的新表达通常会给读者以新鲜感、趣味性，为读者留下深刻印象，且有效实现了讽刺、嘲弄或幽默的目的。

2. 分类

英语仿拟可以分为如下几种类型。

（1）仿词

仿词是指以现有的短语、成语或言语为依据，做临时的仿造，将其中某个词的意思换成其他相近或相反的词，或者用其他方式临时仿造出一个崭新的短语。[②]例如：

Churchill to the teeth.

连牙缝音都像丘吉尔。

这是《新闻周刊》（*News Week*）中某文章的标题，它仿拟了 armed to the teeth（武装到牙齿）。标题做到了措辞巧妙，故弄玄虚。据该文透露，英国首相丘吉尔最著名的演说辞 Speech on Hitler's Invasion of the U.S.S.R 原来是演员 Norman Shelly 模仿丘吉尔朗诵的，世人都以为是真的，因为连牙缝音都和丘吉尔一样。

① 转引自吕煦．实用英语修辞[M]．北京：清华大学出版社，2004：247.

② 蒋童，钟厚涛．英语修辞与翻译[M]．北京：首都师范大学出版社，2008：192.

(2)仿句

仿句是指以世界上古今名句为依据,尽量保持原句的结构,对个别关键词加以改动,从而仿造新句。例如:

Judge (in dentist chair): Do you swear that you will pull the tooth, the whole tooth, and nothing but the tooth?

法官(在牙科座椅上):"你发誓就拔那颗牙齿,不会拔错吗?"

法官在法庭上常说的一句套话就是:Do you swear that you will tell the truth, the whole truth, and nothing but the truth? (你发誓据实陈述,而绝无谎言吗?)这位法官受职业习惯的影响,不自觉地在牙医前套用了这句具有法律英语风格的句子,从而产生了幽默风趣的氛围,令人哑然失笑。

(3)仿语

仿语是指保留本体短语的结构,替换掉其中的个别词语而构成新的短语。例如:

Though Henry Adams found Cambridge a "social desert", it flowed with intellectual milk and honey.

虽然亨利·亚当姆斯认为剑桥是一个"社会沙漠",但它却流着知识的奶和蜜(人才荟萃之地)。

(4)仿调

仿调是指整个章节、诗文仿拟了原有的某一语篇、诗文的形式,表现出了新的内容。例如:

How doth the little crocodile
Improve his shining tail
And pour the waters of the Nile
On every golden scale!

(Lewis Carroll: *Alice's Adventures in Wonderland*)

小鳄鱼怎样
保养它尾巴的闪光,
把尼罗河水泼洒在
片片金色的鱼鳞上!

(二)汉语仿拟

王德春(1987)指出,仿拟就是"为使语言诙谐讽刺而故意仿照一种既成的语言形式”。[①] 也就是说，仿拟修辞是根据表达需要而故意仿照人们熟悉的既有语言材料，创造出新的词语、短语、句子、语篇，使语言或生动活泼、或幽默诙谐、或讽刺嘲弄。

汉语仿拟也分为四类：仿词、仿语、仿句和仿调。

（1）仿词。例如：

“……那几年，我不就改造成家庭妇男了吗？不信，你们问文婷，我什么不干？什么不会？”

（谌容《人到中年》）

本例中的“家庭妇男”是仿词，本体词“家庭妇女”并未出现。

（2）仿句。例如：

今天考试的时候，小丹明明知道课文中有一句“一次被蛇咬，三年怕井绳”的成语，可是他自己没有被蛇咬过，不如写成“一次被蜂咬，三年怕嗡嗡”更加贴切些。

（叶永烈《奇怪的蜜蜂》）

本例中的“一次被蜂咬，三年怕嗡嗡”是对“一次被蛇咬，三年怕井绳”的仿拟。

（3）仿语。例如：

在一个历史性的时刻，我一家旅居于一个小山村。其地民情醇厚；其地山水甚美，花草树木甚美，雀鸟蝴蝶甚美。我忽然有动于衷，并异想天开，以小散文试作花卉画，试作风景画。

（《榕树文学丛刊》）

本例中的“有动于衷”是对“无动于衷”的仿拟，二者互为反义。

（4）仿调。例如：

我的所爱在山腰；想去寻她山太高，低头无法泪沾袍。爱人赠我百蝶巾；回她什么，猫头鹰。从此翻脸不理我，不知何故兮使我心惊。

我的所爱在闹市；想去寻她人拥挤，仰头无法泪沾耳。爱人赠我双燕图；回她什么，冰糖葫芦。从此翻脸不理我，不知何故兮使我糊涂。

我的所爱在河滨；想去寻她河水深，歪头无法泪沾襟。爱人赠我金表索；回她什么，发汗药。从此翻脸不理我，不知何故兮使精神衰弱。

我的所爱在豪家；想去寻她兮没有汽车，摇头无法泪如麻。爱人赠我玫瑰花；回她什么，赤练蛇。从此翻脸不理我，不知何故兮，由她去吧。

（鲁迅《我的失恋》）

① 王德春. 修辞学词典[M]. 杭州：浙江教育出版社，1989：2-5.

本例仿自张衡的《四愁诗》。原文如下：

我所思兮在太山，欲往从之梁父艰，侧身东望涕沾翰。美人赠我金错刀，何以报之，英琼瑶。路远莫致倚逍遥，何为怀忧心烦劳。

我所思兮在桂林，欲往从之湘水深，侧身南望涕沾襟。美人赠我金琅玕，何以报之，双玉盘。路远莫致倚惆怅，何为怀忧心烦伤。

我所思兮在汉阳，欲往从之陇阪长，侧身西望涕沾裳。美人赠我貂襜褕，何以报之，明月珠。路远莫致倚踟蹰，何为怀忧心烦纡。

我所思兮在雁门，欲往从之雪纷纷，侧身北望涕沾巾。美人赠我锦绣缎，何以报之，青玉案。路远莫致倚增叹，何为怀忧心烦惋。

（张衡《四愁诗》）

（三）英汉仿拟的异同

1. 相同点

英汉仿拟修辞的相同点体现在二者的构成方式、分类及修辞功能上。

（1）英汉仿拟修辞都是对在保留本体基本结构的基础上改变其中的部分字词、句子等。

（2）英汉仿拟修辞均分为仿词、仿语、仿句、仿调四类。

（3）英汉仿拟修辞都具有简洁明了的特点和幽默、讽刺的效果，能够使语言更加生动活泼、富有说服力。

2. 不同点

由于英汉语言在语音、语义、语法等方面都有一定差异，所以英语 parody 与汉语仿拟在常见类型和使用范围上也有所差别：汉语中的仿拟以仿词、仿句最为常见。这主要是由汉语构词灵活性大的特点所导致的。而英语中基于字词的仿拟则相对于汉语而言要少一些。

二、仿拟的翻译

（一）直译法

由于仿拟的对象一般都是广为人知的，所以仿拟的形和义也都可以在目的语中找到对应的表达。因此，很多仿拟都可以采用直译法进行翻译。例如：

Wine was thicker than blood to the Mondavi brothers, who feuded bitterly over control of the family business, Charles Krug Winery.

（*National Geographic*）

对于蒙特维兄弟来说，酒浓于血，他们为了争夺查尔斯·库勒格酒厂这份家业，而斗得不可开交。

原文中的 Wine was thicker than blood 仿造了一句谚语："Blood is thicker than water." 所以，译文就仿造这句谚语进行了直译"血浓于水"，实现了完整地传达原文意义的目的。

（二）意译法

当直译的效果不是很好时，译者就要摆脱原文修辞形式的束缚，根据目的语的表达习惯进行意译，保证译文可以忠实、完整地传递原文的内涵。[①] 例如：

He intended to take an opportunity this afternoon of speaking to Irene. A word in time saves nine.

（John Galsworthy）

他打算今天下午找个机会和艾琳谈谈。一句话说在点子上，以后就可以省去很多麻烦。

例中的"A word in time saves nine." 仿自谚语"A stitch in time saves nine." 译者用意译法将其翻译成"一句话说在点子上，以后就可以省去很多麻烦"，这样整个译文理解起来更加通顺、自然。

If you ask him nicely, he'll cut your head off.

本公司服务热情周到，有问必答。

这是一则海鱼经销公司的广告。文中的短语 cut your head off 仿的是成语"Talk sb.'s head off"，将动词 talk 改成 cut。译者用意译法将其完整地再现出来。

（三）释意译法

在翻译仿拟修辞格时，如果找不到对应的修辞格来翻译，译者就可以考虑采用释意法。译者只需将原文仿拟修辞的意图解释清楚即可。这样可以有效避免因刻意的对译而导致的意思与原文的背离，从而使读者更容易理解。例如：

It's Jack-a-licious !

阿杰快餐，美味响当当！

Effectiveness counts.

有效就是硬道理。（脑白金广告）

① 朱娥．仿拟的修辞特色及翻译 [J]. 武汉科技大学学报，2006，（4）：73.

该例原文仿拟了邓小平理论的经典之词“发展才是硬道理”。通俗易懂，译者采用释意译法将其思想准确地传达了出来。[①]

（四）弥补法

由于英汉语言之间存在较大差异，所以翻译时要再现原文的修辞色彩是很难的一件事，这时就需要采用其他手段来惟妙惟肖地传达原文思想，从而可以达到“意义相符，功能对等”的目的。具体来讲，译者可以采用如下翻译手段。

（1）用头韵或尾韵的手段进行翻译。例如：

乐百氏矿泉水，“净”在不言中。

Robust mineral water as clear as crystal.[②]

（2）用汉语诗歌的七字格形式进行翻译。例如：

人生答案网中来

To Do or Not to Do？ The Answer Is a Click Away.

（3）用四字格的形式进行翻译。[③] 例如：

肝炎患者急惶惶，求医觅药走四方；
借问良药何处有，侨光药厂出“肝安”。

Very anxious are we sufferers of hepatitis,
To look for medicines everywhere without ease;
Where on earth are good ones we need？
Can'an from Qiaoguang will do the deed.[④]

① 魏李隼．关联理论指导下的广告仿拟翻译对策初探[J]．浙江中医药大学学报，2012，（2）：207-209.

② 卢红梅，李明．广告中的仿拟及英汉互译[J]．国际经贸探索，2001，（3）：74-78.

③ 朱娥．仿拟的修辞特色及翻译[J]．武汉科技大学学报，2006，（4）：71-74.

④ 卢红梅，李明．广告中的仿拟及英汉互译[J]．国际经贸探索，2001，（3）：74-78.

第十章　英汉结构修辞格对比及翻译（一）

在语言表达中，为了使语言表达更加准确、鲜明、生动，人们除了使用词语层面的修辞格之外，还经常使用结构层面的修辞格，对句子结构进行选择加工。结构修辞格有排比、对比、反复、倒装、修辞疑问句等。本章先对英汉排比、对比、反复三种修辞格进行对比分析，并研究其翻译。

第一节　排比（Parallelism）

一、英汉排比对比

（一）英语 Parallelism

Parallelism（排比）一词源自希腊语，意为 beside each other 或 alongside one another，指的是两个平行项，就如同两条平行线并排在一起。

关于 Parallelism，*A Dictionary of Literary Terms* 将其定义为："It consists of phrases or sentences of similar construction and meaning placed side by side, balancing each other"。[①] 从定义可以看出 Parallelism 的格式是平行排列两个或两个以上结构相同或相似、意义相关的短语或句子。在实际运用中，三项式要比两项式的多，三项以上的也不少。例如：

No one can be perfectly free till all are free; no one can be perfectly moral till all are moral; no one can be perfectly happy till all are happy.

（Herbert Spencer: *Social Statics*）

没有一个人能完全得到自由，除非所有的人都得到自由；没有一个人能变得完全高尚，除非所有的人都变得高尚；没有一个人能得到完全幸福，除非所有的人都得到幸福。

（余立三 译）

① 吕煦．实用英语修辞 [M]．北京：清华大学出版社，2004：259.

英语 parallelism 一般可以分为两类：严式排比和宽式排比。

1. 严式排比

在结构功能上，严式排比中相对应的各个语法成分是完全一样的。无论是结构、内容还是表达效果，都十分一致，使得句子坚定有力、语气一致、结构匀称，具有形式美。例如：

We are caught in war, wanting peace. We're torn by division, wanting unity.

我们卷入了战争，没有和平。我们四分五裂，没有团结。

（石幼珊 译）

Nathaniel I praise God for you, sir: your reasons at dinner have been sharp and sententious: Pleasant without scurrility, witty without affection, audacious without impotency, learned without opinion, and strange without heresy.

（William Shakespeare: *Love's Labour's Lost*）

纳森聂尔先生，我为您赞美上帝。您在宴会上这一番议论的确是犀利隽永，风趣而不俚俗，机智而不做作，大胆而不轻率，渊博而不固执，新奇而不乖僻。

（朱生豪 译）

上述两个例句使用的排比句式结构相同，对仗工整、语气一致，且分句表达含义具有关联性。语句读起来铿锵有力，富有韵律美。

2. 宽式排比

不同于严式排比，在结构功能上，宽式排比中相对应的语法成分是基本相似的。句中的结构部分平行并列，但是内部结构的字数不一定相同。这样的整齐中又略有变化的结构，给人一种均匀中带有变化的美感。例如：

Let us learn the lessons already taught by such cruel experience. Let us redouble our exertions and strike with united strength while life and power remain.

让我们吸取过去惨痛的教训，让我们趁着生命犹在，力量尚存之时，加倍努力，团结奋斗吧！

No one likes to listen to a speaker who talks too much and says too little, and no reader likes to cut at a path through a tangle of useless words or constructions to get a relatively simple idea.

没有一个人愿意听滔滔不绝却言之无物的演讲；没有一个读者愿意

在赘言冗句的缠结纷乱之中辟一小径以便获得相对简要的概念。

上述两个例句整体结构相似，但是内部结构存在些许差异，分句字数不等，给人以整齐之中带有略微参差之感，匀称之中不乏变化之美。这样的排比结构在富有节奏感的同时可起到渲染文章气势或感染力的效果，可用以抒发强烈的感情。

（二）汉语排比

《现代汉语词典》（2005）对排比下的定义是："修辞方式，用一连串内容相关、结构类似的句子成分或句子来表示强调和一层层的深入。"排比用于叙事时，会使叙事层次更加分明，语义更加畅达；用于说理时，会使说理条理更加清晰，气势更为磅礴；用于抒情时，会使感情丰富洋溢。例如：

你从雪山走来，春潮是你的风采；
你向东海奔去，惊涛是你的气概。
你用甘甜的乳汁，哺育各族儿女；
你用健美的肩膀，挽起高山大海。

你从远古走来，巨浪荡涤着尘埃；
你向未来奔去，涛声回荡在天外。
你用纯洁的清泉，灌溉花的国土；
你用磅礴的力量，推动新的时代。

（《长江之歌》）

这是一组很规整的排比句式，形象而生动地将长江的恢弘、宽广、博爱表现了出来，可谓一篇传神之作。

我看樱花，往少里说，也有几十次了。在东京的青山墓地看，上野公园看，千岛渊看……在京都看，奈良看……雨里看，雾中看，月下看……日本到处都有樱花，有的是几百棵花树拥在一起，有的是一两棵花树在路旁水边悄然独立。

这段话中，出现了几个连续的排比句，从结构上来看是相似的，所表达的意思也是相连和相关的，而且语气一致。它们都有一个共同的字眼"看"，这也正是作者需要反复强调的。

从结构上来看，汉语排比也可分为严式排比和宽式排比两种。

1. 严式排比

严式排比是指在结构功能上相对应的语法成分基本一样。例如：

在这里,人与自然,生活与艺术,现实与幻想,全都融合在一起,给人一种和谐和温馨的美感。

(周文斌《和平的呼唤》)

赶超,关键是时间,时间就是生命,时间就是速度,时间就是力量。

上述两例中,构成排比的内容在结构、表达和字数上都高度一致,从修辞效果的角度而言,韵律均衡、节奏强烈,使得整句语言明快畅达,匀称划一,凸显了形式美和节奏感。

2. 宽式排比

宽式排比是指在结构功能上相对应的语法成分大体一致。例如:

秋天,无论在什么地方的秋天,总是好的;可是啊,北国的秋,却特别地来得清,来得静,来得悲凉。

(郁达夫《故都的秋》)

好像全中国有一半人要在春节前夕坐火车,到处都是团聚,相会,团圆饺子,团圆元宵,对于旧谊,对于别情,对于天伦之乐,对于故乡和童年的追寻。

上例中,对应部分的结构基本平行排列,但内部结构又稍有变化。匀称中稍有变化,整齐中又有参差,使内容和形式都富于美感。

(三)英汉排比的异同

1. 相同点

英汉排比修辞的相同点主要体现在作用上。英汉排比修辞主要有下面几个作用。

(1)排比用于说理,会使说理更加周密、透彻、发人深省。例如:

Studies serve for delight, for ornament, and for ability. Their chief use for delight, is in the privateness and retiring; for ornament, is in discourse; and for ability, is in the judgment and disposition of business.

(Francis Bacon: *Of Studies*)

读书足以怡情,足以博彩,足以长才。其怡情也,最见于独处幽居之时;其博彩也,最见于高谈阔论之中;其长才也,最见于处世判事之际。

(王佐良 译)

上述作者采用了两组排比来说明读书的目的与作用,语言节奏明快、脉络清晰,整个论述深刻、严谨,极具说服力。再如:

人情必有所寄,然后能乐。故有以弈为寄,有以色为寄,有以技为寄,有以文为寄。古之达人，高人一层，只是他情有所寄，不肯浮泛虚度光景。

（袁宏道《致李子髯》）

Human feelings demand some medium of expression—only then can we be happy. So some people do it through chess, some through sex, others through hobbies, and still others through writing. If the wise men of the past were a cut above ordinary people, it was simply because they had means for expressing their feelings; they weren't willing to go floating aimlessly through life.

（Jonathan Chaves 译）

为了说明“人情必有所寄，然后能乐”这一道理，作者运用了由四个单句构成的排比手法，使得说理清晰明了，逻辑严谨，发人深省。

（2）排比用于抒情，可以使语气更加强烈，感情更加丰富。例如：

For it is not light that is needed, but fire; it is not the gentle shower, but thunder. We need the storm, the whirlwind, and the earthquake. The feeling of the nation must be quickened; the conscience of the nation must be roused; the propriety of the nation must be startled; the hypocrisy of the nation must be exposed; and its crimes against God and men must be proclaimed and denounced.

（Frederic Douglass: *An Ex-Slave Discuss Slavery*）

因为现在需要的不是光，而是火；不是和风细雨，而是雷电霹雳；我们需要暴雨，需要飓风，需要地震。我们必须触动这个国家的感情，唤起她的良知，震撼她的礼义之心，揭露她的伪善，公开谴责她违反上帝和人类的罪行。

（石幼珊 译）

上述一段话包含了三个长短不一的排比，层层递进，环环相扣，整篇文章读来气势强劲，撼人心魄。

时间是一条河，一条留在人们记忆里的河，一条生命的河。似乎是涓涓细流，悄然无声，花花亮眼。然而你晓得它是怎么穿透岩缝渗出地面的吗？多少座石壁阻它、压它、挤它？千回百转不回头，不停息。悬崖最是无情，把它摔下深渊，粉身碎骨，化成迷蒙的雾。在幽深的谷底，它却重新结集，重整旗鼓，发出了反叛的吼叫，陡长了汹涌气势。波浪的吼声明确宣告，它是不可阻挡的。猕猴可以来饮水，麋鹿可以来洗澡，白鹤可以来梳妆，毒蛇可以来游弋，猛兽可以来斗殴。

（古华《芙蓉镇》）

Time is a river, a river of life, flowing through men's memories. It flows slowly, silently, glinting. But who knows how it wells up through the cracks in granite? Despite all the obstacles put in its way, it presses steadily onwards, twisting and turning. It plunges over sheer cliffs into abysses, throwing up clouds of mist. Then it gathers its strength again to surge forward with roars of defiance, proclaiming that no force on earth can hold it back. Monkeys can drink its water, deer bathe in it, herons preen their plumage, poisonous snakes dart through it, and wild beasts fight on its shores.

(戴乃迭 译)

上述一段文字运用了三组排比，三组排比句与其他句子相结合，使得整段文字节奏和谐，感情充沛洋溢，旋律优美。

2. 不同点

英语 parallelism 与排比的差异主要体现在两个方面。

(1)二者重复的单位是不同的。英语 parallelism 是以二者为最小排列单位的，且强调结构的匀称。而汉语排比则强调的是三个或三个以上意义相关或相近的结构，不但注重整齐美，还强调反复美。所以，英语 parallelism 有时相当于汉语的排比，有时也相当于汉语的对比。但它又与汉语的排比和对比有一些差异，有时它在结构和作用上与汉语并列分句式隐喻相似。需要指出的是，虽然英语 parallelism 通常由两个或两个以上的词或句子构成，但有时它也会出现三个或三个以上。

(2)与英语 parallelism 相比，汉语排比更强调语言的反复美。例如：

多少的阴谋诡计，
多少的造谣诽谤，
多少的栽赃诬陷，
都无损于他的形象。

(艾青《在浪尖上》)

该例重复使用“多少的”一词，既加强了语势，又强化了表达效果。

二、排比的翻译

排比的使用有利于增加语言表达的气势和整齐性。排比的常用翻译方法主要有以下几种：直译法、增补法、省略法、转换法。

(一) 直译法

英汉两种语言中都有排比修辞格，因此通常情况下，英语排比句可以直译为汉语排比句，这样既保留了原文的形式与韵味，同时也符合汉语排比句的特点。例如：

Doubt thou the stars are fire;
Doubt that the sun doth move;
Doubt truth to be a liar;
But never doubt I love.

（William Shakespeare：*Hamlet*）

你可以怀疑星星是火把；
你可以怀疑太阳会转移；
你可以怀疑真理是谎言；
可我的爱永远不会变。

该例句选自莎士比亚的《哈姆雷特》，译者在翻译时保留了原文的排比修辞格，增加了表达的气势，增加了信服度。再如：

Voltaire waged the splendid kind of warfare...**The war of thought against matter, the war of reason against prejudice, the war of the just against the unjust...**

伏尔泰发动了一场辉煌的战争……这是思想对物质的战争，是理性对偏见的战争，是正义对不义的战争……

You will not come? You will not be **my comforter, my rescuer? My deep love, my wild woe, my frantic prayer**, are all nothing to you?

（Charlotte Bronte：*Jane Eyre*）

你不愿意来吗？——你不愿意做我的安慰者，我的拯救者吗？——我深挚的爱，我剧烈的悲痛，我疯狂的祈求，你都不放在心上吗？

（吴钧燮 译）

They attacked him in various ways; with **barefaced questions, ingenious suppositions, and distant surmises**; but he eluded the skill of them all; and they were at last obliged to accept the second-hand intelligence of their neighbor Lady Lucas.

（Jane Austen：*Pride and Prejudice*）

母女们采取种种方式对付他——露骨的盘问、奇异的假想、不着边际的猜测，但是任凭她们手段多么高明，贝内特先生都一一敷衍过去，最后她们被搞得无可奈何，只能听听邻居卢卡斯太太的间接消息。

（孙致礼 译）

（二）增补法

增补法是指将原文字面上省略的含义在译文中增补出来，使译文在语法、语义、语言形式上更符合原文的实际含义,并使译文的意思表达更清晰、完整,同时又符合汉语的表达习惯。尽管增补法看起来增加了原文字面中没有的含义,但实际上却忠实了原文,保证了译文的质量。由于英汉语言的差异,排比的翻译有时可以采取增补法。例如:

God help me, I might have been improved for my whole life, I might have been made another creature perhaps for life, by a kind word at that season. A word **of encouragement and explanation, of pity for my childish ignorance, of welcome home, of reassurance** to me that it was home, might have made me dutiful to him in my heart henceforth, instead of in my hypocritical outside, and might have made me respect instead of hate him.

(Charles Dickens: *David Copperfield*)

我的天哪!那时候,如果他给我一句好话,那我可能一辈子都改好了,可能一辈子都变成了另一种样子的人;那时候,他只要说一句鼓励我的话,说一句讲明道理的话,说一句可怜我年幼无知的话,说一句欢迎我回家的话,说一句使我放心,感觉到这个家还真是我的家的话:只要说这样一句话,那我就可以不但不用外面作假敷衍他,而反倒要打心里孝顺他,不但不恨他,而反倒要尊敬他。

(张谷若 译)

该例英语原文中的黑体部分运用了排比修辞格,其中使用了 word 一词,译文中为了增加结构感,符合汉语的表达方式,在各排比句中加上了“话”一词,将各排比句连接起来,使译文含义更加完整,方便读者阅读。

(三)省略法

翻译排比句时有时需要适当增补,有时也需要适当省略。省略就是将原文字面上虽有的,但翻译出来却会显多余的表达在译文中省去不译的翻译方法。使用省略翻译时需注意,省略是为符合目的语表达习惯和译文的通顺流畅而减词不减意的一种方法,不能胡乱省略,否则将会造成原文含义的遗失,违背了忠实原则。例如:

They're rich; they're famous; they're surrounded by the world's most beautiful women. They are the world's top fashion designers and trend-setters.

他们名利兼收,身边簇拥着世界上最美丽的女人。他们是世界顶级时装设计师,时尚的定义者。

本例中,译文将原文中前三个排比句中的 they're 用一个“他们……”

翻译出来，省略了后两个 they' re，一方面使译文避免了啰唆拗口，另一方面也没有减损原文的含义，做到了忠实于原文。

（四）转换法

由于英汉表达习惯的不同，翻译时在词语词性的选择上无法做到完全对应，这时就需要译者适当进行词性转换，保证译文通顺流畅，便于阅读。例如：[①]

No, the way to win this is to be stead-fast and resolved and to follow through on the plan that I' ve just outlined.

不，赢得胜利的唯一途径就是立场坚定、下定决心，并把我刚才提到的计划贯彻到底。

该例中，英语原文出现了两个形容词 stead-fast 和 resolved，译者对其采用转换法进行翻译，译为汉语中的偏正结构"立场坚定"和动宾结构"下定决心"，从而增加了译入语读者的接受度和可读性。

第二节　对比（Antithesis）

一、英汉对比对比

（一）英语 Antithesis

Antithesis 一词来自希腊语 antithenai，意为 opposition，通常汉译为"对比"。关于 Antithesis，*The Concise Oxford Dictionary* 对其的解释为 "contrast of ideas expressed by parallelism of strongly contrasted words." [②] 对比是指将意义相对的词语放在对称的结构中，形成对照。

对比既要求结构的匀称整齐，又要求意义的相反或相对，从而相互衬托，构成事物的两个方面。对比修辞的特点在于结构平行对偶、意味鲜明、有节奏感、表现力强，能够通过鲜明的对比来揭示其中的矛盾。

根据比照方式不同，英语 Antithesis 可分为一物两面对比与两物对比。下面分别予以分析。

① 杨莉．浅析文学作品中排比句的翻译［J］．丝绸之路，2011，（12）：79.

② 胡曙中．英汉修辞跨文化研究［M］．青岛：青岛出版社，2008：119.

1. 一物两面对比

一物两面的对比是指在同一个句子、段落、语篇中，将一个事物的两个相对或相反的方面进行对比，更全面地彰显事物的特征，这有助于揭示矛盾统一的辩证关系，使读者更全面、透彻地了解这一事物。例如：

If a free society cannot help **the many who are poor**, it cannot save **the few who are rich.**

（J.F. Kennedy）

倘若一个自由社会未能帮助众多的穷人，那么，它也不可能拯救少数的富人。

肯尼迪总统在其就职演说中采用了对比手法，通过强烈的对比，突出了矛盾的特征，点明了利害关系，具有很强的说服力，从而赢得民众的支持。

They vanish from a world where they were of no consequence; where they achieved nothing; where they were a mistake and a failure and a foolishness; where they have left no sign that the had existed—**a world which will lament them a day and forget them forever**.

（Mark Twain：*Mirror of America*）

他们从世上消失了，在那个世界里，他们无足轻重，一事无成；在那个世界里，他们本身存在就是个错误，就是个失败，就是件蠢事；他们没有留下任何表明他们生存过的痕迹。那世界将他们哀悼一日，却将他们忘却永久。

上例中，作者运用了对比手法，将 lament them a day 与 forget them forever 进行对比，揭露了当时社会人情淡薄、世态炎凉。

2. 两物对比

两物对比是指将两个或多个不相调和、互不相容的事物、现象等放在一起进行比较，并通过整体的对比彰显每个事物、现象各自的特点。例如：

An optimist sees an opportunity in every calamity; a pessimist sees a calamity in every opportunity.

乐观者在灾难中看到希望，悲观者在希望中看到灾难。

上例对两种人生态度进行对比，使读者豁然开朗，说服力极强。

Any man or state who fights on against Nazidom will have our aid. Any man or sate who marches with Hitler is our foe.

（Winston S. Churchill：*Speech on Hitler's Invasion of the USSR*）

任何坚持与纳粹集团作战的个人和国家都将得到我们的援助，与希特勒同流合污的个人和国家都是我们的敌人。

丘吉尔在演说中运用了对比手法，fights on against Nazidom 与 marches with Hitler，have our aid 与 is our foe 形成对比，增强了语言的表现力与感染力，将丘吉尔强烈的正义感与爱憎分明的崇高品质充分地表现出来，令人印象深刻。

（二）汉语对比

对比又称“对照”，李亚丹和李定坤（2005）给出的对比定义是：“把两个相差、相反、相对的事物或同一事物相差、相反、相对的两个方面放在一起加以比照或互相映衬，使之相辅相成，以便更鲜明地表现事物的特征”。①

对比修辞格的意义和功能在于突出事物的特征，揭示事物的本质，增强语言的说服力。例如：

善游者溺，善骑者坠。

尺有所短，寸有所长。

言者谆谆，听者藐藐。

汉语的对比主要分为相对、相照、映衬三种基本形式。

1. 相对

相对又叫“两体相照”，就是把两个具有相差、相反或相对的事物拿来进行对照比较，让人们在比较中得到鉴别，分清好坏、明辨是非，让人们知道赞成什么，反对什么；弘扬什么，贬责什么。例如：

朱门**酒肉臭**，路有**冻死骨**。

（杜甫《自京赴奉先县咏怀五百字》）

Behind those scarlet gates meat and wine go to waste. While out on the road lie the bones of men frozen to death.

（杨宪益、戴乃迭 译）

上述是一句千古名句，诗人采用了相对的方式，说明了当时社会的统治者、剥削者夺取百姓的财富供自己享乐，并且还好不珍惜地糟蹋，而劳动者则挨饿受冻，以致于饿死、冻死于道旁的悲惨现状。

2. 相照

相照又叫“一体两面对照”，就是将事物内部的两个相反或相对的方

① 李亚丹，李定坤．汉英修辞对比研究简编[M].武汉：华中师范大学出版社，2005：331.

面放在一起进行对照,进而全面、深刻地阐明事物的本质。例如:

人总是要死的,但死的意义有不同。中国古时候有个文学家叫做司马迁的说过:“人固有一死,**或重于泰山**,**或轻于鸿毛**。”为人民利益而死,就**比泰山还重**;替法西斯卖力,替剥削人民和压迫人民的人去死,就**比鸿毛还轻**。

(毛泽东《为人民服务》)

All men must die, but death can vary in its significance. The ancient Chinese writer Szuma Chien said, “Though death befalls all men alike, it may be heavier than Mount Tai or lighter than a feather.” To die for the people is heavier than Mount Tai, but to work for the fascists and die for the exploiters and oppressors is lighter than a feather.

(北京外文出版社 1965 年译文)

上述例句采用了对照的手法,将“死”的两种截然相反的意义和价值深刻地揭示了出来。

他们是**羊**,同时也是**凶兽**;但遇见比他凶的凶兽时便现**羊样**,遇着比他更弱的羊时便现**凶样**。

(鲁迅《忽然想到〈七〉》)

For these sheep are at the same time wild beasts. When they meet beasts wilder than they are, they behave like sheep; when they meet sheep weaker than they are, they behave like wild beasts.

(杨宪益、戴乃迭 译)

上述作者用了“羊”和“凶兽”这两个形象而生动的对照,深刻地揭露了反动统治阶级奴才走狗们的丑恶本性和嘴脸。

3. 映衬

映衬是把两个相关、相对或相反的事物或同一事物的两个相关、相对或相反的方面放在一起,让它们互相衬托、互相对照、相得益彰,用以表达一种意蕴深远的情景,或“使所说的一面分外鲜明,或所说的两面交相映发”(陈望道,2008)。例如:

灶王爷就急急忙忙吃点关东糖,化为灰烬,飞上天宫,灶王爷**上了天**,我却**落了地**。

(老舍《正红旗下》)

Just as the God of the Hearth was busy chewing some Guandong taffy, his image was set aflame and, while turning into ashes, he ascended to the palace of Heaven. Just as the God of the Hearth was making his ascent to

Heaven, I landed on earth.

(Don J.Cohn 译)

凡走狗,虽或为一个资本家所豢养,其实是属于所有的资本家的,所以它**遇见所有的阔人都驯良**,**遇见所有的穷人都狂吠**。

(鲁迅《"丧家的"、"资本家的乏走狗"》)

Though watchdogs may be kept by a single capitalist, they actually belong to the whole class, which is why they behave so well to all rich men they meet and bark so madly at the poor.

(杨宪益、戴乃迭 译)

(三)英语 Antithesis 与汉语对偶的异同

英语中的Antithesis类似于汉语"对偶",因此有些人在讨论Antithesis时往往将其看作是汉语的对偶,实际上两者并不等同。虽然Antithesis译成汉语"对比"不是十分理想的汉译辞格名称,但却比"对偶"更贴切。

李国南教授(1999)曾详细地分析了英语Antithesis与汉语对偶的异同,并指出两者的不同点主要体现在语义和结构两个方面。

1. 语义方面

构成英语Antithesis的两个语言单位意义相反,而构成汉语对偶的两个语言单位既可以是相反的意义,也可以是相关的意义。根据语义的不同,汉语对偶有以下三种类型。

(1)正对

正对,就是由上下句语义相近或相似构成的对偶,两个并列的事物在意义上相互补充。例如:

人有悲欢离合,**月有阴晴圆缺**,此事古难全。

(苏轼《水调歌头》)

(2)反对

反对,即由上下句语义相反或相对构成的对偶,并列的两个事物在意义上相互对照。例如:

满招损,**谦受益**。

(《尚书·大禹谟》)

(3)串对

串对即由上句与下句的语义有因果、条件、承接等关系而构成的对偶。例如:

山穷水复疑无路，柳暗花明又一村。

通过上述分析可以看出，英语 Antithesis 的范围要比汉语的对偶窄许多，它只能与对偶中的“反对”相对应，但也不是完全对应。

2. 结构方面

（1）语言单位项数

汉语对偶是成双排列的两个语言单位，是双数的，而英语 Antithesis 不仅可以是成双的语言单位，还可以是一个或三个语言单位，也就是说可以以奇数形式出现。例如：

Some books are to be tasted, others to be swallowed, and some few to be chewed and digested.

（F. Bacon：*Of Studies*）

书有可浅尝者，有可吞食者，少数则须咀嚼消化。

（王佐良 译）

（2）省略与重现

汉语的对偶中没有省略现象，但 Antithesis 则没有严格的要求，既可以重复用词，也可以省略重复词语。例如：

To err **is** human, to forgive divine.

人非圣贤，孰能无过；恕人之过，实为圣贤。

二、对比的翻译

对比修辞格的翻译主要可以采用以下几种方法：直译法、增补法、省略法以及反译法。

（一）直译法

英汉语言中都有对比修辞手法。这就为直译英语对比提供了便利。大多数情况下，英语对比可直译为汉语对比，这有助于保留原文的形式美以及内容思想，从而对原文保持最大程度的忠实。例如：

Speech is silver, silence is golden.

言语是银，沉默是金。

Ask not what your country can do for you, ask what you can do for your country.

（Kennedy）

不要问你的祖国能为你做些什么，而要问你能为你的祖国做些什么。

上述两个例句，无论原文还是译文都是按照对比修辞手法进行表达的。这种翻译方式贴合原文，同时也便于读者的理解。

（二）增补法

由于英汉语言存在很多差异，在对对比进行翻译时，有时需要进行一定的增补，从而保证译文的完整性和读者的可读性与理解性。例如：

A young gentleman may be over-careful of himself, or he may be under-careful of himself. He may brush his hair too regular, or too unregular. He may wear his boots much too large for him, or much too small. That is according as the young gentleman has his original character formed.

（Charles Dickens：*David Copperfield*）

一位年轻的绅士，对于衣帽也许特别讲究，也许特别不讲究。他的头发梳得也许特别光滑，也许特别不光滑。他穿的靴子也许特大得不可脚，也许特小得不可脚。这都得看那位年轻的绅士，天生来的是怎么样的性格。

（张谷若 译）

本例译文中的"衣帽"、"光滑"、"不光滑"、"不可脚"就是原文中没有对应的字面表达，但根据上下文含义可以理解并且是需要增补的内容。这种增补是根据原文含义进行的符合译入语表达方式的增补，因此便于读者的理解与掌握。

（三）省略法

在对比修辞的翻译过程中，也需要使用省略法，从而保证译文的简洁性。例如：

Everything going out and nothing coming in, as the vulgarians say. Money was lacking to pay Mr. Magister and Herr Rosenstock their prices.

（O. Henry：*A Service of Love*）

俗话说得好，坐吃山空；应该付给马吉斯特和罗森斯托克两位先生的学费也没有着落了。

（王永年 译）

本例英语原文借助连接词 and 将对比句的前后两部分衔接起来，但这在汉语中是不必的，故而省略不译。

Snares or shot may take off the old birds foraging without hawks may be abroad, from which they escape or by whom they suffer...

（William Thackeray：*Vanity Fair*）

老鸟儿在外面打食，也许会给人一枪打死，也许会自投罗网，况且外头又有老鹰，它们有时候侥幸躲过，有时候免不了遭殃。

（杨必 译）

本例原文对偶句中的 or 一词在译文中并未被体现出来，这符合汉语意合的特点和表达习惯。

（四）反译法

在使用对比修辞格的时候，经常会出现否定的表达，由于英汉两种语言在否定表达上有很多不同之处，因此在翻译时需要运用反译法进行适当转换。有时需要将英语的肯定形式译成汉语的否定形式，有时则需要把英语的否定形式译成汉语的肯定形式，从而使译文更符合汉语表达习惯。例如：

With malice toward none, with charity for all, with firmness in the right, as God gives to see the right...

我们对任何人不怀恶意，对所有人心存善念，对上帝赋予我们的正义使命坚信不疑。

本例原文由三个介词短语构成了对比。其中第一个介词短语的 malice 是肯定形式，而 none 是否定形式。而译文对 malice 采取了正话反译的处理方法，而对 none 采取了反话正译的处理方法，保证了译文表述符合汉语习惯，读起来朗朗上口，且表达含义也与原文一致。

第三节　反复（Repetition）

一、英汉反复对比

（一）英语 Repetition

Repetition（反复）是指在表达中多次重复使用相同的词语、短语或句子。反复既有词法、句法方面的重复，也有音韵方面的重复，具有十分丰富的表现形式。其用法是运用同一单词、同一短语或者同一句子进行连续或者是间隔的重复，使得语言更加富有节奏感，也将观点与道理清晰地展示出来，从而抒发情感。

英语 Repetition 的运用格式可分为两大类：连续反复与间隔反复。

1. 连续反复

连续反复简单理解就是紧接着出现的相同的单词、短语或句子，中间不加其他词或短语。连续反复的句子往往能够产生气势如虹、畅快淋漓的语言。例如：

And thou breath at all? Thou'll come no more.

Never, never, never, never, never!

（Shakespeare：*King Lear*）

你却没有一丝呼吸！你永不回来了。

永远，永远，永远，永远，永远不会回来了！

李尔王获悉爱女被缢死后，失声痛哭，连续使用了三个 no 和五个 never，将心中的内疚、悔恨和痛苦之情淋漓尽致地表现了出来。

2. 间隔反复

间隔反复和连续反复相对应，是指相同的单词、短语、句子虽然也有反复出现，但中间被其他成分间隔了开来。间隔反复的使用能够使文章步步推进、层层深入，使主题更加突出，层次十分清楚，具有极强的引导、带入和感染的效果。

根据被重复词语在句中的位置，间隔反复又可分为句首反复、句尾反复、首尾反复及尾首反复等。

（1）句首反复

句首反复是指在两个或者两个以上的诗行、分句或句子的开头重复同一单词、短语或语段。反复的部分位于句子的开头，十分醒目，具有很好的视觉效果，能够产生强烈的冲击力。例如：

Love me, love my dog.

爱屋及乌。

上例中，love 一词的反复将其想要表达的心情准确地传达出来。

（2）句尾反复

句尾反复是指在多个句子的结尾处重复使用同一单词或短语。句尾反复的部分往往是其最重要的信息。使用句尾反复可以使句子语义更加突出，使思想表达更加深刻。例如：

We'll work for freedom, we'll fight for freedom, we'll die for freedom.

我们为自由而工作，为自由而斗争，为自由而献身。

上句中通过对 for freedom 的重复，将作者的感情强烈地表现出来。“这种反复在音韵上和谐悦耳，在语义上突出强烈，在修辞效果上独具特色。”[①]

(3)首尾反复

首尾反复是指在一个句子的开头和末尾反复使用相同的单词或短语,形成首尾呼应。使用首尾反复的句子抓住了人们阅读中心落在开头和结尾部分的心理特征,往往能够带来强烈的冲击力,给人留下深刻的印象。例如:

Blood must atone for blood.

血债要血还。

该例句是明显的首尾反复,增强了语言的表达效果,让人印象深刻。

(4)尾首反复

尾首反复,即在连续两个句子中,后面句子的句首重复上一句句尾的一个词,形成首尾蝉联。这一反复形式的目的在于突出前后两部分的连环关系,从而更流畅地表达语意,加强语气的连贯性。例如:

For glances beget ogles, ogles sighs,
Sighs wishes, wishes words, and words a letter.

(G. G. Byron)

因瞥视而生秋波,秋波又生叹息。
叹息产生愿望,愿望产生话语,话语变为情书。

拜伦(G.G.Byron)运用娴熟的语言驾驭能力,将文字巧妙排列,从而抒发了浪漫的情感。

(二)汉语反复

关于汉语反复的定义,陈望道(2008)在《修辞学发凡》一书中给出的定义是:“用同一的语句,一再表现强烈的情思的,名叫反复辞”。[②]

徐鹏(2007)在《修辞和语用——汉英修辞手段语用对比研究》一书中给的定义是:“汉语的‘反复’,是有目的地连续或间隔使用同一单词、短语或句子的修辞格”。[③]

作为传统汉语中的修辞方法之一,反复修辞格大量见于小说、散文、戏剧、诗歌等各类体裁中。例如:

啊!**永别了**,园园!

---

① 吕煦.实用英语修辞[M].北京:清华大学出版社,2004:287.
② 陈望道.修辞学发凡[M].上海:上海外语教育出版社,2008:161.
③ 徐鹏.修辞和语用——汉英修辞手段语用对比研究[M].上海:上海外语教学出版社,2007:97.

永别了,佳佳！你们还会想起妈妈吗？……

永别了,家杰！你为我付出了一切。没有你,我的生活寸步难行。……

永别了,我的亲人！

永别了,医院！

永别了,我的病人！我是舍不得离开你们的啊！

（谌容《人到中年》）

从浦口山上发脉,**一个墩,一个炮；一个墩,一个炮,一个墩,一个炮**,弯弯凸曲,骨里骨碌,一路接着滚了来。滚到县里周家冈,龙身跌落过峡,又是**一个墩,一个炮**；骨骨碌碌几十个炮赶了来,结成一个穴情,这穴情叫"荷花出水。"

（吴敬梓《儒林外史》）

根据反复的连续与否,汉语反复可以分为两种形式,即连续反复和间隔反复。

1. 连续反复

与英语连续反复相同,汉语中的连续反复也是相同的单词、短语或句子紧挨着出现。例如：

沙僧道："怎的说？"呆子道："**了不得！了不得！疼疼疼！**"说不了,行者也到跟前笑道："好呆子啊！昨日咒我是脑门痈,今日却也弄做个肿嘴瘟了！"八戒哼道："**难忍难忍**！疼得紧！**利害,利害**！"

（吴承恩《西游记》）

本例中既有词的反复,如"疼疼疼"和"利害,利害",又有词组的连续反复,如"了不得！了不得！"和"难忍难忍！",运用这些反复将八戒当时疼痛、焦急的心情生动地传达了出来。

2. 间隔反复

同样,汉语间隔反复也是指重复成分之间隔着其他成分,其作用在于使语言层层深入,使说理更加透彻、逻辑更加清晰。例如：

袭人笑道："你们不用白忙,我自然知道,果子也不用摆,不敢乱给东西他吃。"一面说,一面将**自己的**坐褥拿来,铺在一个炕上,宝玉坐了；用**自己的**脚炉垫了脚,向荷包内取出两个梅花香饼儿来；又将**自己的**手炉掀开焚上,仍盖好,放于宝玉怀内；然后将**自己的**茶杯斟了茶,送与宝玉。

（曹雪芹《红楼梦》）

本例中,"自己的"一词重复出现四次,将袭人与宝玉二人之间的特殊关系与亲密感情很好地展现了出来。

（三）英汉反复的异同

英汉反复修辞格大致相同，因此这里重点对二者的相同点加以分析。

无论是英语还是汉语，反复修辞格的使用不仅可以表现逐渐加强的情感，还能给人一种逐步加深的感染力。例如：

你看，有一个愿意我活几天的，那力量就这么大。然而现在是没有了，连这一个也没有了。同时，我自己也觉得不配活下去；别人呢？他不配的。同时，我自己又觉得偏要为不愿意我活下去的人们而活下去；好在愿意我好好活下去的已经没有了，再没有谁痛心。使这样的人痛心，我是不愿意的。然而现在是没有了，连这一个也没有了。

（鲁迅《孤独者》）

本例两次重复“现在是没有了，连这一个也没有了”，正照应了这篇文章的名字——孤独者，渲染了一种悲凉的气氛。

在英汉两种语言中，反复既可以用于演说、诗歌和小说，还可以用于论说文体。例如：

Now prohibition, whether as a proposal in England or pretence in America, simply means that the man who has drunk more shall have all the drink. **It means that** the old gentleman shall be carried home in a cab drunker than ever; but that, in order to make it quite safe for him to drink to excess, the man who drives him shall be forbidden to drink even in moderation. That is what it means; that is all it means; that is all it ever will mean. **It means that** often in Islam; where the luxurious and advanced drink champagne, while the poor and fanatical drink water. **It means that** in modern America; where the wealthy are all at this moment sipping their cocktails, and discussing how much harder laborers can be made to work if only they can be kept from festivity. This is what it means and all it means; and men are divided about it according to whether they believe in a certain transcendental concept called “justice”, expressed in a more mystical paradox as the equality of men.

（Gilber Keith Chesterton: *What I Saw in America*）

第二种：马克思列宁主义的态度。**在这种态度下**，就是应用马克思列宁主义的理论和方法，对周围环境作系统的、周密的调查研究。不是单凭热情去工作，而是如同斯大林所说的那样：把革命气概和实际精神结合起来。**在这种态度下**，就是不要割断历史。不单是懂得希腊就行了，还要懂得中国；不但要懂得外国革命史，还要懂得中国革命史；不但要懂得中国的今天，还要懂得中国的昨天和前天。**在这种态度下**，就是要有目的地去研究马克思列宁主义的理论，要使马克思列宁主义的理论和中国革命的实际运动结合起来，是为着解决中国革命的理论问题和策略问题而去从它找立场、找方法的。

（毛泽东《改造我们的学习》）

二、反复的翻译

在对反复修辞格进行翻译时，通常采取直译法与变通法。

（一）直译法

反复的翻译最常用的是直译法。采用直译法进行翻译，可以使译文更加真实贴切。例如：

Let every nation know, whether it wishes us well or ill, that we shall pay **any** price, bear **any** burden, meet **any** hardship, support **any** friend, oppose **any** foe, in order to assure the survival and the success of liberty.

（John F. Kennedy：*Inaugural Address*）

让每个国家都知道——不论它希望我们繁荣还是希望我们衰落——为确保自由的存在和自由的胜利，我们将付出任何代价，承受任何负担，应付任何艰难，支持任何朋友，反抗任何敌人。

肯尼迪在演讲中针对不同的对象展开不同的层次，在五个排比句式中重复出现了五次 any，表明了美国政府对保障自由的承诺，译文通过直译将总统的诚意和决心完全表现了出来。

This is our hope. This is the faith that I go back to the South with. **With this faith**, we will be able to hew out of the mountain of despair a stone of hope. **With this faith** we will be able to transform the jangling discords of our nation into a beautiful symphony of brotherhood. **With this faith** we will be able to work **together**, to pray **together**, to struggle **together**, to go to jail **together**, to stand up for freedom **together**, knowing that we will be free one day.

（Martin Luther King：*I Have a Dream*）

这是我们的希望。这是我将带回南方去的信念。有了这个信念，我们就能从绝望之山开采出希望之石。有了这个信念，我们就能把这个国家的嘈杂刺耳的争吵声，变成充满手足之情的悦耳交响曲。有了这个信念，我们就能一起工作，一同祈祷，一同斗争，一同入狱，一同维护自由，因为我们知道,我们终于有一天会获得自由。

在这篇著名的演讲词中,作者用了首语反复和尾语反复。采用直译法能再现原文整齐的结构,将作者强烈的感情表现出来。

Happy, happy pair,
None but the brave,
None but the brave,
None but the brave, deserves the fair.

(Dryden: *Alexander's Feast*)

幸福,幸福的一对。
惟有英雄,
惟有英雄,
惟有英雄,堪与美人相配。

诗人德莱顿(Dryden)运用了反复手段,强烈渲染了诗歌的主题。译文采用了直译的手法,做到了形式与内容的完美统一,语言优美、诗情浓郁、节奏明快。

(二)变通法

在对反复进行翻译时,根据译文表达需要还可以对原文结构、表达进行灵活变通,使译文在语义、功能和语气上与原文保持一致。例如:

Would you please please please please please please please stop talking?

(Ernest Hemingway: *Hills Like White Elephants*)

那就请你,请你,求你,求你,求求你,千万求求你,不要再讲了!

在本例原文中,为了表达强烈的呼吁,一次使用了 7 个 please 来表达迫切的要求。译文没有直接译出来,而是采用了变通的手法,将请求的程度淋漓尽致地表现了出来。

第十一章　英汉结构修辞格对比及翻译(二)

上一章分别对英汉结构修辞格中的排比、对比、反复三种修辞格进行了对比分析及翻译研究,本章重点探讨英汉倒装、修辞疑问句对比及翻译。

第一节　倒装(Anastrophe)

一、英汉倒装对比

(一)英语 Anstrophe

关于 Anastrophe, *Standard College Dictionary* 将其定义为"in rhetoric, the inversion of the natural or usual order of words, as 'Homeward directly he went.'"[①] 根据这一定义可知,Anastrophe 是一种将句子的正常顺序颠倒过来的修辞格。由于倒装与英语正常的语序不同,因而能够突出重点、增强语言效果、平衡句式以及使衔接更加紧密,从而有效吸引读者,给人耳目一新的感觉。

1. 语法性倒装

语法性倒装具有固定的模式,其使用受语法规则的限制。

根据谓语动词是否全部位于主语之前,可以将语法性倒装分为两类:完全倒装和部分倒装。

(1)完全倒装

完全倒装是指谓语完全位于主语之前。例如:

Here is the dress I like very much.

这正是我非常喜欢的一条裙子。

Lucky is he who has been enrolled into a famous university.

---

① 吕煦.实用英语修辞[M].北京:清华大学出版社,2004:292.

他真幸运，被一所名牌大学录取了。

There are many tall trees in the park.

公园里有很多高大的树。

（2）部分倒装

部分倒装只将谓语的一部分（如助动词、情态动词）置于主语之前。例如：

Were she to leave right now, she would get there on Sunday.

如果她立刻就走，她就能在星期天到达那里。

Only after he had spoken out the word did he realize he had made a big mistake.

只有当他已经说出那个字后才意识到自己犯了个大错误。

By no means did she give up the wrong ideas.

她并没有放弃那些错误的想法。

2. 修辞倒装

和语法规则不同，修辞倒装并没有固定的模式，只是为了达到突出、强调的目的而制造的词序颠倒，属于修辞的范畴，因而常用于文学作品、演讲以及日常交际之中。

倒装的表现形式主要有以下几种：谓语倒装、宾语倒装、表语倒装、状语倒装等。

（1）谓语倒装

谓语倒装指将谓语放到主语之前，以满足特殊的表达需要。例如：

Speak I must: I had been trodden on severely and must turn: but now? What strength had I to start retaliation at my antagonist?

（Charlotte Bront: *Jane Eyre*）

上句话中，谓语speak被放在句首，目的在于强调谓语所表述的内容，表明了主人公忍无可忍的愤怒而又无可奈何的情绪，将其讲话时急促的心情如实地描绘出来。

（2）宾语倒装

为了强调宾语，或协调韵律，人们通常将宾语放在支配它的动词之前，即宾语倒装。例如：

This interesting position, after due consultation with his mother, he decided to take.

（T.Dreiser: *An America Tragedy*）

经与母亲充分商量，他决定担任这一项有意义的职位。

上例中，宾语 this position 被放到了主谓结构的前面，目的在于强调“这是一项有意义的工作”。

（3）表语倒装

表语倒装指将表语置于主语之前，以达到强调表语或协调音韵，或起到特殊修辞效果的目的。例如：

Pessimistic and depressed, they were feeling when the news came.

消息传来后，他们感到悲观沮丧。

上例中，将两个作表语的形容词 Pessimistic and depressed 放到句首，是为了突出他们听到消息后悲观沮丧的情绪，达到加强语势的效果。

（4）状语倒装

状语倒装是将时间状语、地点状语、因果副词等放在句首。例如：

Down, down, he swam till his arms and legs grew tired and hardly moved. He knew that he was deep.

向下游，向下游，他一直游到四肢疲乏，几乎无法动弹了。他知道他已经进入了深深的海底。

上例中，两个表示运动方向的词 down, down 被放在句首，将游泳者四肢疲乏，几乎无法动弹而慢慢沉入海底的情景生动地描绘了出来，使读者感同身受。

（5）其他倒装

to such a degree/length/point 位于句首时，要部分或者全部倒装。例如：

To such a degree did he maltreat his step-daughter that neighbors were greatly anxious about it.

他这样虐待继女，真叫邻居们担忧。

only+ 副词介词短语 / 状语分句置于句首，要部分倒装。例如：

Only when you have lots of money will everything be all right.

只有当你拥有很多钱的时候，所有的事情才会好起来。

so...that 中的 so 位于句首时，要部分或全部倒装。例如：

So tired was the camper that he could hardly keep his eyes open.

这个野营者非常疲倦，疲倦得连眼都睁不开了。

以上这些由某些特殊词语引起的倒装是丰富语言表达、突出重点、平衡句式、增强语言效果，使表达衔接更紧密的有效手段。

（二）汉语倒装

汉语倒装是将语句中的主语、谓语、宾语、状语等颠倒顺序的一种语法现象。汉语句子的正常语序是主语在前，谓语在后；偏句在前，正句在后；修饰成分在前，被修饰成分在后。但有时为了使句式更加新颖、语义更加突出、语气更加强烈，故意颠倒正常语序的就是倒装。

汉语倒装基本可以分为如下几种类型：主谓倒装、状中倒装、定中倒装、述宾倒装、偏正倒装。下面分别予以分析。

1. 主谓倒装

主谓倒装通过将谓语放在主语之前来达到突出谓语所表达的内容、加强语气、抒发情感的目的。例如：

水生笑了一下，女人看出他笑得不像平常，**“怎么了，你？”**

（孙犁《荷花淀》）

该例中，“你”是主语，谓语是“怎么了”，作者在这里用主谓倒装，是鉴于情节发展的需要，水生的妻子看见他笑得非常奇怪，心中有些忐忑，于是便焦急地问他“怎么了？”，然后才紧跟“你”，这样的安排非常恰当，生动地再现了当时的情景。

终于过去了，
中国人民哭泣的日子，
中国人民低着头的日子；
终于过去了，
日本侵略者使我们肥沃的土地上长着荒草的日子，
使我们肚子里塞满树叶的日子；
……
终于过去了，
中国最后一个黑暗王朝的统治。

（何其芳《我们伟大的日子》）

该例中的“过去了”便是将谓语提到了主语的前面，一方面强调中国人民受压迫、受剥削的黑暗时期已经过去了；另一方面也表达作者内心难以自抑的、强烈的悲愤之情。

2. 状中倒装

状中倒装是指句子的状语和中心语颠倒语序，其目的不仅是突出状语所述内容，还可以平衡句式、协调韵律，使句子衔接得更为紧密。

春天去了大半了，还是冷；**加上整天的下雨，淅淅沥沥，**深夜独坐，听得令人有些凄凉……

（鲁迅《白莽〈孩儿塔〉序》）

这里，作者将状语“淅淅沥沥”移到中心词“下雨”后面单独列出，不仅使状语更为突出，还使得句子韵律更为协调，语气更为舒缓。

如果我能够，**我要写下我的悔恨和悲哀，为子君，为自己**。

（鲁迅《伤逝》）

这里，作者将状语挪到后面单列的手法很好地突出了“写”的动机和目的，同时很好地衔接了句子的上下文，使句子结构更加紧密。

3. 定中倒装

定中倒装是指将定语放在中心词后面。其目的在于能够将较长的定语拆分开来，使句子结构更加简洁。例如：

四面都是敌意，**可悲悯的，可诅咒的**。

（鲁迅《野草·复仇(其二)》）

该例将定语“可悲悯的，可诅咒的”置于中心语“敌意”之后，不仅起到了强调定语所述内容的作用，而且更为有效地渲染出字里行间渗透着的仇恨的气氛。在平衡句式的同时表达出作者内心强烈的思想情感。

我失骄杨君失柳，杨柳轻飏直上**重霄九**。

（毛泽东《蝶恋花》）

句中的“重霄九”按正常语序来说应是“九重霄”，作者这样写主要是为了韵律协调。词牌《蝶恋花》的第二句末尾应与前一句末尾押韵。作者将“九”置于句尾便可与“柳”押韵，符合词牌规定。此外，从声韵的角度来看，第二句的结尾应当是平平仄，而“九重霄”是仄仄平，但“重霄九”是平平仄，因而作者使用了倒装句式的调整，使诗句符合条件。

4. 述宾倒装

正常的述宾结构中，述语在前，宾语在后。但有时为了突出述语的内容，也可以将宾语放在前面，述语放在后面，这样不仅能够增加语言的跳跃感，还能强化语气。例如：

新媳妇哭了一天一夜，头也不梳，脸也不洗，饭也不吃……

（赵树理《小二黑结婚》）

该例将宾语“头、脸、饭”提前，主要起强调的作用，同时也使整个句子意思表达更为鲜明，更为生动形象地刻画出“新媳妇”的人物性格特点。

5. 偏正倒装

偏正倒装是指将偏句放在正句前面，以使偏句对正句的解说作用得到更好的发挥。例如：

入门既不难，深造也是办得到的，只要有心，只要善于学习罢了。

（毛泽东《中国革命战争的战略问题》）

该例将偏句“只要有心，只要善于学习罢了”后置，目的是强调和说明正句的“不难”和“办得到”。

而且又证明着这不但是杀害，简直是虐杀，**因为身体上还有棍棒的痕迹**。

（鲁迅《纪念刘和珍君》）

该例中的偏句“因为身体上还有棍棒的痕迹”被放在了主句“这不但是杀害，简直是虐杀”后面，是对“虐杀”这一事实的判断和证明，同时也表达出作者极度愤怒的情感。

（三）英汉倒装的异同

1. 相同点

英汉倒装修辞格的相同点主要包括以下几个方面。

（1）英汉主谓倒装、动宾倒装的结构基本一致。

（2）修辞效果一致，即都可起到强调句子成分，平衡句式，衔接句子结构，使描绘更为生动的效果和作用。

2. 不同点

英汉倒装的不同点主要有两点：修饰成分的词序不同和使用频率不同。

（1）英语动词的修饰语一般在动词之后，倒装时通常将修饰语移至动词前面；而汉语动词修饰语的倒装则是将状语后置。[①] 试对比下面一组句子。

I permitted myself to look into the box. **Out came** handful of corrugated cardboard padding, and something at the bottom flashed.

春吹到每个人的心坎，**带着呼唤，带着蛊惑**。

（萧红《小城三月》）

该例英语句子中的动词修饰语 out 被置于动词 came 之前，而汉语句子中的状语“带着呼唤，带着蛊惑”则是被放在了动词“吹”的后面。

（2）相对于汉语而言，英语使用倒装的频率更高。这一点从英语倒装句的汉译中就可以看出。例如：

Under no circumstance should we do anything that will benefit ourselves but harm the interest of the state.

无论如何我们不能做出任何有利于自己而有损于国家利益的事情。

Here at last seemed credible history of the difficult advance of man.

人类艰苦前进的历史终于在这里看来是能够令人置信的了。

① 胡曙中 . 英汉修辞跨文化研究 [M]. 青岛：青岛出版社，2008：244.

二、倒装的翻译

倒装主要可以分为语法倒装和修辞倒装两类。下面就对这两类倒装的翻译进行介绍。

(一)语法倒装的翻译

语法倒装在翻译时一般需要调整语序,将其还原成正常语序,即复位翻译。例如:

Should you be in trouble, they would help you.

如果你遇到麻烦,他们会帮助你。

该例原句为 should 提前的倒装句,在翻译时将其主语呈现出来,译成了正常的陈述语序。

She was very angry and so was I.

她生气,我也生气。

改例原句的 so was I 中将 was 提前,翻译时可直接恢复正常语序。

Had I been informed earlier, I could have done something.

要是早点告诉我,也许我还能想些办法。

该例原句采用了部分倒装,翻译时可直接恢复正常语序。

(二)修辞倒装的翻译

翻译修辞倒装时,为了体现原文的特点,应尽量保留原文的修辞手段,如果不能做到与原文相同,就要依据汉语的行文习惯,采用其他句式再现原文的倒装结构。例如:

Fine and sunny it was when we started on our way.

我们动身那天,天气晴朗,阳光灿烂。

该例原句中的表语放在了句首,从而突出了意义,有助于加强语气。在翻译时,用两个四字短语,“天气晴朗,阳光灿烂”使原文倒装的修辞效果得到很好的再现。

Money I have none, my life, at your disposal.

要钱没有,要命一条。

事实上,原句的含义为“我没钱,只有命”,为了保证原文的倒装结构,在翻译时也将“钱”与“命”提前,既易于汉语读者接受,也保留了原文的修辞手段。

The smell of meny seeped from the wall. That he recognized.

一屋子铜臭,这个他倒看得出来。

该例原句中将代词 that 放在了句首,在句中作宾语,目的在于强调。在对原句进行翻译时,译者保留了原文的句式。

第二节　修辞疑问句(Rhetorical Question)

一、英汉修辞疑问句对比

(一)英语 Rhetorical Question

关于 Rhetorical Question, *Longman Dictionary of Contemporary English* 给出的定义为"Rhetorical question is a question that you ask as a way of making a statement, without expecting an answer."① 修辞疑问句的形式虽然是疑问句,实则发话人并不期待对方的回应,而只是以问句的形式表达一种观点、思想等,实际上相当于强调的陈述句。

虽然,从意义上来看,修辞疑问句与陈述句基本相同,但从语气上来看,修辞疑问句要比陈述句更加强烈,能够将观点更深刻地嵌入受话人的脑海中,因而在小说、诗歌、戏剧、散文、演讲等诸多文体中都很常用。

英语修辞疑问句主要包括如下几种类型:自问自答、问而不答、反问表肯定。下面逐一进行介绍。

1. 自问自答

自问自答式修辞疑问句明确答案往往紧随在问句的后面,目的是提高人们的兴趣和注意力,引出下文,设问只是导出中心的引子。例如:

Are there people in the world foolish enough to die because leafs drop off from a vine? I have never heard of such a thing. Why do you allow such silly ideas to come into that head of hers? God! This is not a place in which one so good as Miss Johnsy should lie sick. Some day I will paint a masterpiece, and we shall go away. Yes.

(O. Henry: *The Last Leaf*)

世界上竟然有这么愚蠢的人,因为树叶从藤上掉落就要去死? 我听都没听说过这种事。你怎么让这种傻念头钻到她那个怪脑袋里? 天哪! 这绝不是一个像约翰西小姐这样好的姑娘躺倒生病的地方。有朝一日我

① 转引自吕煦.实用英语修辞[M].北京:清华大学出版社,2004:300.

要画一幅巨著，那时我们就离开这里。真的。

该例中，原文作者通过运用设问修辞手法表达了老艺术家舍己为人的崇高思想，以自己的生命创作出毕生“最后的杰作”。

What causes responsible parents to take up the carpets, set their houses topsy turvy, and spend a fifth of their year's income in balls, suppers and ice champagne? **Is it sheer love of their species, and an unadulterated wish to see young people happy and dancing? Psha! They want to marry their daughters...**

（W. M. Thackeray: *Vanity Fair*）

是什么原因促使富有责任心的父母们收起地毯，把屋子倒腾得乱七八糟；并把年收入的五分之一花在舞会、宴请、冰镇香槟上呢？难道纯粹是对人类的爱或是为了青年人跳舞作乐吗？呸！他们是想把女儿嫁出去……

该例原文中的“Psha! They want to marry their daughters...”一句不仅传递了作者的观点，更传递了一种讽刺意味。若将此句改为陈述句，效果就会大大降低。

2. 问而不答

问而不答即提出问题，但并不作答，因为答案往往已经包含在问题之中了，因而无需作答。这种形式提问的目的往往在于引发读者的思考、联想和回味。例如：

Tiger! Tiger! Burning bright
In the forests of the night.
What immortal hand or eye
Could frame thy fearful symmetry ?
In what distant deeps or skies
Burnt the fire of thine eyes ?
On what wings dare he aspire ?
What the hand dare seize the fire ?

（William Blake: *The Tiger*）

老虎！老虎！火一样辉煌
燃烧在那深夜的丛莽。
是什么超凡的手和眼睛塑造出你这恐怖的匀称？
从何处取得你眼中的火焰？
取自深海，还是取自高天？

凭什么翅膀他有此胆量?

凭什么手掌敢攫取这火光?

这是威廉·布莱克(Willim Blake)所作的《老虎》一诗,从第三句到最后的每句话都是一个疑问句,提出了一些无需具体回答,也看似无法回答的奇特问题。但这些问题的提出并不会令读者感到荒诞可笑、莫名其妙,反而从这些巧妙的问句中领略到诗歌的意境之美,从而引发读者的沉思,令人浮想联翩。

3. 反问表肯定

说话人用疑问句的形式表达肯定的意思,设问者不回答,其答案往往与问句相反。反问的作用是加强语气,表达强烈的情感,以引起读者或听众的深思。例如:

I have to declare the decision of His Majesty's Government—and I feel it is a decision in which the great Dominions will in due course concur—for we must speak out now at once, without a day's delay. **I have to make the declaration, but can you doubt what our policy will be?**

(Winston S. Churchill: *Speech on Hitler's Invasion of the USSR*)

我不得不在此宣布大英帝国政府的决定——我相信大英帝国各自治领对这一决定会适时地表示一致赞同——因为我们必须立刻表明自己的态度,一天也不应拖延。我必须发表正式宣言,难道还会有人不清楚我们将会采取何种政策吗?

希特勒撕毁《苏德互不侵犯条约》,悍然入侵苏联,为了能同苏联联合起来共同抵抗纳粹暴政,丘吉尔于1941年6月20日发表了《就希特勒入侵苏联发表的讲话》。在演讲辞中,丘吉尔运用设问修辞手段"难道还会有人不清楚我们将会采取何种政策吗",加强了语气,突出了思想倾向,充分表达了丘吉尔与希特勒誓战到底的决心。

Shylock: I am a Jew. **Hath not a Jew eyes? Hath not a Jew hands, organs, dimensions, senses, affections, passions fed with the same food, hurt with the same weapons, subject to the same diseases, healed by the same means, warmed and cooled by the same winter and summer, as a Christian is? If you prick us, do we not bleed? If you tickle us, do we not laugh? If you poison us, do we not die? And if you wrong us, shall we not revenge?**

(William Shakespeare: *The Merchant of Venice*)

夏洛克:我是一个犹太人。难道犹太人没有眼睛吗?没有双手吗?

犹太人也有器官、身材、五官、爱情、激情。我们一样要吃饭，会受伤，会患病，也会康复，也会感到冬冷夏暖。我们和基督教徒一样。如你刺我们，我们不会流血吗？如果你们逗我们发痒，我们不会大笑吗？如果你们对我们下毒，我们不会毒死吗？如果你们冤枉我们，我们不会报复吗？

该例选自莎士比亚的戏剧《威尼斯商人》。夏洛克虽然是一个放高利贷的剥削者，但他同时也有着令人同情的遭遇——遭受种族歧视。作者通过夏洛克这一连串愤懑的反问向读者展示了一个更加鲜活、生动的夏洛克，同时也反映出了基督教徒歧视犹太人的现实问题。

（二）汉语修辞疑问句

汉语修辞疑问句是指为了引起受话人的注意，发话人对一件自己心中有数的事情故作无疑之问，之后再作回答；或者故作疑问，让受话人自己去思索、体会而不作回答。在汉语中，采用修辞疑问句主要是为了对某一观点、行为或感情的强调，或为了渲染一种气氛，使语言生动、充满变化。

在汉语中，修辞疑问句主要可以分为设问与反问两种。下面分别对其进行介绍。

1. 设问

汉语中的设问有两种情况：自问自答和问而不答。

（1）自问自答是指首先故意设问，以便为了吸引受话人的注意，然后自己作答。

（2）自问不答是让读者或听众去深思、联想或回味。

例如：

我们生活来做什么？或者说我们为什么要有这生命？ 罗曼·罗兰的回答是“为的是征服它”。我认为他说得不错。

（巴金《急流》总序）

该例属于自问自答，首先提出了“**我们生活来做什么？或者说我们为什么要有这生命？**”这样的问题，然后给出了回答，有助于引起读者的注意，同时也将作者的意图呈现了出来。

三亩潭的水面上，吹来一阵轻柔的暖气，这正是大地回春的第一丝信息吧！它无声地抚慰着塘边的枯草，悄悄地拭干了急急走来的姑娘的泪。**它终于真的来了吗？来到这爱情遗忘的角落？**

（张弦《被爱情遗忘的角落》）

该例是自问不答。在整段话的最后提出问题，既强调了作者想表达的真正意图，又通过采用自问不答，引发读者进行联想，从而获得了很好的修辞效果。

2. 反问

汉语反问是用肯定的形式表达否定的内容，以否定的形式表达肯定的内容，目的是增强语气、突出感情色彩，提高论证问题的力度等。例如：

斗争呢，我倒以为是对的。人被压迫了，**为什么不斗争**？

（鲁迅《文艺与革命》）

该例采用了否定形式的反问句，以此表达肯定的内容，“人被压迫了，**为什么不斗争**？”这一反问句，传达了这样的信息：人被压迫，要进行斗争，这样的表达形式有助于加深读者的印象，引发读者思考。

和尚道士的话如何信得过？ 什么“金玉良缘”？我偏说“木石姻缘”!

（曹雪芹《红楼梦》）

该例使用了反问句，宝玉提出“**和尚道士的话如何信得过？** 什么‘金玉良缘’？”采用肯定的形式来表达否定的内容，指出不可以相信和尚道士的话，这不是所谓的金玉良缘。

（三）英汉修辞疑问句的异同

英汉修辞疑问句无论在表现形式上，还是作用上都是一致的，其目的都是加强语势，使观点深入人心。因此这里重点探讨二者的相同点。

1. 设问自问自答

无论英语还是汉语，设问的目的都是发人深思，同时引出下文的回答。可以说，提出的问题只是导出中心的引子。例如：

What is bank? A bank is a place where they lend you an umbrella in fair weather and ask for it back again when it begins to rain.

银行是什么？银行是在天晴之时借伞给你，到了下雨就催你还回去的地方。

该例首先提出疑问，令读者思考并吸引读者继续读下去，继而给出答案，将他对银行的嘲讽之意表达得淋漓尽致。

团泊洼，团泊洼，**你真是这样静静的吗？全世界都在喧腾，哪里没有雷霆怒吼、风云变化！**

（郭小川《团泊洼的秋天》）

同样，这里的提问不仅吸引了读者的注意，更加强了语气，强化了后面的回答。

2. 反问只问不答

英汉反问句都是故意发出的无疑之问，虽然并不作答，但受话人自己能够很快得出与发话人一致的答案。例如：

They tell us, sir, that we are weak; unable to cope with so formidable an adversary. But when shall we be stronger? Will it be the next week, or the next year? Will it he when we are totally disarmed, and when a British guard shall be stationed in every house ? Shall we gather strength by irresolution and inaction? Shall we acquire the means of effectual resistance, by lying supinely on your backs, and hugging the delusive phantom of hope, until our enemies shall have bound us hand and foot?

（Patrick Henry：*Give Me Liberty or Give Me Death*）

先生，他们说我们力量弱小，不是这强敌的对手。但是我们什么时候才会强大起来？下星期吗？还是明年？是不是要等到我们完全被解除武装、家家户户驻扎上英国士兵的时候？我们迟疑不决、无所作为就能集聚力量吗？我们高枕无忧，苟且偷生，等待敌人来把我们束手就擒时，就能找到有效的御敌办法吗？

该例中，演讲者通过一系列的提问引发听众深思，使听众意识到，他们必须反抗，他们必须为了民族的独立同英国的殖民统治作斗争。

是的，当年用自己的血汗保卫过第一个红色政权的战士们，**谁不记得井冈山上的青青翠竹呢？** 大家用它搭过帐篷，用它做过梭镖，用它当罐盛过水、当碗蒸过饭，用它做过扁担和吹火筒。在黄洋界和八面山上，还用它摆过三十里竹钉阵，使多少白匪魂飞魄散，鬼哭狼嚎；如今，早就不再用竹钉当武器了，然而**谁又能把它忘怀呢？**

（袁鹰《井冈翠竹》）

显然，这里的提问不需要回答，它们有力地唤起了人们对井冈山这片土地的热烈情感，增强了语言的感染力。

二、修辞疑问句的翻译

设问通常可以采用直译的方法进行翻译，这样可以保留原文中的反问语气和自问自答的形式，从而将原文的内容、思想和情感如实地呈现给译文读者，使译文读者能够拥有和原文读者相同的感受。例如：

What’s the use of crying?

哭有什么用呢？

What is popularity? It’s glory’s small change.

名望是什么？那是光荣的零头而已。

Shall I compare thee to a summer's day?
Thou art more lovely and more temperate.

(William Shakespeare: *Sonnet 18*)

能不能让我来把你比拟做夏日？
你可是更加可爱，更加温婉。

(顾子欣 译)

O, Wind, if winter comes, can spring be far behind?

(Shelley: *Ode to the West Wind*)

啊，西风，如果冬天来了，春天还会远吗？

And shall we allow these untruths to go unanswered, these misdeeds unreprimanded?

我们能够允许对这种非正义置之不理吗？使这种错误行为不受谴责吗？

But the enemies of tyranny— whither does their path tend? To the tomb, and to immortality! What tyrant is my protector? To what faction do I belong? Yourselves!

(*Robespierre's last speech*)

但是暴政的敌人，他们的道路通向哪里？通向坟墓，通向不朽！我的保护者是哪个暴君？我又属于哪个派系？那就是你们自己！

Why should there not be a patient confidence in the ultimate justice of the people? Is there any better or equal hope in the world? In our present differences, is either party without faith of being in the right?

(*First Inaugural Address of Abraham Lincoln*)

人民是最公正的，我们为什么不对这点抱有最坚定的信心呢？在世界上，我们还能对别的什么寄予同样的或更大的希望吗？在目前的南北分歧中，难道有哪一方不坚信公理在自己方面？

第十二章　英汉音韵修辞格对比及翻译

英汉音节构成具有较大差异,这些差异致使英汉音韵修辞的手段有所不同。本章就对英汉音韵修辞的主要手法进行对比分析,并为翻译中达到音韵美提出一些音韵修辞手法的翻译方法。

第一节　拟声(Onomatopoeia)

一、英汉拟声对比

(一)英语 Onomatopoeia

1. 定义

在欧洲语言中,Onomatopoeia(拟声)是指根据现实世界的声音创造出的词。不同词典和学者对 Onomatopoeia 有不同的解释。

The American Heritage Dictionary of English Language(《美国传统英语词典》)将 Onomatopoeia 定义为:The formation or use of words such as buzz or murmur that imitate the sounds associated with the objects or actions they refer to.

Encyclopedia Britannica(《大英百科全书》)对 Onomatopoeia 的解释是:word formation based on the imitation of natural sounds; e.g. English "whisper", "bang", "hiss". The word may be either the name of the sound itself, as "moo" or "crash", or the name of the source of the sound, as "cuckoo" or "pewit"。

Longman Dictionary of Contemporary English, 4th edition(《朗文当代高级词典》)认为 Onomatopoeia 是指"the use of words that sound like the thing that they are describing, for example 'hiss' or 'boom'"。

Webster's Third New International Dictionary of the English

Language（《韦氏第三版新国际英语词典》）对 Onomatopoeia 的解释为：“The formation of words in imitation of natural sounds; the naming of action by a more or less exact reproduction of the sound associated with it.”。

综合以上论述，这里将 Onomatopoeia 的定义描述为：the use of words which by their pronunciation suggest the meanings of human beings, animals, or other thing.（拟声是词模拟人，其他有生命或无生命物的声音。）

2. 功能

在英语中，拟声修辞主要有三种功能。

（1）用于表达情感。例如：

Never did any bird flying back to a plundered nest which it had left brimful of chirping young ones.

一只雌鸟留下一巢啾啾欢鸣的幼雏，等到飞回来时，发现鸟巢已被洗劫一空。

（2）用于渲染气氛。例如：

One of the most picturesque and impressive parts of the bazaar is the copper smiths's market. As you approach it, a tinkling and banging and clashing begins to impinge on your ears.

集市上的一个最别致最动人的地方数铜匠市场，你一走近这里，叮当作响的金属碰撞声便传入耳鼓。

（3）使语言简明、生动。例如：

The teacher cracked him on the hand with a ruler.

老师用戒尺在他手上打得劈啪响。①

3. 运用

英语拟声修辞通常可以用于以下几种情况中。

（1）用于诗歌中。例如：

How the pretty ladies talk—
Tittle tattle, tittle tattle!
Like their patters when they walk—
Pittle pattle, pittle pattle.

（Erasmus Darwin）

漂亮女士任何闲扯——
叽叽喳喳，叽叽喳喳！

① 何远秀．英汉常用修辞格对比研究[M]．成都：西南交通大学出版社，2011：30-33.

正如他们步履轻捷——
噼里啪啦，噼里啪啦！

（2）用于小说、散文中。例如：

I see advancing upon all this hideous onslaught the Nazi war machine, with its clanking, heel-clicking, dandified Prussian officers, its crafy expert agents fresh from the cowing and tying down of a dozen countries.

（Winston S. Churchill：*Speech on Hitler's Invasion of the USSR*）

我看到，纳粹的战争机器，那些军容整饬，全身披挂，皮靴嚓嚓作响的普鲁斯军官和它那刚刚征服，奴役了十几个国家回来的狡猾精练的爪牙，正向着一切发起猛攻。

（二）汉语拟声

与英语拟声修辞相似，汉语拟声也有加强语言的直观性、形象性和生动性的功能。在汉语中，拟声词又称“象声词”“摹声词”或“摹音词”，即模仿自然声音构成的词，如布谷鸟叫声“布谷”。对拟声词的理解，《汉语大词典》的解释是：模拟声音的词，如“轰”“嗖”“叮咚”“扑哧”。同样，《现代汉语词典》也指出，拟声词是摹拟事物的声音的词，如“哗”“轰”“乒乓”“叮咚”“扑哧”。《语言学词典》强调，拟声词是语言中用来模仿自然界声音的字。[①]

可见，拟声词是指模仿人、动物或自然界的声音并与那些声音相似的词语。

（三）英汉拟声的异同

1. 相同点

英汉拟声词的相同点主要体现在语音形式上。

（1）模仿人类自身发出的声音。例如：

aha 啊哈
gurgle 咯咯
ha-ha 哈哈
hem and haw 哼哈

（2）模仿动物的鸣叫声。例如：

coo 咕（鸽子的叫声）
howl 嗥（狼的叫声）

① 王帏韬．汉英拟声词对比研究[J]．四川外语学院，2012，（4）：16-22.

meow 喵(猫的叫声)

moo 哞哞(牛的叫声)

(3)模仿客观事物的声音。例如:

bang 砰(关门声)

patter 啪嗒(雨声)

ping-pong 乒乓(打球声)

tick tock 滴答(钟表声)

tingling 丁零(铃声)

2. 不同点

英汉拟声词的不同点首先体现在语音形式上,然后是结构上。

(1)语音形式差异

虽然英汉拟声词在语音形式上存在相似之处,但也存在一定的差异。

模拟人类的声音。例如:

boo 呸(表示轻蔑或嫌恶)

chortle 哈哈大笑声

ouch 哎哟(突然受痛时的叫喊声)

snore 呼噜声(打鼾时)

titter 嗤嗤(笑声)

模拟动物的声音。例如:

bark 汪汪(狗的叫声)

bleat 咩咩叫(羊的叫声)

chatter 喳喳叫(喜鹊的叫声)

chirp 唧唧叫(蟋蟀的叫声)

cluck 咯咯叫(母鸡的叫声)

croak 呱呱叫(蛙的叫声)

quack 嘎嘎叫(鸭子的叫声)

模拟客观事物的声音。例如:

clink 叮当(碰杯声)

rumble 隆隆(雷声)

rustle 飒飒(风声)

zip 嗖嗖(子弹声)

(2)结构差异

由于汉语是一种节奏感很强的语言,所以汉语拟声词的结构极富节奏感。按照结构划分,汉语拟声词有五种类型。

A 型结构,是指单个词的拟声词,如“哔”“叭”“嘣”“喳”“嗤”“哒”“嗒”“叮”等。

AA 型结构,由两个相同词构成的拟声词,如“铿铿”“哐哐”“隆隆”“辘辘”等。

AB 型结构,由两个不同的词叠用构成的拟声词,如“哐当”“哐啷”“嘎嘣”“嘎喳”等。

ABAB 型结构,由 AB 型拟声词的叠用构成,如“镗啷镗啷”“哇啦哇啦”等。

AABB 型,由 AA 型和 BB 型拟声词叠用构成,如“淅淅沥沥”“咿咿呀呀”等。

相对来说,英语拟声词就没有汉语拟声词那种明显的节奏感。下面就通过例句,分析英汉拟声词在结构上的差异。①

X 型结构。例如:

The gate was pulled to with a **clang**.

门“**哔**”的一声给拉上了。

XX 型结构。例如:

The motorboat **chugged** its way with difficulty into the harbor.

汽艇**突突**地响着,艰难地驶进了港口。

XY 型结构。例如:

The shoulder pole **creaked** under the weight of the luggage.

行李压得扁担**嘎吱**响。

XYXY 型结构。例如:

They **clattered** the dishes and bowls in the sink.

他们在水槽里把碟子和碗洗得**叮当叮当**响。

A sweep of chilly air passed by, **rustling** all the leaves.

几阵寒风吹过,刮得树叶**哗啦哗啦**响。

XXYY 型。例如:

Cut the **cackle** and get down to business.

打断**叽叽喳喳**的谈笑声,转而进入正题。

通过对比可以发现,汉语拟声词的结构是有规律的,读起来富有节奏感,朗朗上口;而英语的拟声词结构则相对比较简单,不管所模拟的声音多么复杂,它通常都由一个单一的词汇构成。当然,英语拟声词的结构也有复杂些的,如 beep-beep, tow-row, yo-heave-ho, rub-a-dub-dub 等。

① 蒋童,钟厚涛.英语修辞与翻译[M].北京:首都师范大学出版社,2008:281-286.

由于英语中的这些复杂的拟声词很少见,所以这里不做过多研究。

(3)词性差异

由于英语中没有独立的拟声词,所以会用一些词来担任拟声词的作用。

用形容词作拟声词。例如:

grunting 咕哝咕哝的

weezy 呼哧呼哧响的

whispery 充满叽叽喳喳声的

用名词作拟声词。例如:

boom 模仿“轰轰”的声音

creak 模仿“吱吱嘎嘎”的声音

puff 模仿“噗”的一声

用动词作拟声词。例如:

gurgle 发出咯咯声

jabber 咕噜咕噜地说话

tinkle 发出叮当叮当声

用副词作拟声词。例如:

bang“砰”的一声

crank“啪”的一声

snap“吧嗒”的一声

汉语中有单独的拟声词,有些学者把它当成实词,认为它的语法功能与形容词、名词或副词很接近;而有的学者则把拟声词看成是虚词,认为拟声词可以同感叹词合为一类;还有学者认为拟声词既不是实词,也不是虚词。可见,汉语拟声词究竟属于哪一类词还没有得到统一。

(4)表达差异

英汉拟声在表达上的差异主要体现在下面几个方面。

英语拟声的表达比较委婉,而汉语拟声的表达则更直接。在英语中,拟声修辞主要用间接的方式来模拟人和物发出的声音。而汉语拟声词的读音与其所模拟的人或物发出的声音比较接近,所以也就更加贴近生活。例如:

He took up a bowl of water and **gulped** it down.

他端起一碗水**咕嘟**地喝了下去。

虽然英语拟声的表达比较委婉,但也存在不少读音与其模拟的声音比较接近的拟声词。例如:

The kittens **meowed** when they were hungry.

小猫一饿就**咪咪**叫。

The drunken driver drove **bang** into the store window.

喝醉了酒的司机开车**砰**地撞进了商店的橱窗。

通常,英语中拟声词的表达方式比较固定,模拟的声音不同,所使用的词汇也不同。因此,英语中能起拟声作用的词汇也就比较多样化。例如:

baa, bleat 模拟羊咩咩地叫

croak 模拟青蛙呱呱地叫

jingle 模拟铃铛、硬币发出的叮当声

quack 模拟鸭子嘎嘎地叫

相反,汉语拟声词更加灵活,同一个拟声词可以用来模拟不同类别的人或物。例如:

班级里的女孩们唧唧喳喳地闹个不停。

春天来了,树林里的小鸟开始叽叽喳喳地唱歌。

二、拟声的翻译

(一)音译法

当英汉拟声词的语音完全对应或很相似时,可以采用音译法,最大程度地保留其作为语音修辞的效果。例如:[①]

Cats miaow/meow.

猫喵喵叫。

The door banged shut.

门嘭地关上了。

A dove coos.

鸽子咕咕叫。

All was quiet and still except for the distant tinkling of a piano.

除了远处一架钢琴的叮当叮当声外,万籁俱静。

(二)增译法

有时,原文中并没有使用拟声词,译者为增强译文的表现力,在翻译时增加了一些拟声词,以实现生动、形象的表达效果。例如:

There were no sound but that of the tread of the men and the footsteps of the two shaggy ponies which drew the van.

① 刘新建.论英语拟声词及其翻译[J].兵团教育学院学报,2010,(5):71.

那时候，只听见沙沙的脚步声以及拉车的那两匹鬃毛蓬松的小马得得的马蹄声，除此之外，再也听不到别的声音了。[①]

译者在译文中增加了拟声词“沙沙的脚步声”和“小马得得的马蹄声”，充分利用汉语思维，恰到好处地表达了原文的思想。

The father sat here sucking vigorously at a pipe, and the son sat there gnawing the biscuit. What a funny picture it was!

父亲坐在这边吧嗒吧嗒地抽着一个小烟袋，儿子坐在那边咔嚓咔嚓地啃着饼干。多滑稽的一幅画呀！

本例原文在结尾提到“What a funny picture it was!”可见其为读者描绘了一幅非常有趣的场景。为使译入语读者也能够感受到这种氛围，译者增补了“吧嗒吧嗒”和“咔嚓咔嚓”等两个拟声词。

（三）省译法

有些情况下，为实现简洁、流畅的表达效果，译者可将原文中的拟声词译为译入语中的非拟声词。换句话说，译者可对原文中的拟声词采取省译法。例如：

Bang went my hopes of success.

我成功的希望一下子破灭了。

本例原文中的bang为拟声词，译者没有对其进行翻译，而是采取了非拟声词“破灭”。再如：

A profound silence prevailed over all and the only thing she could hear was the tap of ivy on the pane.

万籁俱寂，她唯一听到的是长青藤轻叩玻璃声。[②]

同样，在对汉语拟声词进行翻译时，也可根据具体语境采取省译法。例如：

湘云拿手帕子捂着嘴，呵呵大笑起来。

Xiangyun put her handkerchief to her mouth and burst out laughing.

小伙子冲进来，呼哧呼哧上气不接下气。

The lad rushed in, gasping for breathing.

---

① 刘春芳. 英语拟声词的修辞功能及汉译策略[J]. 广西民族大学学报，2007，(4)：154.

② 李红梅. 英汉音韵修辞对比及翻译[J]. 科教文汇，2009，(12)：258.

第二节　头韵（Alliteration）

一、英汉头韵对比

（一）英语 Alliteration

1. 由来

英语 Alliteration（头韵）发轫于诗歌。在英语诗歌的发展历程中，头韵修辞曾经一度作为古英语诗律的基础而被广泛使用。

Alliteration 最早的使用可上溯至古英语时期，大约在公元 5 世纪，盎格鲁-撒克逊民族的入侵，不仅将盎格鲁-撒克逊语引入英国，随之还产生了一种新的诗歌形式，它的主要特点就是头韵的频繁使用。在盎格鲁-撒克逊语和古英语诗歌中，短双行诗句是构成诗的基本单位，它含有三个或四个重读音节，这些重读音节通过头韵的谐音连接在一起。

2. 定义

英语 Alliteration 一词源于拉丁文 alliteratio，意思是“重复使用同一个字母”。头韵的恰当使用可以赋予语言以音乐美和整齐美，使语言声情交融，音义浑然一体，具有极强的语音表现力和感染力。

The Oxford English Dictionary（《牛津英语词典》）对 Alliteration 的解释为：The commencing of two or more words in close connection with the same letter or rather the same sound.

The Budget Macquarie Dictionary（《麦格理词典》）对 Alliteration 做了如下解释：1）the commencement of two or more stressed syllables of a word group：a）with the same consonant sound or sound group（consonantal alliteration），as in ‘from stem to stern’，b）with a vowel sound which may differ from syllable to syllable（vocalic alliteration），as in ‘each to all’；2）the commencement of two or more words of a word group with the same letter，as in ‘apt alliteration’s artful aid’。

我国学者黄任在《英语修辞与写作》中指出：头韵是指一组词、一句话或一行诗中重复出现开头音相同的单词。

需要特别指出的是，上述《麦格理词典》给出的定义指明了头韵既包括起首辅音的重复，又包括起首元音的重复。尽管该定义是比较全面的，但它所给出的例子 each to all 并不是头韵,且其解释中的 b)项至今也没有得到修辞界的认可。

综合以上阐述,这里将英语头韵的定义解释为:头韵是两个或两个以上的单词首音相同的一种音韵修辞格。

3. 分类

(1)辅音的重复。例如:

Dumb dogs are dangerous.

(2)语音(不强调是元音还是辅音)的重复。例如:

Much meat, melody.

(3)字母的重复。例如:

The lips of leaves, and the ripple of rain.

(4)辅音连缀重复。例如:

Spare the rod, spoil the child.

(5)元音的重复。例如:

Come; for all the vales.

Await thee, azure pillars of the hearth.

Arise to the thee.

(二)汉语双声

汉语双声修辞是指相互连接的两个或多个词的音节声母相同的现象,如批评(pi ping)、方法(fang fa)、缭乱(liao luan)等。

在我国古代六朝时期,双声修辞盛极一时。双声最早在我国的使用应追溯至诗歌总集《诗经》,如其中的经典诗句“参差荇菜”中的“参差”,“辗转反侧”中的“辗转”,“熠耀其羽”中的“熠耀”等。

(三)英语头韵与汉语双声的比较

1. 历史影响比较

从历史影响上看,英语头韵比汉语双声的影响大。从公元 450 年到 1200 年,英语头韵就已经在古英语诗歌中风靡了近 8 个世纪。直到中古英语时期,仍有很多诗人和学者使用头韵这一修辞。据史料记载,头韵的使用在公元 7—8 世纪之交已达到相当成熟的程度。例如,《贝尔武甫》(*Beowulf*)是使用头韵修辞的典型巨作,这一史诗几乎每行都有两个或三个重读音节押头韵。

到 14 世纪中后期,英国诗歌之父乔叟(Chaucer)从法国文学中翻译并引进了很多押尾韵的诗篇，并逐渐取代古英诗中的头韵。15世纪以后，头韵逐渐消亡。但头韵对历史的影响并没有就此消失，之后的很多诗人、文学家仍会在自己的诗歌或散文创作中使用头韵修辞。

虽然汉语双声从《诗经》时代就有记载，但在语言的发展与历史的演变中，诗歌的美感是由双声与尾韵、叠韵共同担负着的。与尾韵相比，双声的音乐性更显著。双声所产生的乐感远远比不上尾韵。这是因为构成双声词的字一般紧密相连，字与字之间没有任何间隔，所以就缺少了跌宕起伏的韵致。例如：

蒹葭苍苍，白露为霜。所谓伊人，在水一方。溯洄从之，道阻且长。溯游从之，宛在水中央。

（《秦风・蒹葭》）

其中的“蒹葭”是双声词，虽然它也有一定的音韵美，但同押尾韵的“苍、霜、方、长、央”相比较，其所产生的乐感相差甚远。

汉语双声在当代汉语中的使用也无法与英语头韵对语言的影响相提并论。

直到今天，我们仍可以在诸多语言场合中领略头韵的美感，如诗歌、习语、谚语和箴言、书名、标题、广告、文学作品，无论是散文、政论、演说辞等。

但是，汉语双声却难以得到作家、知识阶层、广告撰写人等相关人士的重视。即便使用“慷慨”“芬芳”这类词语时，也很少能有人意识到它们是双声修辞。

总而言之，无论是古代还是现代，英语头韵的影响都比汉语双声的巨大和深远。

2. 构成因素比较

英语头韵在汉语双声中找不到对应的修辞格。虽然英语头韵与汉语双声存在相似之处，但二者并不完全等同。从构成因素上看，二者存在以下差异。

（1）英语头韵产生的音韵效果主要来自语音的重复。因此，即使某些单词的拼写不同，但发音却一致，这就形成了英语头韵。例如，many dishes, many diseases。相反，一些字母相同发音不同的单词就不能构成头韵。例如，psychological power, the crowd cheered。

汉语双声主要来自声母的简单重复，不存在读音与汉字形式的关系（叠音词除外）。

（2）英语头韵可以是辅音重复，也可以是元音重复。例如：

To many parents, the three Gs—gays, guns and gangs—have replaced the three Rs as benchmarks of school life.

对许多父母来说,同性恋、枪支和团伙这三个词已经代替了读、写和算,成为学校生活的基准尺度。

Apt alteration's artful aid is often an occasional ornament in prose.

巧妙地运用头韵这种辅助手段,往往是美化散文的一种手法。

汉语双声是声母的重复。例如,踟蹰、美满、道德等。而韵母的重复则称作"叠韵"。

可见,英语辅音重复构成的头韵与汉语双声所包括的内容基本相同。

(3)英语头韵是两个或多个词用在一句话或一诗行中。而汉语双声则主要用于构词,同声母的两个词素构成一个词,并且这两个词素是不可分割的。

(4)英语头韵不要求两个头韵的词相邻,但要同属一个词组、一句话或一诗行。而在汉语双声中两个同声母的词素必须是相邻的。

二、头韵的翻译

(一)对应翻译法

当英语头韵与汉语双声均能在译入语中找到对应的表达,那就可以直接进行对应翻译。例如:

Magnetic, Magnificent Meryl.

美貌动人、美名高筑的美瑞尔!

例中原句有三个词构成了头韵, Magnetic 与 Magnificent 被分别对译成汉语双声词"美貌"和"美名",而 Meryl 则被音译为"美瑞尔"。这样的译文不仅准确传达出原文的内在含义,还具有鲜明的音韵美,音韵和谐,朗朗上口。

(二)对比翻译法

由于头韵修辞格属于音韵修辞,而音韵修辞通常对具体语境有很大的依赖性。所以,当受到语境限制而不能采取对应翻译法时,译者可以在译文中只保留原文语言形式上的对称美,对原文的音韵则予以忽略,即采取对比翻译法。例如:

Change is part of life and the making of character, honey. When things happen that you do not like, you have two choices: You get bitter or better.

变化是生活的一部分,而且也塑造了人的意志品德,亲爱的。当你不喜欢的事情发生了,你有两种选择:要么痛苦不堪;要么痛苦达观。

原文用了头韵修辞格 bitter or better,译者忽略了其音韵特征而将其译为汉语的四字结构,实现了明快、清新的语言效果。

（三）转译法

英语中的一些头韵的美感是无法用汉语表现出来的,这时我们只能采用转译法将其意境传达出来。译者在翻译时,可以采用汉语的叠字、双声、拟声、押韵、比喻等修辞手法对源语进行翻译。例如:

Silver sails all out of the west.
Under the silver moon.

（Tennyson: *Song*）

银色的月亮照在他的帆船上,
银色的帆船展翅飞翔向东方。

译者在翻译的过程中,将原文中的头韵修辞格转译为汉语中的比喻修辞格(将帆船比作展翅高飞的鸟),从而把帆船疾驶前进的景象生动地展现在读者面前。

（四）译为排比或平行结构

这种翻译方法通常用于英译汉,即将英语的头韵译为汉语的排比结构。排比或平行结构的使用使得译文在句子结构上或多或少地弥补了英语头韵在汉译过程中音韵特色的丢失。例如:

Jazzy in Jeans, Sassy in Sweater.
穿上牛仔裤,活泼利索;套上毛线衫,潇洒俊俏。

第三节 尾韵(End Rhyme)

一、英汉尾韵对比

（一）英语 End Rhyme

1. 定义

关于英语中尾韵(End Rhyme)的定义说法不一,这里我们将其定义为行尾单词最后的重读元音及其后面的辅音在读音上相同,而元音前面的辅音则不能相同的押韵形式。简单而言,尾韵即元音以及元音后面的

辅音押韵,而元音前面的辅音则不押韵。例如:

Haste makes waste.

欲速则不达。

2. 分类

根据音节数量,英语尾韵可以分为内单音节尾韵、双音节尾韵和三重音节尾韵。

(1)单音节尾韵

单音节尾韵又称作“阳韵或男韵”,是指在诗行结尾重读单音节之间出现的押韵。例如:

Above yon gleaming skies of gold
One lone imperial peak is seen;
While gathered at his feet in green
Ten thousand foresters are told.
And all so still! So still the air
That duty drops the web of care.

(Joaquin Miller: *By the Pacific Ocean*)

此诗选自米勒的《在太平洋之滨》。诗中的第一、四行押尾韵,第二、三行押尾韵,第五、六行押尾韵。通过观察可以发现,这些尾韵都出现在重读单音节上。

需要注意的是,虽然单音节押韵只要求一个音节押韵,但这并不是说押韵的单词是一个单音节词。

(2)双音节尾韵

双音节尾韵又称“阴韵或女韵”,它的基本特征是行尾单词最后两个音节押韵,其中倒数第二个音节是重读音节,而最后一个音节是非重读音节。由于其读音是重读加非重读结构,所以又可将其称为“扬抑格韵”(trochaic rhyme)。例如,华兹华斯的《写于三月》前四行:

The cock is crowing,
The stream is flowing,
The small birds twitter,
The lake doth glitter.

(William Wordsworth: *Written in March at Brother's Water*)

该诗选自华兹华斯的《写于三月》。诗节行尾的 crowing/flowing, twitter/glitter 相互押尾韵,这两组押韵都是由双音节单词构成,每个单词的第一个音节为重读音节,第二个音节为非重读音节,所以这种押韵属于双音节尾韵。

此外,双音节尾韵的单词也可以是多音节单词,但其押韵的音节只能是两个,并且是多音节中最后两个音节,同时其结构也必须是重读音节加非重读音节。

(3)三重音节尾韵

三重音节尾韵就是在双韵的基础上增加一个音节,所以可将其看成是双韵的变体。从韵步上说,押三重尾韵的英语单词属于扬抑抑格,所以我们也可以将三重尾韵都称为"扬抑抑格韵"(dactylic rhyme)。实际上,英语中符合三重尾韵规则的单词并不多,所以三重尾韵可以由两个以上的英语单词构成,即几个单音节单词同一个多音节单词押韵或几个单音节单词押韵,因而这种押韵又被称为"马赛克韵"(mosaic rhyme)。例如:

I don't choose to say much upon this head,
I'm a plain man, and in a single station,
But-oh! Ye lords of ladies intel**lectual**,
Inform us truly, have they not hen-**peck'd you all**?

(Byron: *Don Juan*)

该诗选自拜伦的《唐璜》。诗节第三行的多音节单词 intellectual 的后三个音节 lectual 与最后一行的 peck'd you all 押三重马赛克韵。

(二)汉语叠韵

1. 定义

在汉语中,叠韵是指紧密相连的两个字的韵部相同。所谓的韵部相同就是韵腹韵尾相同,韵头的有无或有什么样的韵头可以不论(何远秀,2011),如"荒唐"两字中,"荒"字有韵头 /u/,而"唐"字没有韵头,但这两个字的韵腹和韵尾相同,所以可将其称为"叠韵词"。

2. 分类

叠韵按照其构成形式,可以分为以下三类。

(1)叠韵联绵词

叠韵联绵词是指不可分割且成为一个整体的双音节词。也就是说,构成叠韵联绵词的两个字结合在一起构成一个新的双音节词。例如,"徘徊""沧桑""葱茏"等。

(2)叠韵合成词

叠韵合成词是指由韵母相同的字组合而成的词,如"明星"、"报告"、"响亮"等。

（3）其他叠韵词

其他叠韵词主要涉及存在于一些词组内的叠韵词，如“橘子洲头”中的“洲头”，“不费吹灰之力”中的“吹灰”，“飞机坠毁”中的“坠毁”等。

（三）英语尾韵与汉语叠韵的比较

1. 英语尾韵的适用范围

（1）常用于诗歌中。例如：

Life's but a walking shadow; poor player,
That struts and frets his hour upon the stage,
And then is heard no more.

（Shakespeare: *Macbeth*）

人生不过是一个行走的影子，
一个在舞台上指手画脚的拙劣的伶人，
登场片刻，就无声无息中悄然退下。

例中原文 struts and frets 形成尾音。这是麦克白在兵临城下、身遭围困，并听到妻子突死时说的一句话。刺耳而短促的辅音 /ts/ 暗示了他那痉挛疯狂、词不达意的精神状态。

（2）常用语谚语中。例如：

East or west, home is best.

金窝银窝不如自家草窝。

He laughs best who laughs last.

笑到最后的人笑得最好。

Hope for the best, prepare for the worst.

抱最大的希望，作最坏的打算。

（3）有时，英语尾韵也会用于其他文体。例如：

Essex...was thinking that it was a real stroke of luck to have MacGregor with him, a man whom the Russians already respected.

（James Aldredge: *The Diplomat*）

艾赛克斯……正在想，能同麦克格雷高尔这个久受俄国人所尊敬的人物在一起真可算是交上了好运。

例中原句的 stroke 和 luck 的最后一个辅音重复出现，构成尾音。

2. 汉语叠韵的运用

（1）叠韵单独使用

叠韵词的使用，可以加强语言的音乐美，增强文字的描绘渲染作用。

例如：

盖夫秋之为状也：其色惨淡，烟霏云敛；其容清明，天高日晶；其气栗冽，砭人肌骨；其意萧条，山川寂寥。

（欧阳修《秋声赋》）

例中的“惨淡”“清明”“山川”都是叠韵合成词；“其意”是一个叠韵词组，因为其和意的韵母都是 /i/；“萧条”是叠韵联绵词。如此一来，短短的一句话用了五个叠韵词组，将秋天的气象描写得有声有色，读起来抑扬顿挫、铿锵悦耳，富有音乐韵律。

（2）叠韵与双声配合使用

叠韵与双声存在相似之处，即词语中具有相同语音部分（或韵母或声母）的重复，从而使某种声音得到循环往复，形成回环美。也就是说，两个声母相同的字在一起，发音部位相同，读起来就很自然连贯；两个韵母相同的字在一起，声音就显得特别响亮，铿锵悦耳。例如：

清秋幕府井梧寒，独宿江城蜡炬残。
永夜角声悲自语，中天月色好谁看？
风尘荏苒音书绝，关塞萧条行路难。
还忍伶俜十年事，强移栖息一枝安。

（杜甫《宿府》）

该诗中的每一句都含有双声或叠韵。分别为：“清秋”——双声词，“幕府”——叠韵词；“独宿”——叠韵词；“永夜”——双声词；“月色”——叠韵词；“荏苒”——双声联绵词；“萧条”——叠韵联绵词；“伶俜”——叠韵联绵词；“栖息”——叠韵词。诗人使用这些双声叠韵词形成凄清婉转的韵律，以顿挫的句法、吞吐的语气，将一个独宿幕府、望月听角、徘徊彷徨、辗转反侧难入眠的人物形象生动地刻画出来，并且表现了诗人沉郁悲抑的复杂心情。

二、尾韵的翻译

（一）对应翻译法

通常，英语尾韵修辞很难直接译为汉语中的叠韵。然而，在一些谚语、习语、诗歌的翻译中，有部分尾韵是可以对应译为汉语叠韵词的。例如：

No money, no honey.
少了金钱，缺了蜜甜。

例中原句的 money 与 honey 押尾韵 /ʌni/，在翻译过程中，译者用汉语中的"钱"与"甜"形成叠韵，且采用了汉语的并列结构进行翻译，既再现了原文的音韵美，又体现了原文的形式美。

O my Love's like a red, red rose
That's newly spring in **June**;
O my Love's like the melody,
That's sweetly played in t**une**.

(Robert Burns: *A Red, Red Rose*)

呵，我的爱人像朵红红的玫瑰花
在六月迎风初**放**；
呵，我的爱人像支甜美的曲子
演奏得和谐绵**长**。

该诗选自彭斯(Robert Burns)的《一朵红红的玫瑰》。诗中第二行的June与第四行的tune押尾韵，译文也基本上保持了原文的押韵辞格，使用"放"和"长"构成叠韵，再现了原诗的韵律美。

(二)转换翻译法

转换法是指在翻译过程中译者要综合采用汉语中的各种特殊词汇或句式、转换修辞手段等方法进行翻译，以实现原文的音韵修辞效果。

1. 译为对比结构

有时，根据修辞需要，可以将含有尾韵的英语句子译为汉语的对比结构。例如：

To know everything is to know nothing.

事事皆知，事事不懂。

例中原句的everything与nothing押尾韵/θiŋ/。翻译时，译者将其译为了对比句式，而且采用了汉语叠词"事事"，使得译文极富音韵美和形式美。

2. 译为并列结构

英语中的尾韵还可译为汉语的并列结构。例如：

April sh**owers** bring May fl**owers**.

四月骤雨，五月鲜花。

例中原句中的showers与flowers押尾韵。在翻译过程中，译者虽然没有保留英语的尾韵修辞格，但采用了汉语的并列结构对原句进行了翻译，这种形式对称之美一定程度上弥补了音韵美的丢失。

（三）译为谚语或俗语

英语的一些俗语、谚语中也常常使用尾韵来实现音韵和谐的效果，从而使得这些谚语或俗语读起来朗朗上口，易于被人们熟知、传诵。因此在翻译这类尾韵时，译者可以将其对应译为汉语的谚语或俗语。例如：

A little pot is soon h**ot**.

壶小易热，量小易怒。

例中原文中的pot与hot押尾韵/ɔt/。译者将其译成了汉语的俗语"壶小易热，量小易怒"，不仅形式对等，读起来也非常悦耳。

第四节 叠词（Reduplication）

一、英汉叠词对比

（一）英语 Reduplication

Linguistic Dictionary of English 将Reduplication定义为"Reduplication is a pattern where the double or multiple occurrence of a sound string, syllable or morpheme or word within a larger syntagmatic unit."

可见，Reduplication是相同的词、词素或音节的重复使用，如so-so（一般般），go-go（有活力的；毫无顾忌的；时髦的），shilly-shally（犹豫不决），willy-nilly（无论愿不愿意），razzle-dazzle（令人眼花缭乱的场面），teent-weeny（小小的），hubble-bubble（哇啦哇啦地说话）；piggy-wiggy（脏孩子）等。

（二）汉语叠词

汉语叠词又称"叠字""迭字""重叠词""叠音词""叠音"，是由相同的字或词紧密连接在一起而构成的，如"每每"、"气呼呼"、"美美满满"、"热闹热闹"等。最早记录了汉语叠词的使用的是《诗经》，如描写军人形态的"赳赳武夫"，描写君子醉酒后形态的"屡舞仙仙"，形容人忧虑不安的"忧心忡忡"等。

（三）英汉叠词的异同

对英汉叠词修辞格的比较，这里主要从结构和意义两个层面进行讨论。

1. 结构比较

(1)英语叠词的结构

英语叠词通常都是在音素、词素层面上的重叠,而音节完全重叠的词汇少之又少。通常,划分标准不同,叠词的分类也就不同。这里主要对两种常见的叠词划分进行讨论,以帮助读者了解并区分不同结构的叠词。

按照重叠音节的结构划分,英语叠词可以分为三种:音节完全重叠的叠词、音节近似重叠的叠词、特殊音节重叠构成的叠词。

音节完全重叠的叠词,如 dumdum, so-so, chop-chop, goody-goody, yack-yack 等。

音节近似重叠的叠词,如 bigwig, cookbook, down-town, brain-drain, razzle-dazzle, pitter-patter 等。

所谓特殊音节重叠构成的叠词,是指使用连词来对其前后两部分进行连接的叠词,最常用的连词是 and,此外像 after, over, to, or, by 等词也可以用于构成叠词。

若从语音学和修辞学的角度来划分,叠词分为拟声叠词、头韵叠词、尾韵叠词、讹音叠词、首语叠词、结句叠词等。

头韵叠词是指构成叠词的前后两部分,有时甚至是许多词的第一个字母相同,辅音重叠,通过连字符、连词、介词及逗号连接构成的叠词,如 part and parcel, time and tide 等。这类叠词结构紧凑,前后押韵,读起来朗朗上口。

尾韵叠词是指连字符、连词、逗号前后两部分的末端音节的元音部分同它后面的辅音部分的重叠,而且是重读音节的重叠,强调的是音,在语音上形成"强—弱—强"的起伏现象(黄成洲、刘丽芸,2008),如 fogdog, bigwig, fare and square 等。

拟声叠词,即由拟声词构成的叠词。这类词语既属于拟声词的范畴,也属于叠词的范畴,如 chitter-chatter(叽叽喳喳),tick-tock(滴答滴答)等。

首语叠词的构成打破了普通叠词结构的形式,它在分句或句子的基础上对某一词语,某一分句,甚至某一句子进行重叠,重叠部分往往位于句首。

结句叠词是指同一个词在同一个语义基础上的重复,通常位于分句或句子的末尾。

讹音叠词是由后缀为 -y, -ie 的词语构成的,如 shilly-shally(犹豫不决的),walkie-talkie(无线电话)等。

（2）汉语叠词的结构

由于汉字都是单音节词，所以字的简单重复就可以构成叠词。常见的汉语叠词类型有 AA 型叠词、ABA 型叠词、AABB 型叠词、ABAB 型叠词、AABC 型叠词、ABCC 型叠词、ABAC 型叠词。

AA 型叠词是由两个音、形、义完全相同的字重叠使用而构成的词。构成叠词的词主要包括名词（如“处处”“家家”）、动词（如“飘飘”）、数词（如“万万”）、形容词（如“细细”）、副词（如“遥遥”）和量词（如“层层”），其中尤以形容词和副词居多。

ABA 型叠词是前后的字或词语完全一样，中间用另一个字如“一”“了”“是”“呀”“啊”“又”等。例如，“看一看”“说是说”“读啊读”等。

AABB 型叠词由两个完全相同的音节或语素与另外两个完全相同的音节或语素重叠构成，如“密密麻麻”、“熙熙攘攘”等。

ABAB 型叠词由汉语中的两组两个音节的词语重叠构成，如“寻思寻思”“雪白雪白”等。

AABC 型叠词由一组同音节的词语与一组双音节的词语重叠构成，如“步步为营”“楚楚动人”等。

ABCC 型叠词的构成与 AABC 型叠词的构成正好相反，如“白雪皑皑”“得意洋洋”等。

ABAC 型叠词的构成比较复杂，一般第一个字和第三个字相同，第二个字和第四个字的语义相反或相关，如“一举一动”“边唱边跳”等。

2. 表现意义比较

尽管英汉叠词都具有加强语言的表现力、增强语言的节奏感、抒发强烈的思想感情的修辞效果，但二者所表现的意义却存在很大差异。

（1）英语叠词的表现意义

英语叠词的使用一般有下面几种表现意义。

模拟声音，增强效果。这种叠词通常是由拟声词构成的，所以它的用法也与英语拟声词的用法相同，如 tap-tap 用来形容打字机的声音，quack-quack 用来形容鸭叫的声音。

表示来回、上下等具有往返意义的动作，如 zigzag 可以用来形容价格的来回波动，seesaw 可以用来描写蹊跷板的上下运动。

表示对事物品质和人的行为品质的鄙视，如 clever-clever 用来描述卖弄小聪明的人，hokey-pokey 可以用来形容廉价的冰激凌。

表示犹豫不决、不真诚、次序混乱等含义，如 fiddle-faddle 表示“胡说”、“瞎搞”、topsy-turvy 的含义是“颠倒地、乱七八糟地”。

表示程度加强或赞许,如 teensy-weensy/teenie-weenie 表示“极小的、微小的”, super-duper 表示“极好的”“高超的”。

(2)汉语叠词的表现意义

汉语叠词的表现意义一般有下面几种。

动词 AA 型叠词中间嵌入“了”,表示动作、行为状态已经结束,如“看了看”、“想了想”。

由动词构成的 AABB 型叠词可表示动作的频繁发生,如“磕磕碰碰”、“跌跌撞撞”。

“A 着 A 着”型叠词往往可以表示一种动态的持续,同时也预示这种动态面临的一种变化,如“他走着走着,忽然想起刚才的事来。”

由名词构成的叠词通常可以表现三种意义:暗含“所有”、“每一”的含义;表现喜爱、亲昵的感情色彩;含有“细小”“琐碎”“繁多”“固定”的意义。

暗含“所有”“每一”的含义,但并不等同于“多量”,如“家家”表示“每家每户”,“年年”表示“每一年”。

表现喜爱、亲昵的感情色彩,如“花花”“果果”等。

含有“细小”“琐碎”“繁多”、“固定”的意义,如“本本”“条条”“框框”。

由动词构成的部分叠词通常暗含“短暂”“轻微”“尝试”的意义,如“考考”所传递的意义是“试着考一下”;“煮煮”所表现的意义是“稍微煮一下”。

由形容词构成的叠词通常有明显的描写性,且能表现一种程度深浅的观念,如“冰冷冰冷”所表现的程度就比“冰冷”所表现的程度深。

由量词构成的叠词往往表现出量的概念,这类叠词包含有“每一”的意思,如“棵棵”的意思就是“每一棵”,“个个”的含义就是“每一个”。

二、叠词的翻译

(一)直译法

直译法是将叠词所表达的含义直接翻译,而不是将其译为对应的叠词结构。英语中的交错配列叠词结构通常采用直译法。例如:

When the **going gets tough**, the **tough gets going**.

当日子变得非常艰辛的时候,只有那些坚韧不拔者才敢迈开大步前进。

译者采用了直译法对交错配列叠词结构 going gets tough, tough gets going 进行了翻译,在理解原句含义的基础上,根据逻辑推理,将原句译为了符合哲理的汉语。

在翻译汉语中表示“每一”“多量”的叠词时,译者可以将其意思用对应的英语词汇表示出来。例如:

我们必须**研究研究**其他朋友提出的建议,以便找到最佳的解决方案。

We should **look into** the suggestions by other friends in order to find the best solution.

件件衣服都很漂亮。

All of these suits of clothes are beautiful.

译者在翻译以上两个例子中的汉语叠词时并没有将其译为对应的英语叠词,而是采用了直译法,将其含义准确地再现了出来。

(二)译为四字结构

这种译法主要用于叠词英译汉中。英语中的部分头韵叠词、讹音叠词一般都能译为汉语的四字结构。例如:

But my worst fears came true anyway: Cornell scored a goal. The Cornell fans **screamed and shouted**.

我担心的事情还是发生了,科南尔射入一球,他的球迷们兴奋地狂呼乱叫。

例句中的头韵叠词 screamed and shouted 译为了汉语的四字结构“狂呼乱叫”。

The examination of the Applied Linguistics is extremely **easy-peasy**.

应用语言学考试的确**轻而易举,易如反掌**。

例句中的讹音叠词 easy-peasy 译为意义上相辅相成的汉语四字结构“轻而易举,易如反掌”。

(三)译为排比结构

英语中的首语叠词结构一般可以翻译成汉语的排比结构。例如:

We will build the roads and bridges, the electric grids and digital lines that feed our commerce and bind us together.

We will restore science to its rightful place, and wield technology's wonders to raise health care's quality and lower its cost.

We will harness the sun and the winds and the soil to fuel our cars and run our factories.

And **we will** transform our schools and colleges and universities to meet the demands of a new age.

我们将铺路架桥、建设电网和数字网络,因为商业的繁荣以及我们之间的联系需要这些基础设施。

我们将让科学重新发挥其应有的作用,应用科学技术来提升医疗质量,降低医疗费用。

我们将利用太阳能、风能与地热来驱动我们的汽车,开动我们的工厂。

我们将力行改革中小学和高等院校,与时俱进。

原文中奥巴马用了四个首语叠词对他们即将着手的工作进行了详细说明,以此来使人民了解到政府脚踏实地办实事的决心,让人民看见了未来的希望。译者将其译为汉语的排比结构,不仅实现了语言的形式美,而且语势磅礴,再现了原文强有力的表现力与感染力。

参考文献

[1] 郑雅丽 . 英汉修辞互译导引 [M]. 广州：暨南大学出版社，2005.

[2] 蔡基刚 . 英汉词汇对比研究 [M]. 上海：复旦大学出版社，2008.

[3] 陈望道 . 修辞学发凡 [M]. 上海：上海外语教育出版社，2008.

[4] 崔长青 . 迎刃而解——英语写作技巧 [M]. 北京：中国书籍出版社，2010.

[5] 范祖民 . 实用英语修辞 [M]. 北京：科学出版社，2010.

[6] 冯庆华 . 实用翻译教程 [M]. 上海：上海外语教育出版社，2008.

[7] 高华丽 . 翻译教学研究：理论与实践 [M]. 杭州：浙江大学出版社，2008.

[8] 高华丽 . 中外翻译简史 [M]. 杭州：浙江大学出版社，2009.

[9] 高惠群，乌传 . 翻译家严复传论 [M]. 上海：上海外语教育出版社，1992.

[10] 郭霞，尚秀叶 . 大学英语写作与修辞 [M]. 北京：冶金工业出版社，2009.

[11] 郝丽萍，李红丽，白树勤 . 实用英汉翻译理论与实践 [M]. 北京：机械工业出版社，2006.

[12] 何江波 . 英汉翻译理论与实践教程 [M]. 长沙：湖南大学出版社，2010.

[13] 何远秀 . 英汉常用修辞格对比研究 [M]. 成都：西南交通大学出版社，2011.

[14] 贺学耘 . 翻译理论综合案例教学：中西方译学理论选介 [M]. 北京：中国人民大学出版社，2010.

[15] 胡吉成 . 修辞与言语艺术 [M]. 北京：中央广播电视大学出版社，2005.

[16] 胡曙中 . 现代英语修辞学 [M]. 上海：上海外语教育出版社，2004.

[17] 胡曙中 . 英汉修辞跨文化研究 [M]. 青岛：青岛出版社，2008.

[18] 黄成洲，刘丽芸 . 英汉翻译技巧 [M]. 西安：西北工业大学出版社，2008.

[19] 蒋童，钟厚涛 . 英语修辞与翻译 [M]. 北京：首都师范大学出版社，2008.

[20] 孔慧怡 . 重写翻译史 [M]. 香港：香港中文大学出版社，2005.

[21] 李国南 . 英汉修辞格对比研究 [M]. 福州：福建人民出版社，1999.

[22] 李建军 . 新编英汉翻译 [M]. 上海：东华大学出版社，2004.

[23] 李亚丹，李定坤 . 汉英修辞对比研究简编 [M]. 武汉：华中师范大学出版社，2005.

[24] 李运兴 . 汉英翻译教程 [M]. 北京：新华出版社，2006.

[25] 廖七一 . 当代西方翻译理论探索 [M]. 南京：译林出版社 ,2000.

[26] 林煌天 . 中国翻译词典 [M]. 武汉：湖北教育出版社，1997.

[27] 刘军平 . 西方翻译理论通史 [M]. 武汉：武汉大学出版社，2009.

[28] 刘瑞琴，韩淑琴，张红 . 英汉委婉语对比与翻译 [M]. 银川：宁夏人民出版社，2010.

[29] 吕煦 . 实用英语修辞 [M]. 北京：清华大学出版社，2004.

[30] 罗新璋 . 翻译论集 [M]. 北京：商务印书馆，1984.

[31] 孟超 . 英汉强调义的表达方式对比研究 [D]. 延吉：延边大学，2013.

[32] 舒芜 . 周作人概观 [M]. 长沙：湖南人民出版社，1986.

[33] 谭载喜 . 西方翻译简史 [M]. 北京：商务印书馆，2004.

[34] 王春梅 . 简明英汉翻译实用教程 [M]. 郑州：黄河水利出版社，2008.

[35] 王大伟，魏清光 . 汉英翻译技巧教学与研究 [M]. 北京：中国对外翻译出版公司，2005.

[36] 王德春 . 修辞学词典 [M]. 杭州：浙江教育出版社，1989.

[37] 王宁 . 翻译研究的文化转向 [M]. 北京：清华大学出版社，2009.

[38] 王勤 . 汉语修辞通论 [M]. 武汉：华中理工大学出版社，1995.

[39] 魏海波 . 实用英语翻译 [M]. 武汉：武汉理工大学出版社，2009.

[40] 武锐 . 翻译理论探索 [M]. 南京：东南大学出版社，2010.

[41] 谢天振 . 当代国外翻译理论导读 [M]. 天津：南开大学出版社，2008.

[42] 谢天振 . 中西翻译简史 [M]. 北京：外语教学与研究出版社，2009.

[43] 徐鹏 . 修辞和语用——汉英修辞手段语用对比研究 [M]. 上海：上海外语教学出版社，2007.

[44] 徐义云 . 大学英语写作教程 [M]. 北京：清华大学出版社，2012.

[45] 杨鸿儒 . 当代中国修辞学 [M]. 北京：中国世界语出版社，1997.

[46] 杨贤玉 . 英汉翻译概论 [M]. 武汉：中国地质大学出版社，2010.

[47] 曾庆茂 . 英语修辞鉴赏与写作 [M]. 上海：同济大学出版社，2007.

[48] 张春柏 . 英汉汉英翻译教程 [M]. 北京：高等教育出版社，2003.

[49] 张培基 . 英汉翻译教程 [M]. 上海：上海外语教育出版社，2009.

[50] 张维友 . 英汉语词汇对比研究 [M]. 上海：上海外语教育出版社，2010.

[51] 郑子瑜 . 中国修辞学史稿 [M]. 上海：上海教育出版社，1984.

[52] 钟书能 . 英汉翻译技巧 [M]. 北京：对外经济贸易大学出版社，2010.

[53] 陈立平 . 句子长度、句子结构及句子修辞 [J]. 英语自学，2001，(10).

[54] 韩素英 . 浅谈英语拟人修辞在句中的体现方式及其翻译 [J]. 英语自学，1997，(9).

[55] 何红 . 英汉语拟人认知形式的比较分析及翻译 [J]. 科技信息，2011，(11).

[56] 李红梅 . 英汉音韵修辞对比及翻译 [J]. 科教文汇，2009，(12).

[57] 李松芬 . 汉英矛盾修辞的语用功能与翻译 [J]. 牡丹江教育学院学报,2007,(4).

[58] 刘春芳 . 英语拟声词的修辞功能及汉译策略 [J]. 广西民族大学学报,2007,(4).

[59] 刘新建 . 论英语拟声词及其翻译 [J]. 兵团教育学院学报,2010,(5).

[60] 刘芝芬 . 篇之彪炳章之明靡——选词造句,锤炼语言 [J]. 辽宁大学学报,1998,(2).

[61] 卢红梅,李明 . 广告中的仿拟及英汉互译 [J]. 国际经贸探索,2001,(3).

[62] 陆稼祥 . 简论实用句法修辞 [J]. 浙江师范大学学报,1989,(2).

[63] 史有为 . 汉语语篇连贯性问题概析 [J]. 修辞学习,2004,(5).

[64] 王帏韬 . 汉英拟声词对比研究 [J]. 四川外语学院,2012,(4).

[65] 魏李隼 . 关联理论指导下的广告仿拟翻译对策初探 [J]. 浙江中医药大学学报,2012,(2).

[66] 杨巨平,王志超 . 试论演说家与雅典民主政治的互动 [J]. 世界历史,2007,(4).

[67] 杨莉 . 浅析文学作品中排比句的翻译 [J]. 丝绸之路,2011,(12).

[68] 朱娥 . 仿拟的修辞特色及翻译 [J]. 武汉科技大学学报,2006,(4).

[69] 朱云 . 英汉句式结构差异与翻译 [J]. 巢湖学院学报,2004,(4).

[70]Hugh Holman C. *A Handbook to Literature*[M]. New York: The Odyssey Press, 1972.

[71]J.C.Catford. *A Linguistic Theory of Translation*[M]. London: Oxford University Press,1965.

[72]Lawrence Venuti. *The Translator's Invisibility: A History of Translation*[M]. London and New York: Routledge, 1995.

[73]Lawrence Venuti. *The Translator's Invisibility: A History of Translation*[M]. London and New York: Routledge, 1995.

[74]Newmark P. *Approaches to Translation*[M]. Oxford and New York: Pergamon,1981.

[75]Newmark. *A Textbook of Translation*[M].Shanghai: Shanghai Foreign Language Education Press,2001.

[76]Nida, E.A. *Toward A Science of Translation*[M].Leiden, The Netherlands: E.J. Brill,1964.

[77]Nida, Eugene A.& Charles R Taber. *The Theory and Practice of Translation*[M]. Leiden: E.J.Brill,1969.

[78]Roman Jakobson. *On Linguistic Aspects of Translation*[A]. In Rainer Schutle and John Biguenet ed. *Theories of Translation: An Anthology of Essays from Dryden to Derrida*[C]. Chicago and London: The university of Chicago Press, 1992.

[79]Zeiger,A. *Encyclopedia of English*[M]. New York: Arco Publishing Company, Inc., 1978.